立法法理学丛书 | 主编　宋方青

Research on the Filing-Review System and Capacity Building of Regulations in the New Era

新时代法规备案审查制度和能力建设研究

程庆栋　著

法律出版社
LAW PRESS · CHINA
北　京

图书在版编目(CIP)数据

新时代法规备案审查制度和能力建设研究 / 程庆栋著. -- 北京 : 法律出版社, 2023
ISBN 978-7-5197-7960-3

Ⅰ. ①新… Ⅱ. ①程… Ⅲ. ①法规—研究—中国
Ⅳ. ①D920.4

中国国家版本馆 CIP 数据核字(2023)第093027号

新时代法规备案审查制度和能力建设研究
XINSHIDAI FAGUI BEIAN SHENCHA ZHIDU HE NENGLI JIANSHE YANJIU

著　　者 程庆栋
责任编辑 陈　慧
编辑统筹 法律教育出版分社
装帧设计 汪奇峰
责任校对 王　丰　郭艳萍
责任印制 刘晓伟
出版发行 法律出版社/北京市丰台区莲花池西里7号(100073)
网　　址 www.lawpress.com.cn
经　　销 新华书店
印　　刷 北京新生代彩印制版有限公司
版　　本 2023年6月第1版
印　　次 2023年6月第1次印刷
字　　数 300千
开　　本 710毫米×1000毫米　1/16
印　　张 20.25
定　　价 68.00元
书　　号 ISBN 978-7-5197-7960-3
投稿邮箱 info@lawpress.com.cn
维权邮箱 jbwq@lawpress.com.cn
咨询电话 010-63939796
销售电话 010-83938349
客服电话 010-83938350
凡购买本社图书,如有印装错误,我社负责退换。电话:010-83938349

总序

立法法理学(Legisprudence),顾名思义即立法的法理学,它是一门用法律理论的方法及视角研究立法及其过程,并促进立法完善的学问,其学术旨趣在于探求理性的立法理论。

立法法理学肇始于20世纪50年代的欧美国家,它是伴随着对传统法律理论的批判以及对立法实践的反思而产生发展起来的。

在欧美国家,传统法律理论倾向于法制主义(Legalism)的研究视角。法制主义将规范性行为视为规则遵守问题,主要关注的是裁判问题,即法官对规则的适用,而不重视这些规则的来源,不重视规则的创制,此外,法制主义认为,立法是前法律的(pre - legal)政治理论问题,应由政治家而非法学家去研究。由此,法律理论便逐步将研究重心聚焦司法,但是,由于研究对象的专业性质,政治家对立法问题的研究又显得力不从心,这便造成了立法这一重要问题域被忽视,被"边缘化"。总之,传统法律理论对于立法理论是忽视的,立法问题没有被认真对待。

20世纪欧美国家正处在一个"立法国"(legislation - state)的时代,面临着立法膨胀(legislative inflation)与立法紧缩(legislative deflation)共存的困境,这主要体现在,欧美国家成文立法的数量呈现指数性的增长,但立法的质量却越来越低,立法没有达到预期的目的。造成这种困境的直接原因是实践中立法的被贬低。在现实中,人们往往将立法问题视为政治问题,并且视政治为非理性、恣意的选择问题,因而立法具有诸多"坏名声"。例如,每每提到立法,人们经常将诸如决策交易、讨价还价、相互吹捧、利益迎合以及政治分肥等标签贴于其上。在当时,相对于司法、行政,立法被视为最不道德的(unprincipled)、最不连贯的(incoherent)、最无尊严的(undignified)的事业。

在这种背景下,立法法理学(legisprudence)作为研究立法问题的新进路应运而生,它试图构建一种理性的立法理论,以此恢复立法的尊严,并唤醒法律理论家对立法问题的严肃对待。最终,通过理论上的反思与重构为立法实践提供更好的智识支撑,实现提高立法质量的终极目的。

最早使用 Legisprudence 这个名词的学者是美国法学教授朱利叶斯·科恩(Julius Cohen)。1950 年,他在《耶鲁法律评论》上发表《迈向现实主义的立法法理学》(Towards Realism in Legisprudence)一文中使用了这一名词。1982 年,其在《霍夫斯特拉法律评论》上发表了《立法法理学:问题与方案》(Legispredence: Problems and Adenda)一文,比较详细地说明了这个概念,但在美国并未引起很大的反响。推进立法法理学研究并引向深入的则是欧陆国家的学者。在欧陆国家,比利时布鲁塞尔大学维特根斯(Luc J. Wintgens)教授 2012 年出版的《立法法理学:立法中的实践理性》一书是立法法理学领域的第一部专著,该书对立法法理学的概念、背景、理论基础及主要内容进行了较为系统的分析。目前以布鲁塞尔大学法学院"立法·法例·立法法理学研究中心"、欧洲法律理论研究会等机构为基地,以《立法法理学》期刊(自 2007 年始,每年出版 1 期,维特根斯教授任主编)为载体,云集了一大批对立法法理学有浓厚兴趣的学者,从各个学科、各个领域、各个角度探讨立法的理论,成为立法法理学研究的重镇。

自 20 世纪 80 年代以来,我国的立法迅速发展,从中央到地方每年的立法都是以数以百计的规模产出。2011 年我国向全世界庄严宣告:"以宪法为统帅,以宪法相关法、民法商法等多个法律部门的法律为主干,由法律、行政法规、地方性法规等多个层次的法律规范构成的中国特色社会主义法律体系已经形成,国家经济建设、政治建设、文化建设、社会建设以及生态文明建设的各个方面实现有法可依,党的十五大提出到 2010 年形成中国特色社会主义法律体系的立法工作目标如期完成。"我国的立法可谓硕果磊磊。但我国立法的质量尚不尽如人意,加强"科学立法、民主立法”，完善中国特色社会主义法律体系，成为时代的强音，国内相关的研究成果也越来越丰硕。但从总体上来说，我国现有的立法学研究成果更多是关于具体的立法制度和立法技术问题的研究，缺少对自身的理论反思及提升，因而，在创建中国特色社会主义法律体系的过程中以及在对立法制度的建构与完善方面，在整体上产出有限的知识贡献。

国内目前有关立法法理学的研究仅有极少量翻译资料及论文，无体系化的研究成果，研究基础比较薄弱。我与我的博士生姜孝贤合作发表的《立法法理学探析》一文，在国内算是最早的关于立法法理学的专门研究成果。为将立法法理学研究推向深入，并为完善中国立法提供决策参考和理论支撑，特组织一套“立法法理学丛书”。

厦门大学法学院法学理论教研室，尤其是以学院为依托的立法学研究中心，长期以来将立法学作为重点研究的方向，发表了一系列研究论文，研究成果为国家立法与地方立法提供理论支持。在我历年指导的硕士与博士论文中，以立法为选题的占大多数。立法是一门科学，要想真正为我国立法提供智力支持，我们的研究既需要有深厚的专业知识，还需要有丰富的实践经验，至少需要对中国立法的现状有充分的了解。为了使硕士与博士论文的写作不至于陷入空谈，我总是要求学生多了解我国立法的实际，并通过参与起草具体法案而直面立法，深切地感受立法，所写的论文能够理论联系实际，真正做到既有学术价值又有实践意义。

本丛书将由我自己的著作和历年指导通过答辩的立法法理学博士论文、博士后研究报告及立法学研究中心同仁相关的研究成果为基础构成。希望本丛书的出版能够为我国的立法提供理论支持，为完善我国的立法制度贡献绵薄之力。

宋方青

2014 年 6 月

目 录
Contents

导　论

一、选题的目的与意义

党的十八大以来，中国特色社会主义进入了新时代，我国的备案审查制度及其运行状况呈现新气象：备案审查制度日益完善并且开始了体系化的运作；备案审查工作持续开展并且力度不断增强。具体言之，在制度建设方面，我国目前已经建成了五套备案审查体系：以全国人民代表大会常务委员会（以下简称全国人大常委会）为审查机关的法规备案审查体系；以国务院为审查机关的规章备案审查体系；以地方人大常委会为审查机关的规范性文件备案审查体系；以党中央、地方党委为审查机关的党内法规和党内规范性文件备案审查体系；以中央军事委员会为审查机关的军事规章和军事规范性文件备案审查体系。各类备案审查体系既合理分工，又相互衔接、相互配合，共同发挥作用。其中，以全国人大常委会为审查主体的法规备案审查体系在多元的备案审查体系中居于主导地位。在制度运行方面，全国人大常委会自2017年始，每年均会审议备案审查工作情况的报告，这意味着我国备案审查工作实现了常态化。随着备案审查制度的全面实施，一批违法、违宪的规范性法律文件得到了纠正。

然而，在看到我国备案审查工作取得的成就的同时，我们也应该清醒地认识到我国备案审查工作仍存在进一步完善的空间。审查标准不清、制度刚性不够、审查能力不足等问题依然比较突出，有待进一步改进。随着备案审查工作的推进，全国人大常委会在审查行政法规、地方性法规、司法解释的过程中产生了相当数量的案例。这些案例对于检验审查理论的实践运用、展现我国法治监督制度的运行效度、维持备案审查工作的融贯性和一致性具有重要意义。这些案例具有较高的学术研究价值，但尚未受到学界的充分重视，没有得到系统的关注和研究。如何将审查制度与审查实践结合起来，通过制度研究指导审查实践的开展，通过案例研究促进审查制度的完善，使得制度和实践相互关照，是新时期备案审查理论研究必须认真考虑的问题。党的十九届四中全会提出，要“推进合宪性审查工作，加强备案审查制度和能力建设，依法撤销和纠正违宪违法的规范性文件”。党的二十大报告也指出，要“完善和加强备案审查制度”。在这一情势下，本书尝试挖掘、分析全国人大常委会审查地方性法规的典型案例，并通过典型案例对备案审查的审查方式、审查程序、审查标准、审查方法、审查结果的类型和效力、审查能力等问题进行类型化、精细化研究，以期对备案审查制度的完善、审查能力的提升有所助益。

备案审查制度是我国立法监督制度的重要组成部分，对于保障国家的法制统一、监督地方立法权的规范运作、保障公民和法人的权利具有重要作用。本书以全国人大常委会审查地方性法规的案例为着力点，对备案审查制度进行系统化、精细化研究，具有十分重要的理论意义和实践意义。

本书的理论意义在于：

第一，将审查制度与审查能力并重，有利于从备案审查这一具体领域对国家治理体系和治理能力现代化进行注解。审查制度与审查能力二者具有密切联系，不可随意分割。国家治理体系和治理能力现代化是一个宏大命题，涉及国家各个方面的多项制度和能力。对审查制度与审查能力进行研究，可以从备案审查这一具体视角透视国家治理体系和治理能力现代化的命题。通过微观问题透视宏观理论，用宏观理论关照微观问题，将宏观与微观相结合，使本研究能够将理论与实践有机结合。

第二，在相关案例的基础上对审查方式、审查程序、审查标准、审查方法、审查结果的类型和效力、审查能力等问题进行研究，有利于弥补学界研究方法较为单一的不足，丰富和拓展学界对备案审查理论的研究。学界对备案审查问题的研究整体上偏重于分析既有制度存在的不足，探讨其改进对策，对备案审查制度运行过程中的实践案例关注不够。通过案例对备案审查制度具体内容进行类型化、精细化的探讨，有助于推进学界关于备案审查问题的研究。

第三，通过典型案例展开研究，有利于探索、完善我国备案审查领域中的案例研究模式。我国的备案审查制度不是西方理论指导下的产物，而是具有中国特色的制度设计。全国人大常委会审查地方性法规的案例，是中国特色社会主义法治实践的生动体现；对我国备案审查制度进行研究，应当立基于我国的实际。在这一要求下，对实践中产生的案例进行挖掘、整理和深入研究，既有助于我们通过案例了解备案审查的实际运作情况，也有助于探索、完善我国备案审查领域的案例研究模式。

本书的实践意义在于：

第一,通过案例对备案审查制度和能力建设进行研究,有利于厘清备案审查制度运行的内在机理,促进实践中正在开展的审查工作的融贯性和一致性。当下,我国的备案审查工作已经逐步常态化、规范化。实践中,全国人大常委会陆续公布了一定数量的案例。这些案例在一定程度上可以看作"链条小说"的开篇,后续案例都不可避免地受到这些案例的影响。因此,对这些案例进行分析并提炼、升华案例所蕴含的理论问题,可以促进全国人大常委会审查活动的融贯性和一致性。

第二,通过案例对备案审查制度和能力建设进行研究,有利于为备案审查制度的完善、审查能力的提升提供可资参考的建议和意见。案例是对制度的现实演绎。通过案例,可以更有针对性地发现既有制度存在的问题和不足,而这些问题、不足可能是过去抽象的制度研究所不容易察觉和发现的。对案例所暴露出来的问题进行分析,更能切中肯綮;在此基础上提出的完善备案审查制度和提升审查能力的建议,更具有针对性和可操作性。

第三,本书对案例的分析及其理论化工作,有利于明晰地方立法权的边界,从而指导地方立法主体规范行使立法权,减少抵触立法、越权立法等现象。我国《立法法》虽然规定了法律保留事项,并原则性地界定了地方立法的权限范围,但实践中,地方立法权限不清以及中央法、地方法关系不明的现状仍在很大程度上困扰着地方立法主体。这一困境也在很大程度上导致了地方抵触立法、越权立法现象的出现。通过案例来明晰立法权限的边界,理顺中央法与地方法的关系,很大程度上可以指导地方立法主体规范行使立法权,从而减少违法立法的现象。

二、文献综述

(一)国内相关研究的现状

我国的备案审查制度是在1979年《地方各级人民代表大会和地方各级人民政府组织法》(以下简称《地方组织法》)出台后逐步建立和完善起来的,相应地,相关理论研究也可以追溯到这一时间节点。为了更加鲜明地呈现学界对这一问题的研究脉络,根据备案审查制度发展和演变的特点,大致可以将理论研究历程分为三个阶段。第一个阶段为起步阶段,时间是从1979年《地方组织法》出台至2000年《立法法》颁布实施,在这一阶段中,伴随备案审查制度的确立和备案审查实践活动的开展，学界对备案审查问题的研究开始起步。第二个阶段为发展阶段，时间是从2000年《立法法》颁布实施至2012年党的十八大召开。在这一阶段中，学界对备案审查问题的研究逐渐展开，和第一阶段相比，这一阶段研究的广度和深度均有了大幅的拓展和提升。第三个阶段为深化阶段，时间自2012年党的十八大召开至今。在这一阶段中，学界对备案审查相关问题的研究愈加深入，研究视角越来越多元化，研究内容越来越精细化，同时，学界也对一些新出现的问题进行了关注和研究。

1.起步阶段：1979年《地方组织法》出台至2000年《立法法》颁布实施

在这一阶段中，随着备案审查制度的建立以及备案审查活动的开展，学界开始关注备案审查问题。由于刚刚起步，这一阶段中专门研究备案审查问题的成果并不多见。部分研究者在研究立法监督时涉及了备案审查问题。有研究者指出，我国对立法的监督一直没有及时跟上立法的步伐，立法监督较为薄弱，这表现在立法监督的工作机构、具体内容、监督程序、监督方式等诸多方面。[1] 有研究者认为，完善对地方性法规的立法监督，应当从种类、期限、审查方式、权限和程度等方面着手。[2] 有研究者在研究宪法监督机构时指出，备案审查的实质是抽象审查；即使备案审查工作能够有效开展起来，它在宪法监督方面的作用仍十分有限。[3] 有研究者指出，地方性法规和规章存在与上位法相抵触的情形，立法监督机制不健全是导致这些问题的重要原因。备案制度存在报备范围不明确、审查机关没有专门的审查机构、处理有难度、无可行的督促手段等问题。[4] 有研究者指出，完善我国的立法监督制度，需要健全立法监督机构，建立立法监督委员会；需要完善立法监督程序；需要改革和完善立法监督的各项具体制度。需要完善的各项制度包括授权立法监督制度、备案制度和法规清理制度。[5] 部分研究

---

[1] 参见乔中龙：《论我国的立法监督》，载《江海学刊》1994年第5期。

[2] 参见周伟、邵晏生：《论我国立法监督制度的完善》，载《西南民族学院学报（哲学社会科学版）》1998年第1期。

[3] 参见苗连营：《关于设立宪法监督专责机构的设想》，载《法商研究（中南政法学院学报）》1998年第4期。

[4] 参见徐志群：《论完善地方性法规、规章的立法监督机制》，载《中国法学》1999年第3期。

[5] 参见李长喜：《完善我国的立法监督制度》，载《政治与法律》2000年第1期。

者在研究法律冲突时涉及了备案审查问题。有研究者对法律之间的冲突问题、地方性法规与法律的冲突问题、地方性法规与部门规章之间的冲突问题、法律解释中的冲突问题进行了研究,并对备案审查制度在实践中的运行状况及存在问题进行了分析。[6]

在这一时期出版的立法学方面的教材和著述中,备案审查、立法监督等内容基本上也没有占一席之地。孙琬钟主编的《立法学教程》涉及了立法体制、立法程序、立法技术、立法体系合理化等内容,但没有立法监督的内容。[7] 张根大等著的《立法学总论》涉及了立法体制、立法主体、立法程序、立法技术、立法解释等内容,也没有涉及立法监督的内容。[8] 周旺生著的《立法论》涉及了立法主体、立法权限、中央立法、地方立法、立法规划、法案起草等方面的内容,同样没有立法监督的内容。[9] 张善恭主编的《立法学原理》将立法监督称为"立法制控",是指人大对"一府两院"的监督,这与我们当下所讨论的立法监督的内容相差甚远,且书中也仅对"立法制控"进行了非常简略的讨论。[10]

在这一阶段中,由于我国法律只规定了备案制度,没有明确规定审查制度,实践中进行的审查工作也刚刚起步,审查活动基本不向社会公开,审查行为和审查结果难以被外界知悉,备案审查问题没有引起学界的普遍关注。相关研究多是在讨论立法监督、法律冲突等问题时,附带性地提及备案审查问题。即便是立法学的基础教材,也几乎没有涉及这一问题。总而言之,在这一阶段中,备案审查问题缺乏专门研究,遑论研究的系统性和精细化。

2. 发展阶段:2000 年《立法法》颁布实施至 2012 年党的十八大召开

2000 年《立法法》对备案审查制度作了进一步规定。伴随着《立法法》的出台和实施,学界对备案审查制度的研究进一步展开。这些研究主要集中在以下四个方面:

第一,探讨 2000 年《立法法》相关规定的成就和不足时,附带性地探讨备案审查制度。有研究者指出,《立法法》对如何解决我国的法律冲突作了

---

〔6〕 参见蔡定剑:《法律冲突及其解决的途径》,载《中国法学》1999 年第 3 期。

〔7〕 参见孙琬钟主编:《立法学教程》,中国法制出版社 1990 年版。

〔8〕 参见张根大、方德明、祁九如:《立法学总论》,法律出版社 1991 年版。

〔9〕 参见周旺生:《立法论》,北京大学出版社 1994 年版。

〔10〕 参见张善恭主编:《立法学原理》,上海社会科学院出版社 1991 年版。

诸多切中时弊的规定，对建立我国统一而和谐的法律体系将起到很好的作用。[11] 立法监督一直是一个薄弱环节，《立法法》的相关规定对这个环节有一定弥补，但其仍存在范围有限、标准不明、程序不详、主体乏力等问题。[12] 《立法法》规范违宪、违法立法审查和纠正制度，是我国民主立法制度化的实质进步，但也存在审查对象过窄、审查程序不科学等问题。[13] 《立法法》规定的地方性法规、地方政府规章的适用规则与冲突解决的机制，既有对实践经验的总结，又有新的规定，对于避免越权立法、重复立法以及解决立法冲突等，将起到积极的作用。[14] 《立法法》规定的备案审查制度在适用范围、立法技术与操作层面均存在不足，这为引入附带性审查留下了空间。[15] 可以看出，这些研究成果更多是对《立法法》的成就和不足进行整体评价，对备案审查、立法监督问题的讨论仅是整体内容的一部分。

第二，在宪法审查语境中附带性地探讨备案审查问题。学界对宪法审查问题的研究在很大程度上涉及了备案审查问题。尤其是 2003 年"孙志刚事件"发生后，学界投入了相当多的时间和精力来讨论宪法审查问题。有观点认为，我国的宪法审查制度存在诸多不足，主要不足是没有宪法诉讼制度、没有对立法的宪法审查程序、审查权分散，这种审查方式没有起到应有的监督作用。[16] 有研究者对我国宪法审查的机构、权限、程序和原则等问题进行了建构性的分析，并对实践中产生的宪法审查案例进行了评析。[17] 有研究者在宪法审查的语境中讨论了我国审查制度的审查主体、审查范围及审查方式，并认为应当从设立专门工作机构和扩大全国人大常委会审查

---

〔11〕 参见应松年：《一部推进依法治国的重要法律——关于〈立法法〉中的几个重要问题》，载《中国法学》2000 年第 4 期。

〔12〕 参见吴光辉：《立法制度的新进展与新问题——由〈中华人民共和国立法法〉谈起》，载《现代法学》2000 年第 3 期。

〔13〕 参见徐向华、林彦：《我国〈立法法〉的成功和不足》，载《法学》2000 年第 6 期。

〔14〕 参见宋方青：《我国一般地方立法的新体制——试论我国〈立法法〉的有关规定》，载《厦门大学学报（哲学社会科学版）》2001 年第 3 期。

〔15〕 参见苗连营、沈开举：《论我国立法监督制度中的附带性审查——兼析〈立法法〉关于立法监督之规定》，载《郑州大学学报（哲学社会科学版）》2002 年第 1 期。

〔16〕 参见范忠信：《中国违宪审查与立法冲突解决机制》，载《法律科学（西北政法学院学报）》2001 年第 6 期。

〔17〕 参见王振民：《中国违宪审查制度》，中国政法大学出版社 2004 年版。

范围两方面加以完善。[18] 有研究者对公民的宪法审查建议权进行了研究，认为这一权利在实践中遇到了一些困境，建议权无法当然启动宪法审查程序，建议者的目的往往落空。要想摆脱这些困境，应当建立回复机制，在时机成熟时将建议权发展为诉权。[19] 有观点认为，我国法制建设过程中最主要的问题是违法问题，而不是违宪问题，违法问题尚未解决，更不用说违宪问题。花太多的时间和精力探讨宪法审查问题，是宪法学研究中的一个误区。[20] 需要指出的是，这些讨论虽然是在“违宪”的层面上展开的，但实际上讨论的却多是“违法”的问题。合宪性审查与合法性审查在这一时期没有得到明确区分，对合宪性审查问题的讨论与对合法性审查的讨论多是混同的。[21]

第三，在探讨法律冲突问题时，将备案审查作为解决法律冲突的措施加以关注。有研究者对法律冲突的表现、成因、危害进行了研究，并对法律规范冲突解决途径进行了探讨。[22] 有研究者对法律冲突进行了实证分析，并认为备案审查是解决法律冲突的最后防线。[23] 有研究者对法律规范的层级冲突、种属冲突、新旧冲突、远近冲突、地域冲突、管辖冲突及其适用规则进行了研究，尤其是法律规范的层级冲突问题；这一问题涉及“抵触”标准的认定，是备案审查制度的重要内容。[24] 虽然备案审查是解决法律冲突问题的重要途径和手段，备案审查与法律冲突问题密切相关；但多数研究没有直面备案审查问题，没有对其予以专门讨论。

第四，对备案审查制度的缺陷、不足和存在的问题进行研究，并提出相应的改进对策。有研究者认为，我国的备案审查制度存在诸多不足，如备案机关缺乏审查权、备案审查的多元化安排存在冲突、备案审查的性质不明、备案审查机关缺乏解释权等，可以借鉴法国的事前审查制度来完善我国的

〔18〕 参见唐忠民：《论我国的违宪审查体制与完善》，载《现代法学》2002 年第 6 期。
〔19〕 参见胡建淼、金承东：《论法规违宪审查建议权》，载《法学家》2005 年第 2 期。
〔20〕 参见刘松山：《违宪审查热的冷思考》，载《法学》2004 年第 1 期。
〔21〕 参见苗连营：《中国的违宪审查：是否可能，如何可能？》，载《郑州大学学报（哲学社会科学版）》2004 年第 4 期。
〔22〕 参见刘莘主编：《国内法律冲突及立法对策》，中国政法大学出版社 2003 年版。
〔23〕 参见马怀德主编：《我国法律冲突的实证研究》，中国法制出版社 2010 年版。
〔24〕 参见顾建亚：《行政法律规范冲突的适用规则研究》，浙江大学出版社 2010 年版。

备案审查制度。[25] 有研究者认为,备案审查制度在中央层面的实施效果不理想,在地方层面只得到了某种程度的实施,与"立法"实践活动相比,备案审查制度还缺乏应有的作用。[26] 有研究者指出,我国的立法监督工作在实践中的开展情况较差,长期处于被忽略的状态,存在诸多方面的不足。[27] 有研究者运用实证研究的方法对法规规章备案审查体制的备案主体、备案职权、备案依据、备案标准、备案程序和备案责任等基本元素进行了研究。[28] 有研究者认为,被动审查与主动审查相结合的做法收效甚微,我国应当建立立体的法规审查体系;这一体系应当以重新构建的被动审查制度为主,省级人大常委会和国务院在这一体系中起辅助作用。[29] 有研究者对法规、规章备案制度的价值进行了研究,认为这一制度有利于实现对立法权的监督,但缺陷在于国家内部以权力制约权力的制度安排排除了社会参与。[30]

在这一时期,在《各级人民代表大会常务委员会监督法》(以下简称《监督法》)的授权下,省级人大常委会参照《立法法》的规定明确了规范性文件备案审查程序。规范性文件备案审查与法规备案审查具有密切联系。学界也对规范性文件备案审查进行了研究,可为法规备案审查提供参考和借鉴。这些研究主要集中在以下三个方面:

第一,阐释《监督法》的具体规定。有研究者阐述了《监督法》对人大常委会监督制度的若干创新,充分肯定了《监督法》的积极意义。[31] 有研究者对《监督法》的具体内容和创新规定进行了研究,认为该法对于完善我国备案审查制度、保障法制统一具有重要意义。[32] 也有研究者认为,《监督法》第 28 条至第 33 条分别存在不同程度的缺陷,应当将立法监督中的"层级

---

〔25〕 参见王锴:《我国备案审查制度的若干缺陷及其完善——兼与法国的事先审查制相比较》,载《政法论丛》2006 年第 2 期。

〔26〕 参见钱宁峰:《规范性文件备案审查制度:历史、现实和趋势》,载《学海》2007 年第 6 期。

〔27〕 参见阮荣祥主编:《地方立法的理论与实践》,社会科学文献出版社 2008 年版。

〔28〕 参见湛中乐、张水海:《法规规章备案问题研究》,载《法治论丛(上海政法学院学报)》2009 年第 3 期。

〔29〕 参见陈道英:《全国人大常委会法规备案审查制度研究》,载《政治与法律》2012 年第 7 期。

〔30〕 参见周新楣:《法规规章备案制度的价值及局限》,载《社会科学研究》2002 年第 2 期。

〔31〕 参见许安标:《监督法的特点与创新》,载《国家行政学院学报》2007 年第 1 期。

〔32〕 参见牛文展:《〈监督法〉对我国备案审查制度的完善》,载《理论月刊》2007 年第 7 期。

化”转变为“规范化”,建立“统一解释”制度来解决司法解释可能违法的问题,解决“双重领导”与立法监督制度设计的矛盾。[33]

第二,研究规范性文件备案审查制度存在的问题,并提出改进的对策和建议。有研究者对政府规范性文件备案审查制度进行了研究,认为这一制度存在审查程序不统一、周期过长、审查标准不完备、自行纠正建议不具体、未与行政复议相衔接等问题。[34] 有研究者认为,地方政府规范性文件备案审查制度存在关键环节语焉不详、审查标准的操作难度大、缺乏保证审查结果一致性的规定、不同法律规定的审查主体层级不协调等问题,需要进一步改进。[35] 有研究者认为,现行规范性文件法律监督机制存在的问题有双重备案机制的矛盾、规范性文件清理非常态化、复议审查规定粗陋、司法审查处理结果不彻底等问题,解决这些问题应当从我国的政治体制、权力分工、监督体系化以及立足现实等方面整体考量。[36] 有研究者对规范性文件备案审查制度的起源和发展进行研究,在考察历史的基础上,对如何进一步完善该制度提出建议。[37] 其他研究者也从不同角度分析了这一制度存在的问题。[38]

第三,研究规范性文件备案审查的具体环节。有研究者对规范性文件备案审查的标准、启动方式、审查工作的机构和职权、审查处理的程序和手段等问题进行了基础性研究。[39] 有研究者对规范性文件报备的范围进行了研究,认为应当从备案审查制度的功能和规范性文件的性质两个方面考虑报备文件的范围,同时,备案审查应当与其他审查制度相协调。[40] 有研

〔33〕 参见莫纪宏:《规范性文件备案审查制度的“合法性”研究》,载《北京联合大学学报(人文社会科学版)》2012 年第 3 期。

〔34〕 参见卢建华:《我国规范性文件备案审查地方立法的若干缺陷及其完善》,载《行政论坛》2008 年第 4 期。

〔35〕 参见刘一纯:《改进地方政府规范性文件备案审查制度的思考》,载《江汉论坛》2009 年第 5 期。

〔36〕 参见孔繁华:《行政规范性文件法律监督机制探究》,载《法学杂志》2011 年第 7 期。

〔37〕 参见杨书军:《规范性文件备案审查制度的起源与发展》,载《法学杂志》2012 年第 10 期。

〔38〕 参见张娟:《论行政规范性文件立法备案制度的问题与完善》,载《新疆大学学报(哲学·人文社会科学版)》2010 年第 3 期。

〔39〕 参见王腊生:《规范性文件备案审查制度及其完善建议——从国家权力机关监督的角度》,载《南京工业大学学报(社会科学版)》2008 年第 1 期。

〔40〕 参见王锴:《论规范性文件的备案审查》,载《浙江社会科学》2010 年第 11 期。

究者认为，备案审查实务首先要解决的问题是怎样鉴别行政规范性文件，应当运用多元的鉴别标准来解决这一问题。[41] 有研究者认为，地方人大常委会对同级法院和检察院制定的规范性文件进行监督具有正当性，应当对地方法院、检察院制定的规范性文件进行备案审查。[42] 有研究者则对规范性文件备案审查的基准、机构、程序、效力、范围等问题进行了系统研究。[43]

与前一阶段相比，这一阶段学界对备案审查的研究呈现如下三个特点：一是研究成果的数量大大增加。在《立法法》《监督法》出台以及相关事件的催动下，学界对备案审查的关注度明显提升，产出了相当数量的关于备案审查的研究成果。这些成果使得学界对备案审查的研究较前一阶段有了质的提升和跨越。二是整体上看，这一阶段对备案审查制度的专门研究仍显不足。在这一阶段中，多数成果是在整体性评价《立法法》或者研究宪法审查的过程中顺带提及备案审查问题。少数关于法规备案审查的成果，也多是从宏观层面对备案审查制度存在的问题进行研究，没有深入到这一制度的具体环节和具体领域，微观关注程度不够，研究不够精细。三是研究成果仍偏重于制度分析和规范分析。这一阶段中的研究成果多是指出我国备案审查制度存在的问题，并在此基础上提出相应的改进建议和优化路径，对备案审查制度运行和实施过程中暴露出来的具体问题的讨论不够充分。由于实践中产生的案例较少且基本不公开，实证分析、案例研究较为缺乏。

3. 深化阶段：2012 年党的十八大召开至今

在这一阶段中，党和国家的政策文件密集提出要加强宪法监督，加强备案审查制度和能力建设。备案审查制度作为宪法监督的重要抓手，受到高度重视。随着备案审查制度受到重视，学界对备案审查问题的研究进入活跃期。这一阶段学界对备案审查制度的研究主要集中在以下七个方面：

第一，阐释我国备案审查制度的特色与意义。中国合宪性审查制度，由国家层面、政党层面的合宪性审查制度共同构成，二者相互衔接，共同发挥

---

〔41〕 参见袁勇：《行政规范性文件的鉴别标准——以备案审查为中心》，载《政治与法律》2010 年第 8 期。

〔42〕 参见李龙、李豪：《论地方人大常委会对地方"两院"规范性文件备案审查的正当性》，载《时代法学》2011 年第 6 期。

〔43〕 参见陈运生：《地方人大常委会的规范审查制度研究》，中国政法大学出版社 2013 年版。

作用。[44] 审查主体在审查过程中实行的“沟通”与“协商”方式，是符合我国国情的审查方式。[45] 由全国人大及其常委会负责合宪性审查是我国合宪性审查制度的主要特色。[46]

第二，探讨合宪性审查与合法性审查的关系。合宪性审查与合法性审查应当明确区分开来；备案审查整体上属于合法性审查的范畴，是合宪性审查的前置程序和“过滤机制”。[47] 合法性审查是合宪性审查的制度雏形，是一条实现合宪性审查的可行路径。[48] 有研究者将法规规章备案审查、法规清理和法院对法规范的合法性审查统称为“中国特有的准违宪审查”。[49] 审查应当遵循“先合法性审查，再合宪性审查，最后适当性审查”的阶层性审查次序。[50] 我国的法律体系已经比较完备，地方立法直接违宪的可能性不大，在审查实践中，应当严格区分地方立法的合宪性和合法性。[51] 合宪性审查和合法性审查共同组成我国的法律规范审查体系，但二者之间存在隔阂，应当通过多种手段促进二者的衔接。[52] 然而，我国的备案审查实践并没有将合法性审查和合宪性审查严格区分开来，而是存在一定程度的混同，合法性审查的频繁开展在一定程度上影响了合宪性审查活动的启动。[53]

第三，探讨备案审查制度存在的问题，并提出改进和完善的建议。有研究者对2015年《立法法》修改后我国备案审查制度进行了检视，分析了《立法法》修改对备案审查制度的完善。[54] 有研究者认为，我国的法规范文件备案制度存在备案机关重合低效、审查程序安排不合理、备案资源利用率不

[44] 参见范进学：《论中国合宪性审查制度的特色与风格》，载《政法论丛》2018年第3期。

[45] 参见李松锋：《“沟通”与“协商”是符合国情的备案审查方式》，载《法学》2019年第3期。

[46] 参见孙煜华、童之伟：《让中国合宪性审查制形成特色并行之有效》，载《法律科学(西北政法大学学报)》2018年第2期。

[47] 参见胡锦光：《论合宪性审查的“过滤”机制》，载《中国法律评论》2018年第1期。

[48] 参见苗连营：《合宪性审查的制度雏形及其展开》，载《法学评论》2018年第6期。

[49] 程洁：《中国的准违宪审查制度初探》，载《政法论坛》2018年第3期。

[50] 参见王锴：《合宪性、合法性、适当性审查的区别与联系》，载《中国法学》2019年第1期。

[51] 参见邢斌文：《地方立法合宪性审查：内涵、空间与功能》，载《内蒙古社会科学(汉文版)》2019年第1期。

[52] 参见张栋祥：《合宪性审查与法律规范审查体系的裂隙与衔接》，载《江西社会科学》2019年第4期。

[53] 参见莫纪宏：《依宪立法原则与合宪性审查》，载《中国社会科学》2020年第11期。

[54] 参见张筱倜：《〈立法法〉修改后我国法规备案审查制度的再检视》，载《理论月刊》2016年第1期。

高等问题。[55] 有研究者认为,我国备案审查制度的困境在于全方位、全覆盖的制度要求与现实有限的审查能力之间的矛盾,解决这一问题应当在审查工作机制上实现人大与政府的横向分权以及中央与地方的纵向分权。[56] 有研究者认为,法规审查制度存在两大悖论:其一,备案审查制度在运行过程中表现出审查请求权配置无法达到预期;其二,申请资格门槛低与审查实体要求高之间存在张力。[57] 设区的市地方性法规数量激增使得全国人大常委会这一单一备案审查主体难以应对,应当赋予省级人大常委会对设区的市地方性法规的备案审查权。[58] 我国的合宪性审查存在诸如自我审查悖论、低度法理化倾向、基础规范的统一性难题等法理困境,防范和化解上述困境,需要确立相应机制。[59]

第四,探讨备案审查的程序问题。审查程序是一个综合性体系,包含发起主体、审查主体、审查对象等诸多要素。在发起主体方面,有研究者认为,《立法法》规定的发起主体过于宽泛,会使得发起合宪性审查的建议过多,导致审查主体难以应对;应当在宪法权利救济理念和保障宪法秩序理念的指导下,对发起主体进行合理规定。[60] 公民审查建议权具有监督权和救济权的双重属性,应当进一步放宽对建议人的主体资格限制。[61] 法规审查要求是《立法法》赋予相关主体的公权力,要求对象不能局限于法条明文列举,还应当进行目的性扩张解释。[62] 在审查主体方面,推进我国合宪性审查工作,需要明确全国人大、全国人大常委会、全国人大宪法和法律委员会、全国人大常委会法制工作委员会(以下简称全国人大常委会法工委)的地位、性

[55] 参见刘莘、钱于立:《法规范文件备案考》,载《国家行政学院学报》2017 年第 6 期。

[56] 参见封丽霞:《制度与能力:备案审查制度的困境与出路》,载《政治与法律》2018 年第 12 期。

[57] 参见林彦:《法规审查制度运行的双重悖论》,载《中外法学》2018 年第 4 期。

[58] 参见郑磊:《省级人大常委会对设区的市地方性法规备案审查权:制度需求与规范空间》,载《政治与法律》2019 年第 2 期。

[59] 参见门中敬:《我国合宪性审查的法理困境及其排除》,载《政法论坛》2021 年第 4 期。

[60] 参见胡锦光:《论启动合宪性审查程序主体资格的理念》,载《国家行政学院学报》2017 年第 6 期。

[61] 参见焦洪昌、江溯:《论我国公民合宪性审查建议权的双重属性——以〈宪法〉第 41 条为分析基础》,载《政法论丛》2018 年第 3 期。

[62] 参见王建学:《法规审查要求权的规范阐释及其历史契机》,载《法学家》2019 年第 3 期。

质、职权,理顺彼此之间的关系。[63] 宪法和法律委员会应当将法律审议和合宪性审查区分开来,建立健全配套的合宪性审查程序与机制。[64] 宪法和法律委员会担负着重大使命,应当尽快明确这一专门委员会的权力、程序、责任。[65] 宪法和法律委员会实际上可以理解为全国人大新设立的一个专门委员会,对于推进合宪性审查工作具有重要意义。[66] 在审查对象方面,应当将法律等纳入合宪性审查的范围。[67] 只能通过充分发挥全国人大及其常委会自身的作用来对法律进行宪法审查,对法律的合宪性审查只能作出"相一致"或"不相一致"的审查结论。[68]

第五,探讨备案审查的标准问题。地方性法规审查在实践中根据合目的性要求具体为"融贯目的—价值目的—效用目的"三重分层,并基于"事项—目的—相符程度"的逻辑结构顺序展开。[69] 学界对合法性审查标准的讨论,更多体现在对"抵触"的研究之中。诸多研究者对何为"抵触"、如何认定"抵触"等问题进行了研究。[70] 这些关于"抵触"的研究对于明确合法性审查标准具有重要意义。相较于合法性审查标准而言,学界对适当性审查标准的研究相对薄弱。

第六,探讨备案审查的体系建设以及备案审查体系间的协作问题。有研究者认为,在衔接方面,党内审查机构在行使审查权时要注重吸纳国家法律法规相关制定单位的意见,通过联席会议的方式促进两套系统的衔

〔63〕 参见胡锦光:《论我国合宪性审查机制中不同主体的职能定位》,载《法学家》2020 年第 5 期。

〔64〕 参见韩大元:《从法律委员会到宪法和法律委员会:体制与功能的转型》,载《华东政法大学学报》2018 年第 4 期。

〔65〕 参见于文豪:《宪法和法律委员会合宪性审查职责的展开》,载《中国法学》2018 年第 6 期。

〔66〕 参见胡锦光:《论设立"宪法和法律委员会"的意义》,载《政法论丛》2018 年第 3 期。

〔67〕 参见刘志刚:《论我国合宪性审查机构与合宪性审查对象的衔接》,载《苏州大学学报(哲学社会科学版)》2019 年第 3 期。

〔68〕 参见莫纪宏:《论法律的合宪性审查机制》,载《法学评论》2018 年第 6 期。

〔69〕 参见周宇骏:《合目的性的审查分层:我国地方性法规审查基准的实践及其逻辑》,载《政治与法律》2021 年第 3 期。

〔70〕 参见胡建淼:《法律规范之间抵触标准研究》,载《中国法学》2016 年第 3 期;俞祺:《论与上位法相抵触》,载《法学家》2021 年第 5 期;王旭:《合宪性审查中"相抵触"标准之建构》,载《中国法学》2021 年第 6 期。

接。[71] 有研究者指出,备案审查制度在党内法规和国家法律的衔接和协调中具有重要意义,应当充分发挥备案审查制度在保障二者衔接和协调中的作用。[72] 多元的备案审查体系之间容易存在审查基准不统一、审查结果不一致等问题,应当树立人大在多元备案审查体系中的主导地位,确保人大对最终结果享有最终决定权。[73] 合宪性审查的政治功能决定了法律性的合宪性审查应改变当前多元多轨的立法审查现状,转向全国人大及其常委会与最高人民法院相衔接的二元双轨机制。[74]

第七,对新时代备案审查制度全面实施所引发的新问题进行了研究,如审查结果的溯及力等问题。有研究者对德国联邦宪法法院的主要裁判类型及其效力进行了分析,以资借鉴。[75] 有研究者认为,未来有必要在备案审查程序中对撤销决定的溯及力进行专门规定。[76] 我国应充分考虑法治的长远目标与阶段性目标的辩证关系,构建一种渐进式的备案审查溯及力模式。[77] 合宪性审查决定具有拘束力和溯及力,溯及力的确定模式应当采取原则加例外的策略。[78]

在这一阶段,诸多研究者继续对规范性文件备案审查进行了研究。有研究者对规范性文件的含义和效力问题进行了探究。[79] 有研究者对规范性文件的审查基准进行了研究,认为我国法律确立的人大监督规范性文件的审查基准存在不足,人大监督规范性文件应当建立“二领域三阶层”的审

---

〔71〕 参见马立新:《党内法规与国家法规规章备案审查衔接联动机制探讨》,载《学习与探索》2014 年第 12 期。

〔72〕 参见秦前红、苏绍龙:《党内法规与国家法律衔接和协调的基准与路径——兼论备案审查衔接联动机制》,载《法律科学(西北政法大学学报)》2016 年第 5 期。

〔73〕 参见秦前红、李雷:《人大如何在多元备案审查体系中保持主导性》,载《政法论丛》2018 年第 3 期。

〔74〕 参见李忠夏:《合宪性审查制度的中国道路与功能展开》,载《法学研究》2019 年第 6 期。

〔75〕 参见田伟:《规范合宪性审查决定的类型与效力》,载《中国法律评论》2020 年第 1 期。

〔76〕 参见王锴:《论备案审查结果的溯及力——以合宪性审查为例》,载《当代法学》2020 年第 6 期。

〔77〕 参见梁洪霞:《关于备案审查结果溯及力的几个基础问题——兼与王锴、孙波教授商榷》,载《法学论坛》2022 年第 2 期。

〔78〕 参见达璐:《合宪性审查决定的效力与实效》,载《四川师范大学学报(社会科学版)》2021 年第 5 期。

〔79〕 参见黄金荣:《“规范性文件”的法律界定及其效力》,载《法学》2014 年第 7 期。

查基准。[80] 有研究者从其他角度对规范性文件的审查基准进行了研究。[81] 有研究者认为,地方性法规对政府规范性文件备案审查范围、备案审查机构、报备期限、原则和程序等问题的规定不一致,造成了法制不统一的局面,应当对此加以纠正。[82] 有研究者对地方"两院"规范性文件备案审查进行了研究,认为只有将地方"两院"的规范性文件视为无法律效力的规范性文件,并将人大常委会对地方"两院"规范性文件备案审查视为无法律效力的监督行为,才能纾解困局。[83] 规范性文件备案审查结果的溯及力涉及法的一致性、法的安定性、公民和组织的权益、公共利益、信赖利益等多种法益,需要对这些相互之间关系复杂的法益进行综合衡量。[84]

总体而言,这一阶段的研究成果呈现如下三个特征:一是研究的广度和深度较前两个阶段有了明显的进步。随着备案审查工作的深入推进,备案审查问题受到了学界的高度关注,成为学界研究的热点。学界投入了相当多的时间和精力来研究备案审查制度及其实践,对备案审查问题的多个方面进行了深入研究,产出了大量的研究成果,备案审查的研究领域不断被拓展。二是关于备案审查的研究逐渐精细化。在外部关系方面,学界对合法性审查与合宪性审查的关系进行研究,明确区分了合宪性审查和合法性审查;在内部关系方面,学界对备案审查的特色与意义、制度缺陷问题、程序问题、标准问题、体系协作问题、溯及力问题等进行了研究。学界对这些问题的研究愈加精细。三是关于备案审查的研究呈现出鲜明的时代性。学界对备案审查在新时代呈现出的新特征和所面临的新问题进行了初步回应。例如,法规备案审查体系和其他备案审查体系之间的衔接、联动问题,法规审查结果的溯及力问题,等等,这些问题均是备案审查制度在新时代面临的新问题,业已引起学界的关注,得到了初步研究。

---

〔80〕 参见李云霖:《论人大监督规范性文件之审查基准》,载《政治与法律》2014 年第 12 期。

〔81〕 参见段磊:《论党内法规与规范性文件备案的审查基准》,载《学习与实践》2017 年第 12 期。

〔82〕 参见温辉:《政府规范性文件备案审查制度研究》,载《法学杂志》2015 年第 1 期。

〔83〕 参见姚魏:《地方"两院"规范性文件备案审查的困局及纾解——以法律效力为中心的制度建构》,载《政治与法律》2018 年第 11 期。

〔84〕 参见孙波:《论规范性文件备案审查结果的溯及力》,载《政治与法律》2021 年第 1 期。

(二)国外相关研究的现状

备案审查制度是一项具有中国特色的制度,但国外对议会立法进行宪法审查的制度和实践却早已有之。普通法院审查模式、宪法法院审查模式、宪法委员会审查模式是三种主要的宪法审查模式。国外学界对每种模式的受理要件、审查依据、判决形式、法律效力等问题均有十分深入的研究,产生了卷帙浩繁的文献。国内学界对国外三种宪法审查模式的研究也十分深入。[85] 近年来,英联邦国家的宪法审查制度逐渐受到国内研究者的关注。在英国,依据《1998 年人权法》的规定,特定层级的法院可以对英国议会制定的法律进行审查。法院认为议会制定的法律与《1998 年人权法》不一致的,有权作出"不一致宣告";但这一宣告并不影响相关法律的效力,对提起诉讼的当事人也没有约束力。[86] 由此,法院对议会制定的法律进行的审查是一种弱型违宪审查。[87]

20 世纪 80 年代以来,随着权力下放运动的进行,全球进入了"地方的时代"。对地方议会制定的法律、法规进行监督和控制成了诸多国家需要面对的现实问题,这在部分单一制国家表现得尤为明显,对这部分单一制国家监督地方立法的理论和实践进行考察可能更具有启发意义。

英国自 1998 年开始对苏格兰议会、北爱尔兰议会和威尔士议会进行权力下放。在这一过程中,英国也建立了对地方立法进行合法性审查的制度。英国合法性审查制度的重要特点是:事前审查和事后审查并存;依据制定法进行审查而不能依据普通法进行审查;进行实质审查而否定形式审查;属于强型审查而非弱型审查。英国学界对法院审查地方立法问题进行了深入研

---

〔85〕 学界关于国外宪法审查的部分专著有林广华:《违宪审查制度比较研究》,社会科学文献出版社 2004 年版;裘索:《日本违宪审查制度》,商务印书馆 2008 年版;吴天昊:《法国违宪审查制度》,中国政法大学出版社 2011 年版;范进学:《美国司法审查制度》,中国政法大学出版社 2011 年版;王建学:《法国式合宪性审查的历史变迁》,法律出版社 2018 年版。

〔86〕 See Human Rights Act 1998, ss3(2)(b), 4(6)(b).

〔87〕 See Mark Tushnet, *Weak - Form Judicial Review and "Core" Civil Liberties*, 41 Harvard Civil Rights - Civil Liberties Law Review 1(2006). 国内对英国弱型违宪审查进行的研究,参见李蕊佚:《议会主权下的英国弱型违宪审查》,载《法学家》2013 年第 2 期;朱学磊:《议会主权体制下的司法审查权及其限度——以英联邦国家为分析对象》,载《比较法研究》2019 年第 5 期。

究和广泛讨论。部分成果集中在审查标准、审查程序等内容，认为法院对法律规定的“目的测试”方法的阐释和执行并不成功。[88] 部分成果集中在评价法院审查行为的表现，认为法院的态度始终在自治和控制之间摇摆。[89] 部分成果集中在评价审查过程中法院的作用和强型违宪审查的功能。[90] 部分成果侧重于研究审查活动的实践运作及其对地方立法机关行使立法权的影响。[91] 还有部分成果在对地方立法权进行研究时，分析了合法性审查“倒逼”地方立法机关提升立法质量的作用和效果。[92] 总之，英国在监督中央立法和地方立法时，设置了分层次的监督审查体系，值得关注和研究。

除了英国外，日本学界对审查问题的研究也值得关注。本质上，日本的宪法审查是附随型违宪审查模式，法院不享有独立的抽象违宪审查权。同时，日本实行地方自治制度，地方自治团体有权制定地方自治条例。依据日本《宪法》第81条的规定，“法律、命令、规则或处分”的合宪性问题是法院的审查对象。当然，“法律”既包括国会制定的法律，也包括地方议会制定的条例。地方自治团体虽然具有比较大的权限，但其也必须在宪法和法律的范围内活动。关于地方条例与中央法令的关系，即地方条例在何种情形下应当被认定为抵触中央法令，在何种情形下不应当被认定为抵触中央法令，日本学界在20世纪60年代提出了“法令先占”理论。这一理论的核心在于：对于法律已经明示或者默示先占的事项，地方自治团体不得再制定条例，除非得到法律明确的授权。[93] 有研究者将地方自治立法与国家立法的关系划分为以下六种类型：(1)无管制领域管制，即国家法律对某一事项尚未作出规定，条例对这一事项进行了规定；(2)目的外管制，国家法律已经对某一

[88] See Frankie McCarthy & Chris McCorkindale, *Named Persons in the Supreme Court: The Christian Institute and Others v The Lord Advocate*, 21 Edinburgh Law Review 240(2017).

[89] See Jo Eric Khushal Murkens, *Judicious Review: The Constitutional Practice of the UK Supreme Court*, 77(2) The Cambridge Law Journal 349(2018).

[90] See Robert Hazell, *Out of Court: Why Have the Courts Played no Role in Resolving Devolution Disputes in the United Kingdom*, 37(4) Publius: The Journal of Federalism 578(2007).

[91] See Christopher McCorkindale & Janet L. Hiebert, *Vetting Bills in the Scottish Parliament for Legislative Competence*, 21 Edinburgh Law Review 319(2017).

[92] See Thomas Glyn Watkin & Daniel Greenberg, *Legislating for Wales*, University of Wales Press, 2018, p. 79 - 115.

[93] 参见[日]阿部照哉等编著：《宪法》(上)，周宗宪译，中国政法大学出版社2006年版，第467页。

事项作了规定，地方条例基于不同的目的再对这一事项进行规定；(3)补充管制，国家法律已经对某一事项作了规定，地方条例基于相同目的对未达国家法律管制规模或基准的事项进行规定；(4)管制地区外管制，国家法律已经对某一事项作了规定，地方条例基于相同目的对国家法律管制地区外的地区进行规定；(5)更广泛管制，国家法律已经对某一事项作了规定，地方条例基于相同的目的，对国家法律管制对象以外的事项进行规定(横出条例)；(6)更严格管制，国家法律已经对某一事项作了规定，地方条例基于相同目的对同一对象作了更严格的规定(上乘条例)。[94] 在法令先占理论下，上述多数情形会被认为与中央法令相抵触。在这一理论下，地方自治团体的立法权受到很大程度的限制，不符合地方自治的本质。

20 世纪 70 年代，日本学界开始对法令先占理论进行扬弃和修正，将中央法令定位为"最低限度基准"，认为"中央法令之管制只不过为全国适用之最低限度基准而已，并无排除条例更为严格管制之意旨，而认定较中央法令为严格规定之条例为适法"。[95] 法令先占理论的修正有其特定的时代背景。当时，随着经济的快速发展，环境污染等问题相当严重，对居民的生产、生活构成了严重威胁。为了有效处理公害问题、保障当地居民的生存权，地方条例有必要制定比中央法令更加严格的规定。与"最低限度基准"相对应的是"规制限度法令"，即中央法令已经规定了事项的最高限度，如果地方条例的规定超过中央法令的最高限度，则该条例会被认定为违法。国内部分研究者对日本法令先占理论亦有一定的研究。[96]

加强备案审查制度和能力建设，需要参考国外的有益经验和做法，但最根本的是要立足于我国的国情，从我国的实际出发，充分彰显"中国特色"。

---

〔94〕 参见蔡茂寅：《地方自治之理论与地方制度法》，台北，新学林出版股份有限公司 2006 年版，第 222－223 页。

〔95〕 参见蔡秀卿：《地方自治法》，台北，三民书局股份有限公司 2009 年版，第 209－210 页。

〔96〕 参见孙波：《地方立法"不抵触"原则探析——兼论日本"法律先占"理论》，载《政治与法律》2013 年第 6 期；陈鹏：《日本地方立法的范围与界限及其对我国的启示》，载《法学评论》2017 年第 6 期。

(三)我国学界相关研究述评

我国学界关于备案审查的既有成果,丰富了备案审查理论,在一定程度上促进了备案审查制度的完善,指导了备案审查实践工作的开展。但整体而言,既有研究成果对备案审查问题的讨论不够充分,具体表现在以下四个方面:

第一,在研究对象方面,既有研究对备案审查制度关注较多,对制度之外的理论问题和制度运行效度问题的研究则不够充分。学界对一些问题的讨论未取得共识,之所以出现这种现象,表面看是由于研究旨趣和研究偏好不同导致的,但实际上却是由于对基础理论问题、深层次问题关注不够导致的。例如学界对"抵触"问题的讨论,不同研究者提出了不同的抵触判定标准,彼此之间难以称得上融贯,这一现象的根源在于学界对抵触背后的理论性问题、基础性问题探讨不充分。既有研究对制度运行的效度即审查能力问题关注也较少。如何认识审查能力,审查能力与立法能力的关联,审查能力在实现国家治理体系和治理能力现代化过程中居于何种地位,审查能力的提升路径等问题均需要进行深入研究。

第二,在研究方法方面,既有研究侧重于对备案审查制度进行定性描述和规范分析,案例分析、实证研究相对缺乏。学界在对备案审查制度进行研究时,最经常使用的方法便是制度分析、规范分析的方法,研究方法较为单一,不利于从不同侧面透视备案审查制度,也不利于从多角度研究备案审查制度运行过程中产生的诸多问题。随着大量的备案审查案例被披露出来,使用案例分析、实证研究的方法对备案审查制度进行研究已经具有了现实可能性。

第三,在研究成果的回应性方面,既有研究对现存问题关注较多,对新时代、新形势提出的新问题则回应较少。在新时代,随着备案审查制度的全面实施,备案审查工作逐步常态化,这一新形势在实践中提出了诸多新问题。例如,备案审查制度的体系化运作问题;审查结果的类型和法律效力问题;备案审查的案例整理和研究问题;探索建立具有中国特色的备案审查指导性案例制度问题。这些新问题需要在理论层面加以关注和回应。

第四,在研究风格方面,既有研究侧重于宏观叙事,从整体上探讨备案审查制度的制度完善和体系建设，而对审查方式、审查程序、审查标准、审查结果的效力、审查能力等具体环节、具体领域中的具体问题缺乏类型化、精细化的研究。

学界已有的研究成果为本研究奠定了基础，存在的不足则为本书留下了研究空间。本书将在既有研究成果的基础上展开对法规备案审查制度和能力建设的研究，充分吸收既有研究成果的精髓，力图推进学界关于备案审查的研究。

三、写作思路与主要内容

本书主要从全国人大常委会审查地方性法规的案例切入，通过案例分析对法规备案审查制度和能力建设问题进行系统研究。除导论和结论外，本书共分为七章，主要内容如下：

第一章对法规备案审查的理论基础进行研究。本书所称的法规审查，主要是指对地方性法规等规范性法律文件的合宪性、合法性和适当性所进行的审查。不同的国家基于不同的理念设计了不同的立法监督制度。我国的法规备案审查制度是一项具有鲜明中国特色的制度。研究这一制度，绝不能从固有的西方理论学说出发进行理论演绎，而是应当立足于我国的实践，阐释制度安排和实践状况背后所蕴含的理念和原理。我国备案审查制度具有复合理论基础，中央与地方关系理论、人民代表大会制度理论和国家机构的组织原则等多种理论综合影响了我国法规备案审查制度的形成。

第二章对改革开放以来我国法规备案审查制度的历史演变进行考察。基于备案审查制度发展和演变的特点，我国备案审查制度的发展历程大致可以分为三个相互联系的阶段：实践探索阶段、确立完善阶段和深化发展阶段。实践探索阶段，自 1979 年《地方组织法》出台至 2000 年《立法法》颁布实施；确立完善阶段，自 2000 年《立法法》颁布实施至 2012 年党的十八大召开；深化发展阶段，2012 年至今。在不同的发展阶段，我国的备案审查制度呈现出不同的特征。在整个过程中，我国的备案审查工作取得了巨大成就，但也存在一定的不足。对待成就，应当予以充分肯定；对待不足，应当有清醒认识，并进行客观、理性的反思。

第三章对法规备案审查制度进行比较研究。目前，世界上主要国家的宪法审查模式可以分为宪法法院审查模式、普通法院审查模式和宪法委员会审查模式。对于这三种宪法审查模式，学界已有较多的研究，没有必要再进行重复劳动。只是，出于逻辑合理性和内容完整性的考虑，本书不得不简要论及这三种模式。在这三种模式之外，英国的宪法审查实践呈现出不同的样貌，尤其是英国法院审查苏格兰议会、威尔士议会和北爱尔兰议会等地方议会立法的制度和实践。英国合法性审查的制度设计和实践经验颇具启发意义，值得特别关注。在对国外审查制度进行批判性思考的基础上，本章最后思考我国法规备案审查制度应当如何立足中国实际，如何充分体现"中国特色"。

第四章对法规审查的方式与程序进行研究。整体而言，我国的法规审查采用的是事后审查的方式。本章系统考察法律询问答复制度的运行状况和功能后认为，法律询问答复不是规范主义意义上的事前审查制度，但它却在很大程度上发挥着事前审查的功能。这一功能主义意义上的"事前审查"方式对于避免越权立法、抵触立法和违背立法程序现象具有重要意义。但这种功能主义的规定方式也存在很大的不足，其主要问题在于立法者过分偏重了制度的功能性，而忽略了制度本身所应该具备的正当性和规范性。这一制度在备案审查的视野中应当重新定位和完善。不同的审查方式关联不同的审查程序。本章第二节关注事后审查的程序问题。我国的事后审查程序整体上已经较为完善，但在具体环节的制度设计和运行方面，仍存在进一步优化的空间，这在启动要件方面、审查主体方面、程序衔接方面、程序运行方面均有体现。

第五章对法规审查的标准与方法进行研究。第一节对合法性审查、合宪性审查、适当性审查的关系进行研究。首先考察了宪法法律文本、日常习惯表述中经常出现的"不适当""抵触""不合法""下位法违反上位法规定""不一致""超越权限"等概念之间的逻辑关系。在此基础上，廓清合法性审查、适当性审查、合宪性审查之间的关系。三者之间的关系应当分语境、分情形具体讨论。第二节和第三节对合法性审查的标准和方法进行研究。合法性审查的标准和方法主要体现为"抵触"的判定标准和方法。不同的地方立法类型对应不同的抵触类型，进而有不同的合法性判定标准和方法，应当分门别类地予以讨论。其中，第二节对地方执行性立法的合法性审查标准进行研究。执行性立法既可能只构成直接抵触,不构成间接抵触;也可能同时构成直接抵触和间接抵触。但无论何种情形,严格形式主义的立场必须一以贯之。直接抵触的判定需要以法律规则的构成要素为基石,明晰立法抵触的判定标准。就义务性规则和职权性规则而言,国家法律应当视为统一性标准;就权利性规则和职责性规则而言,国家法律可以视为最低限度的标准。第三节对地方补充性立法的合法性审查标准进行研究。由于处于一种中间状态,地方补充性立法的合法性判断标准不同于地方执行性立法。明确地方补充性立法的权力边界,应当构建一种形式标准和实质标准相统一的合法性判断标准。第四节对适当性审查的标准与方法进行研究。适当性审查与合法性审查不同,在适当性审查面前,所有的地方立法类型一视同仁,遵循共同的审查标准和方法。适当性审查的实质是审查主体依据一定的方法,对审查对象合理与否作出判断,并进行精致、充分理由论证的过程。审查对象逐一通过目的正当性审查、手段适当性审查、必要性审查和均衡性审查,才能认定为适当。

第六章对审查结果的类型与效力进行研究。第一节对审查结果的类型进行研究。审查结果的类型可以有效标识审查对象存在的问题,是灵活处理审查结果的溯及力的有效方式。在此基础上,梳理了全国人大常委会审查地方性法规的案例所表现出来的结果类型,探讨了我国审查结果的类型及其存在的问题。第二节对审查结果的效力问题进行研究。备案审查工作面临的新形势客观上要求明确审查决定的法律效力。实务界以"双轨制"的方式发展完善审查决定的法律效力,应当予以关注并加以理论化。科学地构建我国的审查决定效力制度,需要妥善处理审查方式与审查决定法律效力的关系、审查主体的资格与审查决定法律效力的关系、维护法的安定性与保护个人权利的关系。全国人大专门委员会、全国人大常委会法工委通过协商实现的审查,仅具有柔性的约束力;全国人大常委会通过强制实现的审查,才具有刚性的约束力。审查决定的法律效力应当以不具有溯及力为原则,具有溯及力为例外。

第七章对审查能力的改进与提升进行研究。第一节意图揭示国家能力、立法能力和审查能力的内在关联。在国家能力理论的视野中,立法能力是指立法机关在立法过程中通过与其他主体互动而自主地实现自己意志和目标的力量。立法能力的强弱表现为法律文本所表达的内容与立法机关希望实现的目标之间距离的远近。立法能力理论包括国家与社会的关系模型、国家机构间的关系模型两个理论框架。国家与社会的关系模型强调立法机关必须深深嵌入社会,通过制度化、程式化的方式与社会进行协商,将自身的自主性和领导力转变为立法能力。国家机构间的关系模型强调立法机关必须主导立法过程,能够整合立法过程参与主体之间的分歧,协调一致行动。在国家能力理论的视野中,审查能力是审查机关在审查过程中通过与其他主体互动而自主地实现自身意志和目标的力量。在理论层面,立法能力与审查能力存在分野;但在我国的制度和实践中,加强立法能力、审查能力建设,在很大程度上具有同一性。换言之,审查能力的建设与立法能力的建设存在"共性"。基于此,第二节从共性层面探讨提升审查能力的对策。在共性层面,加强审查能力建设不过是加强立法能力建设的"范围限缩"。通过设计立法能力评估指标体系,考察了我国立法能力建设的现状,并在此基础上提出了提升立法能力的对策和建议。当然,这些对策和建议同样可以提升审查能力。第三节从个性层面探讨提升审查能力的针对性对策。这些对策包括提高对备案审查工作重要性的认识、提高备案审查的信息化水平、充分发挥法院在法规审查中的作用等。

四、研究方法

本研究是理论研究与实证研究并重的综合性课题,力图通过对典型案例进行研究,拓展和深化备案审查理论,进而为我国备案审查制度的完善、审查能力的提升提供可能的解决方案和优化对策。本书采用的研究方法主要有以下四种。

第一,案例分析方法。案例分析方法就是通过对典型案例进行分析,并从中发现或者探求一般规律和理论,得出研究结论或新的研究命题的一种方法。本书将采用案例分析的方法对全国人大常委会审查地方性法规的典型案例进行解剖分析,探寻全国人大常委会开展审查活动所遵循的标准和所采用的方法,对此进行总结并加以理论化。同时,通过案例分析揭示备案审查制度所暴露出来的审查标准不清、审查结果法律效力不明等问题,在此基础上提出改进的对策、建议。

第二,历史考察方法。采用历史考察方法梳理我国备案审查制度的发展演变过程,归纳备案审查制度在各个阶段呈现出的特点,探讨影响备案审查制度发展的因素,并在此基础上总结备案审查工作取得的成就和存在的不足。

第三,规范分析方法。在研究法规审查标准和审查方法时,本书将采用规范分析的方法对《宪法》《立法法》《监督法》《地方组织法》的内容进行规范分析,阐明宪法法律规定的具体含义,进而指出我国现有法律规定存在的不足,揭示法律规定存在的缺陷在实践中进一步导致的问题。

第四,实证研究方法。采用访谈调查、电话访谈等调查研究方法对法规制定机关的相关人员进行调查,掌握审查活动的具体展开过程。采用既有资料统计分析法研究立法机关的专业化水平,评估立法机关的立法能力和审查能力;通过对现有资料、数据的分析研究审查结果的类型。采用内容分析法研究全国人大常委会备案审查工作报告,总结备案审查工作取得的成就和不足。采用实地调查研究方法了解审查机关开展备案审查的具体情况,观察影响审查机关提升审查能力的具体因素。

五、创新之处与不足

本研究的创新之处在于:本书尝试通过案例分析对法规审查方式与程序、审查标准与方法、审查结果的类型与效力等核心问题进行类型化、精细化的探讨,从而进一步推进学界关于备案审查问题的研究。这一创新之处主要表现在以下三个方面:

第一,本书使用了新的研究素材。全国人大常委会在开展审查工作过程中产生的案例,是中国特色社会主义法治的生动实践,具有较高的学术研究价值,应当予以重视和挖掘。本书在研究备案审查的一般性问题时,均使用真实的案例、事例、实例作为研究对象或者论据,在研究素材的使用上具有一定的新颖性。

第二,本书在诸多方面补充了既有研究。例如,在比较研究方面,本书对英国法院审查地方立法的制度及其运行状况进行了系统考察,拓展了对英国宪法审查制度进行研究的维度。在审查标准方面,本书认为,审查标准不能凭空建构;从案例中提炼出来的审查标准,才更契合实践需要,更具有现实意义。不同的地方立法类型对应不同的违法类型,进而有不同的合法性判定标准和方法;应当基于地方立法的不同类型,构建不同的合法性审查标准。在审查结果法律效力制度的完善方面,本书认为应当妥善处理维护法的安定性和救济受害者权利之间的紧张关系,审慎处理审查结果的溯及力。审查结果的法律效力应当以不具有溯及力为原则,具有溯及力为例外。

第三,本书尝试采用了新的研究方法。关于备案审查的研究早已有之,多采用定性分析和规范分析的方法展开,侧重于探讨备案审查的制度缺陷和体系建设问题。相较于已有的研究成果,本书主要从案例的角度展开研究,通过案例透视备案审查制度和能力建设的关键内容,在主要研究方法方面具有新颖性。

毋庸讳言,本书也存在不足之处。一是理论与实践的契合程度仍需进一步加强。在进行研究的过程中,笔者对部分省份、设区的市进行了调研,对地方国家机关备案审查实践情况的调研了解较为深入,但由于条件的限制,对国家层面的调研不够充分。职是之故,本书所使用的案例,更多是通过工作报告、案例汇编、学者著述、官方网站等公开途径获取的,对案例作出过程的挖掘不够充分,对案例过程维度的研究仍需加强。二是在备案审查领域,虽然目前已经有了相当数量的案例,但案例的数量难以称得上丰富,案例的披露信息难以称得上完备,案例的历史难以称得上悠久,这些因素限制了本书从案例资源中抽象出一般性的理论,部分章节分析和论证有待加强。

第一章

法规备案审查的理论基础

本章对法规备案审查的理论基础进行研究。第一节对研究主题所涉及的核心概念进行界定。本书所称的法规备案审查,主要是指对地方性法规等规范性法律文件的合宪性、合法性和适当性所进行的审查。第二节对法规备案审查的既有理论基础进行简要考察。不同的国家基于不同的理念设计了不同的立法监督制度。我国的法规备案审查制度是一项具有鲜明中国特色的制度;研究这一制度,应当立足于我国的实践,阐释制度安排和实践状况背后所蕴含的理念和原理。第三节对我国法规备案审查制度的复合理论基础进行研究。我国备案审查制度具有复合理论基础,中央与地方关系理论、人民代表大会制度理论和国家机构的组织原则等多种理论综合影响了我国法规备案审查制度的形成。

第一节　法规备案审查的内涵与外延

"在借助语言描述事实或问题的时候,明确的定义是科学成功的前提。只有语言表达方式统一才能使科学交流成为可能。"[1]对法规备案审查展开研究,需要明确相关概念的含义。与本书主题密切相关的概念有备案、审查、合宪性审查、合法性审查、适当性审查、立法监督、规范性文件、规范性法律文件等,下文将对这些概念进行界定以便明确本书在何种意义上使用这些概念。

一、备案与审查的含义及其关系辨析

备案是指行政法规、地方性法规、自治条例和单行条例、规章在公布后一定期间内,由其制定机关或批准机关报送上级立法机关或者行政机关存档,以备审查。[2] 审查则是对规范性文件是否合宪、合法,是否适当作出判断,并对违宪、违法、不适当的规范性文件作出相应处理,直至将其予以改变或撤销。规范性文件的"备案审查",是国家机关对规范性文件的"备案"与"审查"制度相结合而形成的一种特定的法律制度,指有权机关将其制定的

---

〔1〕［德］伯恩·魏德士:《法理学》,丁小春、吴越译,法律出版社2013年版,第9页。

〔2〕参见乔晓阳主编:《〈中华人民共和国立法法〉导读与释义》,中国民主法制出版社2015年版,第301－302页。

法规等规范性文件依法定期限和程序报法定机关备案,由接受备案的机关进行分类、归档,依法对其进行审查并作出处理的法律制度。[3] 在我国,“备案”与“审查”事实上是两项相互独立的制度,二者之间并无必然的联系。理由在于,《宪法》第100条规定了省级立法主体制定的地方性法规的备案制度,《宪法》第67条规定了全国人大常委会对地方性法规的审查权,但仅从字面含义来看,看不出《宪法》第100条与第67条之间有什么必然的联系。[4]

近年来,由于强调“有件必备、有备必审、有错必纠”,备案制度与审查制度的联系更加紧密。实践中,全国人大常委会法工委会主动对报送备案的行政法规、司法解释进行逐件审查。具体言之,从2006年起,法规备案审查工作机构对“两高”报送备案的司法解释进行逐件审查研究;从2010年起,其对国务院报送备案的行政法规进行逐件审查研究。[5] 但本质上,备案不是审查的前提条件,审查也不是备案的必然后果。之所以将二者合并起来称谓,多是由于人们的表达习惯所致。本书主要关注审查制度及其运行实践,基本不涉及备案制度;但为了遵从已有的表达习惯,本书在不同章节也使用“备案审查”的表述。

备案审查的外延十分广泛。根据审查对象的不同,备案审查可以分为法规备案审查、规章备案审查、规范性文件备案审查、党内法规备案审查、军事规章和军事规范性文件备案审查。单就法规备案审查而言,其包含的对象范围十分广泛。2019年出台的《法规、司法解释备案审查工作办法》第2条将行政法规、监察法规、地方性法规、自治州和自治县的自治条例和单行条例、经济特区法规,统称为“法规”。本书所称的“法规”主要是指地方性法规,只有个别章节涉及其他立法形式。

根据审查依据的不同,备案审查可以分为合宪性审查、合法性审查和适当性审查。依据《立法法》的规定,备案审查是对行政法规、地方性法规等规

[3] 参见全国人大常委会法制工作委员会法规备案审查室:《规范性文件备案审查理论与实务》,中国民主法制出版社2020年版,第1-2页。

[4] 参见王锴:《我国备案审查制度的若干缺陷及其完善——兼与法国的事先审查制相比较》,载《政法论丛》2006年第2期。

[5] 参见乔晓阳主编:《〈中华人民共和国立法法〉导读与释义》,中国民主法制出版社2015年版,第311页。

范性法律文件是否合宪、合法，是否适当问题进行的审查。因此，从规范文本来看，备案审查包括合宪性审查、合法性审查和适当性审查。合宪性审查、合法性审查应当予以明确区分。合宪性审查是依据宪法进行的审查，而合法性审查则是依据宪法以外的其他规范性法律文件进行的审查：二者是两种不同的审查类型。合法性审查中的“法”并不包括宪法。[6] 但在备案审查制度的运行实践中，多数案例是依据法律等规范性法律文件作出的，目前仅零星出现审查主体直接依据宪法进行审查的案例。[7] 国家机关一般不愿涉及合宪性审查问题，“可谓避之唯恐不及”。[8] 所以，我国的备案审查在运行过程中主要表现为合法性审查。全国人大常委会审查地方性法规的活动主要是在合法性审查范畴内进行的。

立法监督概念也与本书主题具有密切联系。“立法监督”一词有三种不同的用法：一是用以说明对立法活动和立法结果的监督；二是用以说明有关主体运用立法手段对行政、司法等方面的监督；三是用以说明立法机关或议会对行政、司法和立法本身诸多方面的监督，以及有关方面对立法主体的监督。[9] 人们多在第一种意义上使用立法监督的概念。我国《立法法》规定的立法监督包括批准制度、备案制度、审查制度、改变撤销制度和裁决制度。备案制度、审查制度上文已经论及，此处需要予以专门讨论的是批准制度、改变撤销制度和裁决制度。

第一，批准制度。我国地方立法中主要有两种立法必须遵循批准制度。一是民族自治地方的自治条例和单行条例立法。按照《立法法》第 85 条的规定，自治区的自治条例和单行条例，报全国人大常委会批准后生效；自治州、自治县的自治条例和单行条例，报省级人大常委会批准后生效。二是设区的市的地方性法规立法。按照《立法法》第 81 条的规定，设区的市的地方性法规须报省级人大常委会批准。需要指出的是，省级人大常委会对设区的市地方性法规的批准，仅限于合法性审查。

---

〔6〕 参见胡锦光：《论合宪性审查的“过滤”机制》，载《中国法律评论》2018 年第 1 期。

〔7〕 参见沈春耀：《全国人民代表大会常务委员会法制工作委员会关于 2020 年备案审查工作情况的报告》，第十三届全国人民代表大会常务委员会第二十五次会议，2021 年 1 月 20 日。

〔8〕 参见林来梵：《合宪性审查的宪法政策论思考》，载《法律科学（西北政法大学学报）》2018 年第 2 期。

〔9〕 参见周旺生：《立法学》（第 2 版），法律出版社 2009 年版，第 324 页。

第二，改变、撤销制度。改变，是指修改、补充、删除法律、法规或规章的部分条款或内容；撤销，指废止整个法律、法规或规章。[10]《立法法》第108条明确规定了各个主体的改变、撤销权限：全国人大有权改变或者撤销它的常务委员会制定的不适当的法律，有权撤销全国人大常委会批准的自治条例和单行条例；全国人大常委会有权撤销同宪法和法律相抵触的行政法规，有权撤销同宪法、法律和行政法规相抵触的地方性法规，有权撤销省级人大常委会批准的自治条例和单行条例；国务院有权改变或者撤销不适当的部门规章和地方政府规章；省级人大有权改变或者撤销它的常委会制定和批准的不适当的地方性法规；地方人大常委会有权撤销本级人民政府制定的不适当的规章；省、自治区人民政府有权改变或者撤销下一级人民政府制定的不适当的规章；授权机关有权撤销被授权机关制定的法规。

第三，裁决制度。立法裁决是我国立法监督制度的重要内容，也是我国立法监督的一种重要处理方式。在立法数量十分庞大的情况下，规范性法律文件之间存在冲突和抵触是非常常见的现象。为了解决规范性法律文件之间的冲突和抵触，各国一般都会明确法律效力的等级，我国也不例外。我国《立法法》明确规定了规范性法律文件之间的效力等级。规范性法律文件之间发生冲突时，按照上位法优于下位法，新法优于旧法，特别法优于一般法的规则进行处理。然而，在法律体系内部，部分法的效力等级问题是不容易确定的，如新的一般规定和旧的特别规定之间的法律效力问题等。当这些规范之间产生冲突时，便需要立法裁决机制。《立法法》对此作了较为明确的规定。依据《立法法》的规定，法律之间对同一事项的新的一般规定与旧的特别规定不一致，不能确定如何适用时，由全国人大常委会裁决；行政法规之间对同一事项的新的一般规定与旧的特别规定不一致，不能确定如何适用时，由国务院进行裁决；同一机关制定的新的一般规定和旧的特别规定不一致时，由制定机关裁决；地方性法规和部门规章之间对同一事项的规定不一致，不能确定如何适用时，由国务院提出意见；国务院认为应当适用地方性法规的，应当适用地方性法规；国务院认为应当适用部门规章的，由全国人大常委会裁决；部门规章之间、部门规章与地方政府规章之间对同一

---

〔10〕 参见周旺生：《立法学》（第2版），法律出版社2009年版，第349页。

事项的规定不一致时，由国务院裁决。

批准制度、裁决制度与本书研究主题的关系不密切，本书不对二者展开研究。本书的中心主题是审查制度，备案制度、改变撤销制度与本书主题有密切关系，本书的不同部分会涉及相关内容。

二、规范性文件与规范性法律文件的含义

"规范性文件"一词因为使用的语境和场合不同而有不同的内涵和外延。人们至少在两种不同的层次和意义上使用这一概念。第一，在我国法律和行政法规的文本中，规范性文件是指法律、法规、规章等具有法律效力的抽象性文件。据研究者的考证，最早使用"规范性文件"一词的法律为1989年的《行政诉讼法》。[11] 该法第32条规定："被告对作出的具体行政行为负有举证责任，应当提供作出该具体行政行为的证据和所依据的规范性文件。"显然，这里的规范性文件是指包括法律、法规、规章在内的所有由国家机关制定的有法律效力的抽象性文件。后续的《行政处罚法》《行政许可法》《行政强制法》《监督法》均采用了此种用法。第二，在地方人大常委会制定的规范性文件备案审查规定中，规范性文件多指法律、法规和规章以外的，具有约束力的抽象性文件。[12] 在上述两种用法中，"规范性文件"所表达的含义完全不同。第一种用法中的规范性文件，实际上相当于学界所说的规范性法律文件。"规范性法律文件，专指一定的国家机关按照法定权力范围，依据法定程序制定出来的、以权利义务为主要内容的、有约束力的、要求人们普遍遵守的行为规则的总称。它是　个国家法律体系的主干部分，

---

〔11〕 参见黄金荣：《"规范性文件"的法律界定及其效力》，载《法学》2014年第7期。

〔12〕 例如，2007年《福建省各级人民代表大会常务委员会规范性文件备案审查规定》第3条规定："本规定所称规范性文件，是指下列涉及公民、法人和其他组织权利义务，具有普遍约束力的文件：（一）设区的市、县级人民代表大会及其常务委员会和乡（镇）人民代表大会发布的决议、决定；（二）县级以上地方人民政府发布的决定、命令；（三）经县级以上地方人民政府批准以政府组成部门、办事机构、直属机构名义发布的文件。"2012年《北京市各级人民代表大会常务委员会规范性文件备案审查条例》第2条规定："本条例所称规范性文件，是指市人民政府，区县人民代表大会及其常务委员会、区县人民政府，以及乡、民族乡、镇人民代表大会在其法定职权范围内按照一定程序制定，涉及公民、法人和其他组织权利和义务，在较长时间内具有普遍约束力的文件。"

包括宪法、法律、法规和规章。”[13]第二种用法中的规范性文件，实际上是指规范性法律文件以外的其他具有拘束力的抽象性文件。

为了避免概念使用的混乱，可以将规范性文件作广义和狭义的区分。在广义上，规范性文件是指所有由国家机关制定的有拘束力的抽象性文件。广义上的规范性文件可以分为规范性法律文件和狭义上的规范性文件。规范性法律文件包括宪法、法律、法规和规章；狭义上的规范性文件是指除宪法、法律、法规、规章以外的其他具有约束力的文件。狭义上规范性文件的制定主体非常广泛。在地方人大常委会对规范性文件进行备案审查的语境中，制定主体既包括地方人大及其常委会、地方各级政府、地方政府授权或者批准的机构和组织，也包括地方法院、地方检察院、地方监察委员会。如无特别说明，本书主要在狭义上使用规范性文件的概念。

规范性文件备案审查与法规备案审查具有密切联系：规范性文件备案审查的程序基本是参照法规备案审查的程序建立起来的，规范性文件备案审查的类型、标准、方法等内容也与法规备案审查相似。但二者所针对的对象不同：法规备案审查的对象范围包括行政法规、监察法规、地方性法规、自治条例和单行条例、经济特区法规和司法解释，规范性文件备案审查的对象范围是狭义上的规范性文件。本质上，二者属于相互独立的问题。

第二节 立法审查的一般理论

一、权力分立与制衡理论中的立法审查

立法权的概念起源于分权思想。倘若没有分权思想把国家权力区分开来，国家权力集中于一个主体统一行使，则立法权观念的产生势必缺乏理论基础。正因为国家职能需要分工，而分工在法律上的形式即为权力划分，所以才会演变出立法权的观念。[14] 作为一种明确表述的政治理论，分权学说直到17世纪才出现。

洛克（John Locke）将国家权力分为立法权、执行权和对外权。立法权

〔13〕 张文显主编：《法理学》（第5版），高等教育出版社、北京大学出版社2018年版，第87页。

〔14〕 参见吴大英、任允正、李林：《比较立法制度》，群众出版社1992年版，第261页。

是指享有指导如何运用国家的力量以保障这个社会及其成员的权力。[15]立法权属于若干个人，他们定期集会以便制定法律；在法律制定以后，他们便分散开来，并受自己所制定的法律的支配和约束。为了执行制定出来的法律，需要一个经常存在的权力，这便是执行权。“立法权和执行权往往是分立的。”[16]对外权是指处理社会整体与其他国家或社会以外的人们的关系的权力。在洛克看来，对外权和执行权无须分立，二者分别由不同的人掌握反而会使公共力量处于不同的支配之下，导致纷乱和灾祸。

在立法权、执行权和对外权三者当中，立法权是最高的权力，执行权和对外权从属于立法权。“这个立法权不仅是国家的最高权力，而且当共同体一旦把它交给某些人时，它便是神圣的和不可变更的；如果没有得到公众所选举和委派的立法机关的批准，任何人的任何命令，无论采取什么形式或以任何权力做后盾，都不能具有法律效力和强制力。”[17]立法权之所以具有这种相对优越地位，本质上是因为立法权直接源于人民的委托。但是，立法权并非不受限制。洛克认为，立法权必须在自然法的约束范围内进行活动：第一，立法机关必须以正式公布的既定的法律来进行统治，这些法律对任何人都应平等对待；第二，法律除了为人民谋福利这一最终目的之外，不应再有其他目的；第三，未经同意，绝不能对人民的财产课税；第四，立法机关不能把立法权转让给其他人。[18]

人民通过签订社会契约迈向政治社会，但在这一过程中，人民仍然保有自己的生命权、财产权和自由权。立法权虽然在洛克的权力理论中具有最高地位，但它本质上仍然只是基于某种目的而由人民委托的一种权力。“社会始终保留着一种最高权力，以保卫自己不受任何团体，即使是他们的立法者的攻击和谋算……”[19]

从上述内容可以看出，在洛克的理论中，立法权是国家权力中的最高权力，这一权力并非无所不包、无所不能的，它要受到自然法的限制；同时，在这一权力侵犯公民的自由、损害公民的权利时，公民还拥有推翻立法机关的

〔15〕 参见［英］洛克：《政府论》（下篇），叶启芳、瞿菊农译，商务印书馆1964年版，第91页。
〔16〕 ［英］洛克：《政府论》（下篇），叶启芳、瞿菊农译，商务印书馆1964年版，第91页。
〔17〕 ［英］洛克：《政府论》（下篇），叶启芳、瞿菊农译，商务印书馆1964年版，第83页。
〔18〕 参见［英］洛克：《政府论》（下篇），叶启芳、瞿菊农译，商务印书馆1964年版，第84－90页。
〔19〕 ［英］洛克：《政府论》（下篇），叶启芳、瞿菊农译，商务印书馆1964年版，第94页。

权利。总之,在洛克那里,已经有了均衡政府理论的一些主要因素,即立法权威的分享,以及政府职能的划分。[20]

出于对人性的不信任,孟德斯鸠(Montesquieu)对权力持有极度不信任的态度。在他看来,以权力来制约权力是防止权力被滥用的重要方式。孟德斯鸠认为,应当将国家权力分为立法权、行政权与司法权,三种权力应当分别分配给不同的机构。“自古以来的经验表明,所有拥有权力的人,都倾向于滥用权力,而且不用到极限决不罢休。”[21] 在孟德斯鸠的理论中,三种权力处于一种平等的地位,立法权并不具有超越其他权力的优越地位。孟德斯鸠也探讨了立法权与司法权之间的制约与平衡问题。立法机关有权审查它所制定的法律的执行情况,而行政机关具有否决立法的权力。“行政机构倘若不拥有制止立法机构越轨图谋的权力,立法机构就会变成一个专制机构。”[22] 需要指出的是,孟德斯鸠对各部门之间制约和平衡问题的讨论并没有涉及司法部门,他并没有赋予司法部门制约其他部门的任何权力。

由于孟德斯鸠的贡献,权力分立理论不再是一种英国的理论,它开始成为一种关于政府的理论范本。[23] 但无论是洛克还是孟德斯鸠,他们的理论只是为后世提供了立法监督的理论萌芽,因为他们并没有设想到由某一个政府机构来对立法的合宪性进行最终裁决的制度。美国的制宪者们在讨论与制定合众国新宪法时期,参考了大量的欧洲政治思想家的理论,其中最为重要的政治思想家就是洛克和孟德斯鸠。但是他们并没有停留在前人的框架内,而是结合北美的实际情况,大胆地对前人的理论进行了创造;而他们创造性劳动的成果,就是立法监督理论的诞生。

在汉密尔顿等联邦党人看来,司法机关是三种机构中权力最弱小的部门。立法机关掌握财权和立法权,行政机关掌握荣誉、地位的分配权和武力,只有司法机关不能采取主动的行动。要想加强司法机关的独立性,除使司法人员任职固定以外,还应当使司法部门具有制约立法部门和行政部门

---

〔20〕 参见[英]M. J. C. 维尔:《宪政与分权》,苏力译,生活·读书·新知三联书店 1997 年版,第 62 页。

〔21〕 [法]孟德斯鸠:《论法的精神》(上卷),许明龙译,商务印书馆 2012 年版,第 185 页。

〔22〕 [法]孟德斯鸠:《论法的精神》(上卷),许明龙译,商务印书馆 2012 年版,第 192 页。

〔23〕 参见[英]M. J. C. 维尔:《宪政与分权》,苏力译,生活·读书·新知三联书店 1997 年版,第 90 页。

的权力。解释法律是法院的正当职责，宪法是根本大法；所以，对宪法以及立法机关制定的任何法律的解释权都应属于法院。在联邦党人看来，宪法是人民意志的体现，而立法机关制定的法律只是人民代表意志的体现，立法机关制定的法律如果违反宪法自然无效。“如否此理，则无异于说：代表的地位反高于所代表的主体，仆役反高于主人，人民的代表反高于人民本身。”〔24〕因此，法院具有“宣布违反宪法明文规定的立法为无效之权”。〔25〕司法审查问题在1787年制宪会议上已经有了充分的讨论，成为经过反复验证的会议共识。〔26〕随后，马歇尔对“马伯里诉麦迪逊案”的审理，以其明确的司法判决的权威性，最终确立起了法院的司法审查权。汉密尔顿等联邦党人的理论学说构成了“马伯里案”的基础，可以说，“马伯里案的法律意见多少可以被解读为《联邦党人文集》第78篇的一个注脚”。〔27〕

二、法律规范等级体系理论中的立法审查

欧洲大陆国家的立法监督制度起源较晚，并受到美国实践的影响。在欧洲，奥地利是最早建立宪法审查制度的国家。1920年，在法学家凯尔森（Hans Kelsen）的倡导下，奥地利建立起严格意义上的宪法法院。作为专门的宪法审查机关，对于一切适用的法律或命令，宪法法院认为有违反宪法的嫌疑时，均得加以审查，并决定其合宪性。宪法法院模式是依据凯尔森的法律规范等级体系理论建立起来的。在凯尔森看来，规范效力的理由始终是一个规范，而不是事实。探求一个规范效力的理由并不会导致回到现实，而是会导致回到另一个规范，不能从一个更高规范中得来自己效力的规范，称为“基础规范”。〔28〕可以从同一个基础规范中追溯自己效力的所有规范，组

〔24〕［美］汉密尔顿、杰伊、麦迪逊：《联邦党人文集》，程逢如等译，商务印书馆1980年版，第454页。

〔25〕参见［美］汉密尔顿、杰伊、麦迪逊：《联邦党人文集》，程逢如等译，商务印书馆1980年版，第454页。

〔26〕参见［美］爱德华·S. 考文：《司法审查的起源》，徐爽编，北京大学出版社2015年版，第169－170页。

〔27〕参见［美］伯纳德·施瓦茨：《美国最高法院史》，毕洪海等译，中国政法大学出版社2005年版，第13页。

〔28〕参见［奥］凯尔森：《法与国家的一般理论》，沈宗灵译，商务印书馆2013年版，第174－175页。

成一个规范体系或一个秩序,便为法律秩序。以此观之,法律秩序是一个不同级的诸多规范构成的等级体系。低级规范的创造为高级规范所决定,高级规范的创造又为另一个更高的规范所决定,而这最终追溯到一个最高的规范,即基础规范。基础规范是整个法律体系的基石,但基础规范"不由法律机构之真实意志行为所创设,而系出于法学思维之预设"。[29]

在这一法律规范等级体系中,宪法是高级规范,立法机关制定的法律则属于低级规范,法律的效力源于宪法规定。为了保证法律的合宪性,必须审查并废除违反宪法的法律。保证一个低级规范符合决定其创造或内容的高级规范,有两种方法:一种是法律秩序规定一个可以用来测定低级规范是否符合高级规范以及如果发现它不符合时就加以废除的程序;另一种是使创造非法规范的那个机关对个人制裁负责。凯尔森指出,在法律违反宪法的情况下,几乎只用第一种方法,立法机关的成员很少因为通过一个违宪法律而要个人负有违反宪法之责。凯尔森认为,美国的司法审查模式将立法职能置于法院的控制之下,这和分权原则是不相容的。"审查法律的合宪性以及使违宪法律归于无效的权力,可以作为一种多少是专属的职能而授予一个专门的宪法法院,其他法院只有权向宪法法院申请审查并废除它们所必须适用但却又认为是违宪的那些法律。这种解决问题的办法意味着对立法的司法审查的集权化。"[30]

凯尔森提出的宪法法院模式契合了欧洲大陆的法律传统。欧洲大陆国家在普通法院之外,大多还设置了行政法院。在特定情况下,普通法院和行政法院需要适用同样的法律,因此,普通法院和行政法院对法律是否符合宪法的认定可能会发生冲突,即普通法院认为立法符合宪法而行政法院认为立法不符合宪法,或者普通法院认为立法不符合宪法而行政法院认为立法符合宪法。这一冲突情形在法院不同层级之间也会出现。在当时的奥地利,最高法院关于法律合宪与否的判断对下级法院没有拘束力,最高法院也不受先例的拘束。被这一法院认定为违宪的法律很可能在另一案件中被其他法院认定为合宪而得到适用。对立法是否合宪的问题缺乏统一决定,对

---

[29] 参见[奥]凯尔森:《纯粹法理论》,张书友译,中国法制出版社2008年版,第318页。

[30] [奥]凯尔森:《法与国家的一般理论》,沈宗灵译,商务印书馆2013年版,第384页。

宪法权威有着极大威胁。[31] 正是在这一情势下,欧洲大陆多数国家选择了宪法法院模式。

无论是权力分立理论下的立法监督,还是法律规范等级体系理论下的立法监督,均是西方特定环境中的制度产物。“制度绝非凭空从某一种理论而产生,而系从现实中产生者。唯此种现实中所产生之此项制度,则亦必然有其一套理论与精神。理论是此制度之精神生命,现实是此制度之血液营养,二者缺一不可。”[32] 备案审查制度是一项具有鲜明中国特色的制度,研究这一制度,绝不能从固有的理论学说出发进行理论演绎,而是应当立足于我国的实际,阐释制度安排和实践状况背后所蕴含的理念和原理。我国的法规备案审查制度建立在多种理念、原理之上,具有复合理论基础。

第三节　我国备案审查制度的复合理论基础

“任何制度作为一个完整的系统,都是在一定的环境中形成的,并在与环境的交互作用中获得存在和发展。对于制度来说,这环境不是别的东西,就是自然与社会环境。”[33] 我国法规备案审查制度得以形成并具有鲜明的中国特色,是特定环境的产物,是多种理论综合作用的结果。

一、中央与地方关系理论

中央与地方之间的关系很大程度上决定了中央对地方的监督制度。中央与地方之间的关系类型不同,中央对地方的监督制度便不同。探究中央与地方关系的划分类型,能够更加清晰地认识这种监督关系。

(一)中央与地方关系的类型

基于中央政府与地方政府之间的权力关系以及地方政府的权力性质、法律地位等方面的不同,可以将中央与地方关系划分为四种类型:命令控制

〔31〕 See Kelsen Hans, *Judicial Review of Legislation: A Comparative Study of the Austrian and the American Constitution*, 4(2) The Journal of Politics 183(1942).

〔32〕 钱穆:《中国历代政治得失》,九州出版社 2012 年版,第 56 页。

〔33〕 林尚立:《国内政府间关系》,浙江人民出版社 1998 年版,第 102 页。

型、主导监督型、自主协商型和对等合作型。当然,此处所言的四种类型的中央与地方关系,更多是"理想类型"。理想类型是研究者对某种社会现象的"纯粹"概念建构,只强调该现象的若干主要方面,为分析和比较现实世界的具体案例之异同提供参照。[34]

在命令控制型的中央与地方关系中,中央与地方之间是一种命令与服从、领导与被领导的上下级关系。中央在整个国家权力中处于绝对优越的地位,中央直接向地方发出指令,对地方如何贯彻和执行中央的政策提出要求。地方则完全依附于中央,地方政府是中央政府在地方的代理人。地方政府存在的主要意义是贯彻、执行中央的命令。对于是否贯彻、执行中央的命令,地方没有选择的余地;对于如何贯彻和落实中央的政策和命令,地方也没有多少自由裁量权。在这一模式中,地方只获得了少量的执行权,没有获得决策权、立法权,地方不可能制定出迥异于国家统一政策的另类地方政策。由于地方拥有的权力十分有限,且绝对依附于中央,地方几乎没有什么自主性、积极性。中央与地方之间几乎不存在权限争议问题,相应地,也几乎不存在权限争议解决机制。中央对地方的控制手段较为严厉,地方完全处于中央的监督和控制之下。

在主导监督型的中央与地方关系中,中央与地方之间不再是一种纯粹的命令与服从关系,但中央仍然在整个国家权力中处于优越地位和中心地位,发挥主导作用。中央通过下放权力,使地方获得了一定程度的权力:地方不再完全是中央的附庸,开始具有一定程度的自主性,也会基于地方利益的考虑与中央进行讨价还价和博弈。与命令控制型相比,主导监督型下的地方政府的权力大大增加;这既包括行政权,也可能包括立法权和决策权。地方政府在功能上开始表现出二元性:一方面,地方政府需要执行中央的政策和命令,但另一方面,地方政府可以自主地处理自己权限范围内的地方事务。在权力性质上,中央只是将部分权力授权给地方行使,权力的归属并没有发生转移,所以,中央与地方之间只是一种权力的委任或代理。权力从中央向地方的流动,本质上只不过是一种事权的分工,而不构成完全意义上的分权。中央在下放权力的过程中起决定性的作用,中央甚至可以单方面改

---

〔34〕 参见[英]安东尼·吉登斯、菲利普·萨顿:《社会学基本概念》,王修晓译,北京大学出版社2019年版,第38-39页。

变地方的权限范围。为了维护中央的优越地位，宪法或有关法律一般会明确规定中央的专属立法权，而不规定地方立法机关拥有专属立法权。因此，地方不具有抵抗中央或者排斥中央对地方事务进行干预的权力。由于中央与地方地位的严重不对等，中央与地方之间同样不存在权限争议。“站在中央角度看，它与地方政权之间不存在什么分权问题，只有它向地方政府授权的问题。中央愿意授予地方政府多少权力，完全是单方面决定的事，无所谓权限之争。”[35]地方政府受到较为严格的监督，中央不仅对地方进行合法性监督，还可以对地方进行合理性监督。

在自主协商型的中央与地方关系中，中央虽然处于优越地位，但中央的权力已经受到较大程度的限制，地方的自主性得到较大程度的彰显，地方已经具备了与中央进行平等协商的资格。地方制度一般作为宪法上的制度被加以保障。宪法保障可以避免地方的权利和利益受到中央的不当侵害。地方在性质上乃是具有独立法人资格的公法人，与国家一样属于统治团体的一种，只不过管辖区域上有所不同而已。国家与地方都是宪法上的平等主体。地方在财政权、人事权、组织权、立法权等方面具有较大程度的自主性。地方一般拥有专属立法权，地方立法权一般有较为明确的事项范围和立法空间；地方主体在法定权限范围内行使立法权，中央不得超出规定的范围随意侵犯地方的立法空间。在这一类型中，中央与地方立法关系是基于“分割性”分权而形成的。这种分权方式，是权力归属的一种确定性的转移，而不仅仅是权力的委托。地方虽然也要接受中央的监督，但对于立法权限争议，地方可以作为主体提出诉求，中央与地方之间存在法定的争议解决途径。中央对地方权限范围内的事项一般只能进行合法性监督，而无权对其进行合理性监督；但对于中央委任事项，中央可以同时进行合法性监督和合理性监督。主导监督型的中央、地方关系与自主协商型的中央、地方关系的区别，主要在于地方立法权是否具备专属权限范围，是否具有排除中央干预的权力以及地方受宪法法律保障的法治化程度。

在对等合作型的中央与地方关系中，中央与地方基本处于平等的地位，中央与地方各自拥有排他性的立法空间。在各自的立法空间内，中央与地

---

〔35〕 童之伟：《国家结构形式论》（第2版），北京大学出版社2015年版，第260页。

方是相互独立的，中央不得侵入地方的立法空间，地方也不得侵入中央的立法空间。在这一意义上，地方是一个具有主权的独立单位，对其管辖范围内的事务具有广泛的决定权。联邦制国家中联邦与州的关系基本可以归属于这一类型。由于地方基本具有独立的法律地位，联邦制下的“州”在政治学和法学讨论中通常被排除在“地方”范畴之外，而被视为主权单位，只有“州”以下的地方政府才被允许纳入与“中央”相对应的“地方”范畴之内。[36] 由于中央和地方之间是对等合作关系，当二者发生权限争议和冲突时，多是通过诉讼手段解决，“以宪法中的相关规定为主要的契约条款，通过以法院为主导的司法审查方式，将中央与地方间的具体争端解决在法律框架内”。[37]

（二）我国中央与地方关系的演变

1954 年后，我国逐步建立了高度集中的经济政治体制，中央与地方之间是命令与执行关系，地方存在的主要目的是执行中央既定的政策和决定。恰如毛泽东在宪法起草委员会第一次全体会议上所讲的那样，中央与地方之间的关系是“中央议事，地方办事”。[38] 由此，地方的局部利益服从于中央的整体利益成为理所当然的事情，地方不可能成为相对独立的利益主体。中央与地方利益关系呈现高度一致性、整体性和单一化的特点。[39]

20 世纪 50 年代至 70 年代，中央与地方之间发生了两轮放权与收权的改革。第一次放权发生在 1958 年，中央将一部分国有企业管理权、计划管理权、基本项目批准权、财政权、税收管理权等权力下放地方。放权很快使中央政府减弱了对全国经济的控制，引发了混乱。1961 年后，中央政府重新整顿了中央对全国经济的控制，并在随后的 5 年里增加了中央的经济权力。1969 年前后，新一波的权力下放浪潮逐渐展开并愈演愈烈。大规模的权力下放使得地方自成体系，重复建设、盲目建设现象严重，放权导致大量地方

---

〔36〕 参见葛洪义等：《我国地方法制建设理论与实践研究》，经济科学出版社 2012 年版，第 78 页。

〔37〕 参见丁轶：《承包型法治：理解“地方法治”的新视角》，载《法学家》2018 年第 1 期。

〔38〕 参见韩大元编著：《1954 年宪法与中国宪政》（第 2 版），武汉大学出版社 2008 年版，第 171 页。

〔39〕 参见封丽霞：《中央与地方立法关系法治化研究》，北京大学出版社 2008 年版，第 443 页。

性自给自足的经济体出现。“文化大革命”结束后，为了尽快改变经济上的混乱局面，1977 年起，国家对中央与地方关系进行了重新调整，适当集中了部分权力。这两轮放权、收权，对后续改革产生了深远影响。首先，放权为后续改革提供了最初的权力和资源结构，这个结构是以“细胞式”结构或者“蜂窝状”结构为特征的。〔40〕中国的地方政府开始像一个个细胞或者蜂窝一样毗邻而立；这种蜂窝状的经济结构不仅延缓了全国性市场的形成，而且加剧了各地发展的不平衡。其次，这两轮收权、放权改革，总体上决定了 1978 年后中国的政策选择，“在领导人心中，下放经济决策权已经成为一种规范”。〔41〕

党的十一届三中全会后，随着我国改革开放各项事业的顺利推进，以往在我国财政领域存在的中央与地方之间职责不分、吃“大锅饭”的情况愈发不能适应形势发展的需要了。20 世纪 80 年代，我国先后对财政体制进行了三次重大改革和调整。调整后的体制对原有财政体制的运行模式有了实质性突破，地方政府初步形成了责、权、利相结合的分配主体，地方财政的收支范围有所扩大，且多收可以多支，自主支配，自求平衡。地方政府的自主性和独立性显著增强。1994 年的分税制改革则进一步规范了中央与地方的财政关系。财政放权的举措极大地刺激了地方政府的积极性和主动性：只要地方经济增长了，地方政府的财政收入就会增加，地方政府普遍具有了追求经济增长的动力。

经过多年的权力下放实践，我国中央与地方的关系早已摆脱了“命令控制型”的范畴。但中央在整个国家权力中仍处于优越地位。事实上，在进行权力下放的同时，我国也非常强调中央的权威。邓小平在坚定不移地下放权力的同时也非常强调中央的权威。“我的中心意思是，中央要有权威。改革要成功，就必须有领导有秩序地进行。没有这一条，就是乱哄哄，各行其是，怎么行呢？”〔42〕党的十八大以来，党和国家积极探索合理调整中央与地方关系的路径与措施。习近平总书记对维护党中央的权威有过多次重要论

---

〔40〕 参见郑永年：《中国的“行为联邦制”：中央—地方关系的变革与动力》，邱道隆译，东方出版社 2013 年版，第 73 – 74 页。

〔41〕 参见郑永年：《中国的“行为联邦制”：中央—地方关系的变革与动力》，邱道隆译，东方出版社 2013 年版，第 74 页。

〔42〕 《邓小平文选》（第 3 卷），人民出版社 1993 年版，第 277 页。

述。“只有党中央有权威，才能把全党牢固凝聚起来，进而把全国各族人民紧密团结起来，形成万众一心、无坚不摧的磅礴力量。如果党中央没有权威，党的理论和路线方针政策可以随意不执行，大家各自为政、各行其是，想干什么就干什么，不想干什么就不干什么，党就会变成一盘散沙，就会成为自行其是的‘私人俱乐部’，党的领导就会成为一句空话。”[43] 维护中央的权威，在法律领域表现为维护宪法和法律的权威。实践中，有的地方坚持地方利益优先，出台与国家法律相抵触的法规、规章、规范性文件，阻碍中央政策、命令的贯彻落实；有的法规、规章、规范性文件为了保护地方的经济利益，分割市场，提高或者排斥外地竞争主体的准入，破坏国家统一市场的形成。在此情形下，需要一项制度对各种类型的规范性法律文件进行监督，通过纠正违反宪法、法律的情况，保证国家政令统一，保证宪法、法律的实施。于是，备案审查制度应运而生。我国的备案审查制度在本质上是一项维护宪法和法律权威、保障中央令行禁止的制度设计。这一特点也决定了我国的备案审查只能是一种自上而下的单向度监督。

二、人民代表大会制度理论

除了中央与地方关系对法规备案审查制度的形成具有重要影响外，人民代表大会制度对法规备案审查制度的形成也具有重要影响。在与其他国家机关的关系方面，人民代表大会处于绝对优越的地位：其他国家机关都由人大选举产生，对人大负责，受人大监督；[44] 其他国家机关服从人民代表大会，其权力不得超越和凌驾于人民代表大会之上。[45] 地方各级人大及其常委会也具有选举或决定相应层级其他国家机关负责人的权力。人大及其常委会有权对其他国家机关执行法律法规和决议、决定的情况进行监督。人大代表按照规定可以对本级人民政府及其所属部门提出质询，可以提议组织关于特定问题的调查委员会。人大及其常委会对其他国家机关的监督是单向度的；其他国家机关只能接受人大及其常委会的监督，而不能监督人大

[43] 《习近平谈治国理政》（第2卷），外文出版社2017年版，第21页。

[44] 根据《宪法》第62条的规定，全国人大有权选举中华人民共和国主席、副主席；选举中央军事委员会主席；选举国家监察委员会主任；选举最高人民法院院长；选举最高人民检察院检察长；根据主席的提名，决定国务院总理的人选。

[45] 参见蔡定剑：《中国人民代表大会制度》（第4版），法律出版社2003年版，第36－37页。

及其常委会。其他国家机关既不能监督人大及其常委会的行为，也不能监督人大及其常委会的决策结果，更不能监督人大及其常委会的决策过程。

立法权是特定层级人大及其常委会的重要职权。在国家层面，全国人大及其常委会行使国家立法权，制定法律。在地方层面，省级人大及其常委会、设区的市级人大及其常委会可以制定地方性法规；民族自治地方人大还可以制定自治条例与单行条例；经济特区所在地的市人大及其常委会还可以制定经济特区法规。所以，在人民代表大会制度下，其他国家机关无权监督同级人大及其常委会行使立法权的过程和结果，其他国家机关无权对同级人大及其常委会制定的法律或者法规行使审查权。对人大及其常委会行使立法权的过程和结果的法律监督，只能由上级人大及其常委会进行。人民代表大会之间的层级关系也与这一情形相适应。我国各级人民代表大会之间不是上下级领导与被领导关系，而是法律上的监督关系、业务上的指导关系、工作上的联系关系，这是由代表机关的性质和行使职权的方式决定的。[46]

实践中，法院对地方性法规进行的审查遭到了地方人大及其常委会的强烈反对。1998 年，甘肃酒泉地区中级人民法院的一份判决声称，《产品质量法》并未赋予产品质量监督管理部门对维修者的行政处罚权，上诉人对被上诉人实施行政处罚所依据的《甘肃省产品质量监督管理条例》第 13 条、第 30 条有关产品质量监督管理部门对维修者实施行政处罚的规定，有悖于 1996 年《行政处罚法》第 11 条第 2 款“法律、行政法规对违法行为已经作出行政处罚规定，地方性法规需要作出具体规定的，必须在法律、行政法规规定的给予行政处罚的行为、种类和幅度的范围内规定”的规定，不能作为实施处罚的依据。这一判决引起了甘肃省人大常委会的强烈反对。甘肃省人大常委会主任会议认为，酒泉地区中级人民法院的判决“严重侵犯了宪法和地方组织法赋予地方人大及其常委会的立法权，超越审判权限”，并认定“这是一起全国罕见的审判机关在审判中的严重违法事件”。[47]

无独有偶，2003 年，河南汝阳县种子公司与伊川县种子公司发生合同纠纷，汝阳县种子公司起诉到法院。伊川县种子公司同意进行赔偿，但在赔偿

---

〔46〕 参见蔡定剑：《中国人民代表大会制度》（第 4 版），法律出版社 2003 年版，第 250 - 253 页。

〔47〕 转引自王振民：《中国违宪审查制度》，中国政法大学出版社 2004 年版，第 228 - 230 页。

损失的计算方法上，双方存在严重分歧。汝阳县种子公司认为，玉米种子的销售价格应按照市场价执行，而伊川县种子公司认为应当依据《河南省农作物种子管理条例》及省物价局、农业厅根据《河南省农作物种子管理条例》制定的《河南省主要农作物种子价格管理办法的通知》，按照政府指导价进行赔偿。洛阳市中级人民法院在判决中认为，《种子法》实施后，玉米种子的价格已由市场调节，《河南省农作物种子管理条例》作为法律阶位较低的地方性法规，其与《种子法》相冲突的条款自然无效，而河南省物价局、农业厅联合下发的《河南省主要农作物种子价格管理办法的通知》又是依据该条例制定的一般性规范性文件，其与《种子法》相冲突的条款亦为无效条款。[48] 洛阳市中级人民法院的判决引起了河南省人大常委会的强烈反对。根据河南省人大常委会主任会议的决定，河南省人大常委会法制室正式对洛阳市人大常委会的请示作出答复，认为洛阳市中级人民法院的这一判决，“违背了我国的人民代表大会制度，侵犯了权力机关的职权，是严重的违法行为”，要求洛阳市人大行使监督权，“纠正洛阳市中级人民法院的违法行为，对直接责任人员和主管领导作出处理，通报洛阳市有关单位，并将处理结果报告省人大常委会”。[49]

河南“种子案”在理论界和实务界引起了轩然大波，这一案例充分暴露了法官在判决中宣布地方性法规违法的政治风险和法律风险。此后，几乎再无法院直接在判决中宣布地方性法规违法的事例出现。在人民代表大会制度下，对立法进行审查的权力只能保留在人大系统内部，对立法进行审查的权力只能由人大及其常委会掌握。换言之，审查对象违宪、违法与否的最终判断权只能由人大自己掌握。

三、国家权力配置原则

在权力分立与制衡理论的语境中，国家权力被划分为立法权、行政权和司法权。立法权、行政权、司法权分别由立法机关、行政机关和司法机关来

---

〔48〕 洛阳市中级人民法院民事判决书，(2003)洛民初字第26号。转引自王振民：《中国违宪审查制度》，中国政法大学出版社2004年版，第260页。

〔49〕 《关于洛阳市人大常委会“关于〈河南省农作物种子管理条例〉实施中有关种子经营价格问题的请示”的答复》。转引自王振民：《中国违宪审查制度》，中国政法大学出版社2004年版，第262页。

行使,三者之间相互分立和制衡。“除非这些部门的联合和混合使各部门对其他部门都有法定的监督,该原理所要求的、对一个自由政府来说是不可或缺的那种分立程度,在实践上永远不能得到正式的维持。”[50] 权力分立与制衡理论通过将国家权力“分割”成不同的部分,让不同国家权力之间相互制衡,以权力制约权力,进而达到维护自由的目的。

在过去,人们通常认为“议行合一”是我国国家机关的组织原则。但从人民代表大会制度几十年的发展趋势看,代表机关与执行机关“议”“行”渐趋分离。以地方人大常委会的设立为例。在 1954 年宪法草案交由全民讨论时,有人提出,地方各级人大也应该和全国人大一样设立常委会。但这一建议并未被采纳,其中一个重要的缘由便是,“地方各级人民委员会是地方各级人民代表大会的执行机关,同时也行使人民代表大会的常务机关的职权。如果另外设立人民代表大会的常务机关,反而会使机构重叠,造成不便”。[51] 在这一体制下,在人民代表大会闭会期间,人民委员会行使人大常委会和政府的双重职能,造成权力机关与行政机关不分。为了解决地方政权体制存在的问题,1957 年上半年,全国人大常委会对如何进一步健全人民代表大会制度这一问题进行了专题研究,考虑在县级以上人大设立常委会。如果说新中国成立初期的政权还有些“议行合一”的性质,那么现在这种特性已所剩无几。[52] 当下我国国家机构的组织原则,既不是西方的三权分立原则,也不是“议行合一”原则。我国的国家机构是在党的统一领导下,按照权力分工原则建立起来的。权力分工是指国家权力按照某一种或几种标准进行划分,进而配置给不同国家机关所形成的权力分配结构。[53] 权力分工应当以一种有效率的方式进行,国家的职权应当配置给在组织结构、办事程序、人员等方面具有优势的机关,强调国家权力应当配置给最适合行使这一

---

〔50〕 [美]汉密尔顿、杰伊、麦迪逊:《联邦党人文集》,程逢如等译,商务印书馆 1980 年版,第 290 页。

〔51〕 参见刘少奇:《关于中华人民共和国宪法草案的报告》,第一届全国人民代表大会第一次会议,1954 年 9 月 15 日。

〔52〕 参见蔡定剑:《中国人民代表大会制度》(第 4 版),法律出版社 2003 年版,第 90 页。

〔53〕 参见陈明辉:《论我国国家机构的权力分工:概念、方式及结构》,载《法商研究》2020 年第 2 期。

权力的机关,而不再纠结于国家权力的分合问题。[54] 在权力分工的理论视野中,国家权力只存在"分工",而不存在"分割";国家权力统一在党的领导下分工合作,共同为人民服务。国家机关之间是一种团结、合作的关系,而不是对抗、制衡的关系。这是我国国家权力配置与西方国家权力配置在原则方面最大的不同。

与权力分工原则相适应的工作方式是"商量办事"。国家机关之间出现纠纷或者需要配合时,往往通过私下沟通、协商的方式来解决。早在1954年,毛泽东就指出:"我们要提倡同地方商量办事的作风。党中央办事,总是同地方商量,不同地方商量从来不冒下命令。在这方面,希望中央各部好好注意,凡是同地方有关的事情,都要先同地方商量,商量好了再下命令。"[55] 具体到地方关系内部,他强调:"省市和省市之间的关系,也是一种地方和地方的关系,也要处理得好。我们历来的原则,就是提倡顾全大局,互助互让。"[56] 邓小平也指出:"关于工作方法,我提一点:属于政策、方针的重大问题,国务院也好,全国人大也好,其他方面也好,都要由党员负责干部提到党中央常委会讨论,讨论决定之后再去多方商量,贯彻执行。"[57] 在西方权力分立的体制下,国家机关之间经常相互对抗、相互扯皮,政府因为国会不批准预算而停摆的情形屡见不鲜;而我国的国家机关相互合作、互帮互助,高效地为人民服务,充分体现了社会主义制度的优越性。

法律对国家机关之间的相互关系作出规定时,必须充分考虑这一工作方式的实际运行情况。如果相关法律规定没有考虑这一工作方式的实际运行情况,相关法律规定的贯彻落实可能就会大打折扣。按照《立法法》第110条的规定,国务院、中央军事委员会、国家监察委员会、最高人民法院、最高人民检察院和各省、自治区、直辖市的人大常委会等国家机关认为行政法规、地方性法规、自治条例和单行条例同宪法或者法律相抵触,或者存在合宪性、合法性问题的,可以向全国人大常委会提出审查要求。但在实践中,这些国家机关从来没有提出过一件审查要求。其背后的原因或许在于,国

---

〔54〕 参见张翔:《我国国家权力配置原则的功能主义解释》,载《中外法学》2018年第2期。

〔55〕 中共中央文献研究室编:《毛泽东文集》(第7卷),人民出版社1999年版,第31-32页。

〔56〕 中共中央文献研究室编:《毛泽东文集》(第7卷),人民出版社1999年版,第33页。

〔57〕 《邓小平文选》(第3卷),人民出版社1993年版,第319页。

家机关不愿意将问题的处理和解决公开化。2004 年,时任全国人大常委会副委员长王兆国在第十次全国地方立法研讨会上的讲话中指出,对于在备案审查工作中发现的问题,要及时与有关方面沟通协商,妥善解决。应通过协商,取得一致意见,由有关部门和地方主动修正,一般可不采取由全国人大常委会宣布撤销的做法。[58] 在我国,法规审查通过沟通、协商的方式进行和实施,根本上是由我国国家权力配置原则所决定的。

总之,我国法规备案审查制度的形成及其运行方式,是多种理论因素综合作用的结果。现有的法规备案审查制度能够从众多制度的竞争中脱颖而出,实际上是因为这一制度比较完美地契合了我国中央与地方关系,契合了我国的人民代表大会制度,契合了我国国家机关之间的权力配置原则。中央与地方关系决定了中央对地方制定的规范性法律文件进行审查和监督的必然性。对地方制定的规范性法律文件进行审查,是维护中央的权威、维护宪法和法律的权威、保证令行禁止的重要方式。我国的人民代表大会制度决定了对地方人大制定的规范性法律文件进行审查的权力只能保留在人大系统内部,由人大自己对规范性法律文件进行审查。只有这样,才符合我国的人民代表大会制度,才能维护人民代表大会的权威。而我国国家机关之间的权力配置原则决定了只能通过沟通、协商的方式对规范性法律文件进行审查。

---

〔58〕 本书编写组:《规范性文件备案审查制度理论与实务》,全国人大常委会法制工作委员会法规备案审查室审定,中国民主法制出版社 2011 年版,第 19-20 页。

第二章

我国法规备案审查制度的历史回顾

本章对我国法规备案审查制度的历史进行回顾。第一节对改革开放以来我国法规备案审查制度的历史演变和发展进行考察。基于备案审查制度发展和演变的特点,我国备案审查制度的发展历程大致可以分为三个相互联系的阶段:实践探索阶段、确立完善阶段和深化发展阶段。在不同的发展阶段,我国的备案审查制度呈现出了不同的特征。在此基础上,第二节对我国法规备案审查工作的成就与不足进行反思。在整个过程中,我国的备案审查工作取得了巨大成就,但也存在一定的不足。对待成就,应当予以充分肯定;对待不足,应当有清醒认识,并进行客观、理性的反思。

第一节 我国法规备案审查制度的发展与演变

基于我国备案审查制度发展和演变的特点,备案审查制度的发展历史可以分为三个相互联系的阶段:第一阶段为实践探索阶段,时间自1979年《地方组织法》出台至2000年《立法法》颁布实施;第二阶段为确立完善阶段,时间自2000年《立法法》颁布实施至2012年党的十八大召开;第三阶段为深化发展阶段,时间自2012年党的十八大召开至今。

一、实践探索阶段:1979-2000年

1978年,党的十一届三中全会对民主与法制、法治与人治的关系进行了深刻反思,强调加强民主就要加强法制。十一届三中全会公报明确提出:"从现在起,应当把立法工作摆到全国人民代表大会及其常务委员会的重要议程上来。"在改革开放初期,国家的法制很不完备,诸多领域基本处于无法可依的状态;为了加快国家的法制建设,1979年《地方组织法》赋予省、自治区、直辖市人大及其常委会地方立法权。1979年《地方组织法》第6条规定:"省、自治区、直辖市的人民代表大会根据本行政区域的具体情况和实际需要,在和国家宪法、法律、政策、法令、政令不抵触的前提下,可以制订和颁布地方性法规,并报全国人民代表大会常务委员会和国务院备案。"该法第27条规定:"省、自治区、直辖市的人民代表大会常务委员会在本级人民代表大会闭会期间,根据本行政区域的具体情况和实际需要,在和国家宪法、法律、政策、法令、政令不抵触的前提下,可以制订和颁布地方性法规,并报全

国人民代表大会常务委员会和国务院备案。”1979 年《地方组织法》在赋予省、自治区、直辖市人大及其常委会地方立法权的同时，要求省、自治区、直辖市人大及其常委会制定的地方性法规报全国人大常委会和国务院备案。此外，1979 年《地方组织法》还对地方各级人大及其常委会的监督权作了规定。[1] 1979 年《地方组织法》是改革开放后我国备案制度的法律开端。

1979 年《地方组织法》的上述规定在 1982 年《宪法》中得到了肯定。1982 年《宪法》第 100 条规定，省、直辖市制定的地方性法规要向全国人大常委会备案；第 104 条规定，县级以上的地方各级人大常委会有权撤销本级人民政府的不适当的决定和命令，撤销下一级人民代表大会的不适当的决议；第 116 条规定，自治州、自治县的自治条例和单行条例，报省或者自治区人大常委会批准后生效，并报全国人大常委会备案。1982 年《宪法》出台后，备案制度在我国宪法文本中有了明确的依据。

1982 年修正的《地方组织法》对备案审查制度的完善没有实质性贡献。该法第 27 条第 2 款赋予了经国务院批准的较大的市和省会城市的人大常委会法规“拟订权”，但它们拟订的法规草案仍由省、自治区人大常委会审议制定。1982 年《地方组织法》同时也规定了省、自治区、直辖市，省会城市和经国务院批准的较大的市的人民政府制定地方政府规章的权力，但它没有规定规章备案的相关事宜。

1986 年修正的《地方组织法》将 1982 年《地方组织法》规定的法规“拟订权”变更为法规“制定权”，省、自治区的人民政府所在地的市和经国务院批准的较大的市可以制定地方性法规，报省、自治区的人大常委会批准后施行，并由省、自治区的人大常委会报全国人大常委会和国务院备案。但该法也没有规定规章备案的问题。

1990 年，国务院制定出台了《法规规章备案规定》，要求地方性法规、部门规章、地方政府规章都要报国务院备案，由国务院法制局负责进行审查。

1995 年《地方组织法》修改时，第 60 条规定了规章的备案问题，具体是：

---

[1] 1979 年《地方组织法》第 7 条规定，县级以上人大有权改变或者撤销本级人民政府的不适当的决议和命令；有权改变或者撤销下一级人大的不适当的决议和下一级人民政府的不适当的决议和命令。第 28 条规定，县级以上人大常委会有权改变或者撤销下一级人大的不适当的决议。

省、自治区、直辖市的人民政府制定的规章，报国务院和本级人大常委会备案；省、自治区的人民政府所在地的市和经国务院批准的较大的市的人民政府制定的规章，报国务院和省、自治区的人大常委会、人民政府以及本级人大常委会备案。至此，我国的地方性法规和规章备案制度基本确立。这也是《地方组织法》对我国备案审查制度的最大贡献。

需要指出的是，以上各部法律均只规定了备案制度，并没有提及审查制度。在实际工作中，全国人大常委会基于自身的职权对备案的地方性法规进行了审查，但这一工作时断时续。1979 年至 1983 年，备案工作由全国人大常委会办公厅政法室承担。政法室对报送的法规进行了一定的审查，但由于种种原因，审查工作随后便停止了。1982 年 8 月，全国人大常委会有关部门将审查发现的问题和意见印发第五届全国人大常委会第二十四次会议。审查意见也反馈给了制定机关。有的地方作了答复，大部分通过制定机关自行修改解决。[2] 1984 年，联络局取代政法室，法规备案工作便由联络局承担。当时备案工作的基本方针是：登记、统计、存档，不涉及审查的问题。[3] 1987 年，全国人大常委会办公厅和国务院办公厅联合发出《关于地方性法规备案工作的通知》，对地方性法规、自治条例和单行条例报备案的时间、内容和方式作了规定。1993 年，《第八届全国人民代表大会常务委员会工作要点》提出“常委会要切实承担起监督宪法实施的职责”，“对向常委会备案的地方性法规，由常委会办公厅分别送有关的专门委员会审查，提出意见”。同年 7 月，全国人大常委会办公厅秘书局开始组织对地方性法规的备案审查工作。审查的大致程序是：(1)全国人大常委会办公厅秘书局负责接收登记报送的地方性法规，并根据内容分送有关专门委员会进行审查；(2)各专门委员会收到需要审查的地方性法规后，交由本委员会的工作机构研究，提出审查意见；(3)各专门委员会根据工作机构的审查建议，作出审查意见的决定，然后以专门委员会的名义，送常委会办公厅；(4)办公厅在收到专门委员会审查提出认为有与宪法、法律相抵触的地方性法规时，报全国人

---

〔2〕 参见全国人大常委会法制工作委员会法规备案审查室：《规范性文件备案审查理论与实务》，中国民主法制出版社 2020 年版，第 19－20 页。

〔3〕 参见蔡定剑：《中国人民代表大会制度》(第 4 版)，法律出版社 2003 年版，第 310 页。

大常委会秘书长，经秘书长同意，以办公厅的名义函告制定机关，要求更正。[4] 据统计，1993 年 7 月 1 日至 1996 年 2 月底和 1997 年 1 月至 1998 年 6 月底两个时间段内，全国人大常委会对 3702 件法规进行了审查，只完成了 2049 件，完成率约为 55%；发现存在问题并要求整改的法规有 65 件，但绝大多数地方人大常委会对此不予处理，只有 11 件法规的制定机关向全国人大常委会反馈了意见。[5]

在这一阶段中，我国的备案审查制度及其运行状况呈现如下四个特征：

一是法规审查工作的制度化建设相对滞后。《地方组织法》等法律虽然明确规定了备案制度，但并没有明确规定审查制度。对行政法规、地方性法规、自治条例和单行条例进行审查，不是基于法律的明文规定，而是基于全国人大常委会"监督宪法实施"的职权。备案制度和审查制度的发展呈现不均衡的特征，审查制度的建设远远落后于备案制度的建设，审查的启动条件、审查程序等问题没有完善的制度规定。

二是法规审查工作的组织建设尚未提上日程。在一开始，备案工作由全国人大常委会办公厅政法室承担；随后政法室取消，联络局取代政法室，这一功能也转移到了联络局。在这一阶段，全国人大常委会始终没有专门负责备案审查工作的机构，负责备案审查工作的主体不固定。相关主体要么只负责备案，要么只负责接收、登记报备的地方性法规，然后将其分发给专门委员会，没有实质承担审查工作，一定程度上影响了法规审查工作的开展。

三是法规审查工作采用了主动审查、普遍审查的方式。在这一时期，全国人大常委会主动对所有报备的地方性法规进行审查，并将审查意见向地方人大常委会进行了反馈。但由于人力、物力资源的限制，审查机构无法完成对全部地方性法规进行审查的任务，这为 2000 年《立法法》只规定被动审查的方式埋下了伏笔。

四是审查结果的实效性不佳。全国人大常委会办公厅将相关意见反馈给地方后，大多数地方以各种理由坚持自己的意见，不对指出的问题进行修改。地方人大常委会不对问题法规进行修改的，全国人大常委会后续也没

---

〔4〕 参见蔡定剑：《中国人民代表大会制度》(第 4 版)，法律出版社 2003 年版，第 310 页。

〔5〕 参见蔡定剑：《法律冲突及其解决的途径》，载《中国法学》1999 年第 3 期。

有采取进一步的举措，大部分意见不了了之。

总之，这一阶段的备案审查工作为备案审查制度的后续发展探索了道路，奠定了基础，积累了经验；但由于刚刚起步，这一阶段的备案审查工作也不可避免地存在这样或者那样的问题。

二、确立完善阶段：2000－2012 年

2000 年《立法法》是我国备案审查制度发展史上的一个里程碑。该法总结了实践中的经验，首次以基本法律的形式对备案审查制度作了系统规定。它进一步完善了备案制度，明确规定了审查制度，大大推进了我国备案审查制度的发展。2000 年《立法法》对备案审查制度的完善主要表现在以下几个方面：首先，该法完善了《宪法》《地方组织法》规定的备案制度，除了重复规定地方性法规等规范性法律文件需要进行备案外，该法第 89 条还增加规定了行政法规的备案制度。其次，该法对审查制度作了较为系统的规定。2000 年《立法法》第 90 条、第 91 条对审查制度作了规定，其中，第 90 条规定了提出审查要求、审查建议的主体；第 91 条规定了进行审查的基本程序。最后，在总结实践经验的基础上，只规定了被动审查的方式。2000 年《立法法》只规定了被动审查的方式，而没有规定主动审查的方式，其原因在于，全国人大常委会在 2000 年前进行过主动审查，主动审查工作量很大，花费了大量的时间和精力，却收效甚微。

2000 年《立法法》实施以来，国务院、中央军委、最高人民法院、最高人民检察院和各省级人大常委会从没有对哪一件法规提出过审查要求，只有一些企事业单位和个人对某些法规提出过审查建议。在 2000 年《立法法》实施后近 3 年的时间里，没有一件备案的法规正式进入专门委员会的审查程序。[6] 2000 年《立法法》规定的被动审查方式也未见实效。2000 年，《行政法规、地方性法规、自治条例和单行条例、经济特区法规备案审查工作程序》出台，这一规范性文件明确规定了被动审查和主动审查相结合的方式。后在 2003 年对该规定进行修改时，曾提出，全国人大专门委员会认为需要对备案的法规进行主动审查的，可以提出书面的报告，经全国人大常委会办

---

〔6〕 参见文晔、张意轩：《全国人大法规审查备案室新张 违宪审查还在远处》，载《新闻周刊》2004 年第 23 期。

公厅、法工委研究，报秘书长同意后，进行审查。[7]

2004 年 5 月，全国人大常委会成立了法规备案审查室；这一机构隶属于全国人大常委会法工委，是与国家法室、民法室等机构相并列的局级单位。法规备案审查室的成立使得备案审查工作有了专门的工作机构。

2007 年《监督法》出台。该法为推动我国备案审查制度的发展作出了突出贡献，主要表现在以下两个方面：第一，该法明确了对"两高"司法解释的备案审查。《监督法》第 31 条至第 33 条要求最高人民法院、最高人民检察院作出的属于审判、检察工作中具体应用法律的解释，应当报全国人大常委会备案。对"两高"司法解释进行审查的程序，与《立法法》规定的对行政法规等规范性法律文件进行审查的程序基本相同。第二，该法进一步完善了备案审查制度的内容，推动备案审查制度在地方的建立。长期以来，法律对地方各级人大常委会的监督程序没有明确规定，导致实践中地方各级人大常委会对本级人民政府、下一级人大及其常委会的监督权难以启动，或者启动后难以进行。《监督法》第 29 条授权省级人大常委会参照《立法法》的有关规定，制定县级以上地方各级人大常委会行使监督权的程序。《监督法》的这一授权基本解决了上述问题。《监督法》出台后，多个省、自治区、直辖市先后出台了适用于本行政区域的规范性文件备案审查条例或规定。

在这一阶段中，我国备案审查制度及其运行状况呈现以下五个特征：

第一，备案审查制度快速发展和完善。一方面，"审查"得以制度化、法律化。2000 年《立法法》对审查问题作了明确规定，使得审查工作有了明确、具体的法律依据。另一方面，《立法法》《监督法》将行政法规、司法解释等纳入了备案审查的范围，建立了以全国人大常委会为审查主体的法规备案审查体系。在《监督法》的明确授权下，地方出台的规范性文件备案审查条例或规定将本级及下级地方政府规章、下一级地方人大及其常委会决议决定、本级地方政府规范性文件纳入备案审查的范围，建立了以地方各级人大常委会为审查主体的规范性文件备案审查体系。

第二，有了专门负责备案审查的工作机构。在这一阶段，全国人大常委会成立了法规备案审查室。在相当长的一段时期内，这一机构按照职责对

---

[7] 参见阮荣祥主编：《地方立法的理论与实践》，社会科学文献出版社 2008 年版，第 353 页。

审查要求、审查建议进行先期研究，然后交由各专门委员会进行审查。这大大提高了备案审查的工作效率，增强了备案审查的专业化程度，促进了备案审查制度的实施。

第三，主动审查的方式经历了从否定到肯定的转变。2000年《立法法》只规定了被动审查的方式，没有规定主动审查的方式。2003年对《行政法规、地方性法规、自治条例和单行条例、经济特区法规备案审查工作程序》进行修改时，曾提出主动审查和被动审查相结合的方式。需要说明的是，主动审查在这一阶段中重新获得肯定，是以制定规范性文件的方式实现的。

第四，备案审查制度的实践运行情况存在改进空间。相对于备案而言，审查工作总体上进行得较少。自2004年法规备案审查室成立至2011年，共收到公民、组织审查建议不过900多件。[8] 全国人大常委会进行主动审查的频次不高，“主动审查，不是一个法定的程序，不能要求在一定时间内必须进行主动审查”。[9] “备而不审”的情形较为常见。

第五，审查结果实效性不理想的问题没有得到实质性改善。在这一阶段，审查意见在函告制定机关后，制定机关主动按照审查意见修改相关法规的情形比较少；多数制定机关坚持自己的意见，拒绝对相关法规进行修改。与前一阶段相比，这一状况在该阶段没有实质改善。2000年《立法法》第91条虽然规定了全国人大常委会撤销有关法规的提请程序，但实践中，备案审查工作基本不会进行到这一步，审查程序通常只运行到将全国人大有关专门委员会的意见函告制定机关为止。[10] 迄今为止，全国人大常委会还没有公开撤销或改变过一件违法的法规。

三、深化发展阶段：2012年至今

党的十八大以来，我国的备案审查工作呈现出了新气象，这在组织建设、制度建设、制度实施方面都有鲜明的体现。

---

〔8〕 参见全国人大常委会法制工作委员会法规备案审查室：《规范性文件备案审查理论与实务》，中国民主法制出版社2020年版，第21页。

〔9〕 参见乔晓阳主编：《中华人民共和国立法法讲话》（修订版），中国民主法制出版社2008年版，第318页。

〔10〕 参见陈道英：《全国人大常委会法规备案审查制度研究》，载《政治与法律》2012年第7期。

（一）组织建设方面

2018 年通过的宪法修正案将“法律委员会”更名为“宪法和法律委员会”。这不仅仅是专门委员会名称的调整，更是落实党的十九大提出的“推进合宪性审查工作”的具体措施，为探索宪法监督机关专门化提供了必要的规范依据与程序建构。[11] 宪法和法律委员会“名义上虽说是由法律委员会更名而来，但实际上可以理解为是全国人大新设立的一个专门委员会”。[12]

（二）制度建设方面

2015 年修正的《立法法》进一步完善了备案审查制度。该法主要完善了以下四个方面的内容：一是在法律层面上明确了主动审查和被动审查相结合的审查方式。2015 年《立法法》第 99 条第 3 款规定，有关的专门委员会和常务委员会工作机构可以对报送备案的规范性文件进行主动审查。主动审查的工作方式，对于发挥审查主体的积极性、主动性具有重要作用。二是增加了法规审查情况可以公开的规定。2015 年《立法法》第 101 条规定，审查主体应当将审查、研究情况向提出审查建议的国家机关、社会团体、企业事业组织以及公民反馈，并可以向社会公开。审查建议的反馈和公开机制，“既回应了社会关切，保障审查建议人的知情权，也有利于增强公民、组织提出审查建议的积极性，提高社会公众对备案审查工作的关注度与参与度，同时还会督促制定机关尽早纠正违法问题”。[13] 三是进一步增加了法规审查的主体。该法增加规定常务委员会工作机构有权提出研究意见，强化了常委会工作机构的备案审查工作职责。四是进一步完善了法规审查的程序。该法完善了审查结果的处理方式。全国人大有关的专门委员会、常委会工作机构向制定机关提出意见，制定机关按照所提意见进行修改或者废止的，审查终止。此时，违法问题已经得到解决，没有必要再继续进行审查程序，审查程序自然终止。全国人大有关的专门委员会、常委会工作机构审查、研

---

〔11〕 参见韩大元：《从法律委员会到宪法和法律委员会：体制与功能的转型》，载《华东政法大学学报》2018 年第 4 期。

〔12〕 参见胡锦光：《论设立“宪法和法律委员会”的意义》，载《政法论丛》2018 年第 3 期。

〔13〕 参见乔晓阳主编：《〈中华人民共和国立法法〉导读与释义》，中国民主法制出版社 2015 年版，第 315 页。

究后，认为法规存在抵触情形而制定机关不予修改的，全国人大有关的专门委员会应当向委员长会议提出予以撤销的议案，常委会工作机构应当向委员长会议提出予以撤销的建议，由委员长会议决定提请常委会会议审议决定。值得强调的是，2000年《立法法》规定的是审查主体“可以”向委员长会议提出予以撤销的议案，而2015年《立法法》将“可以”改为“应当”，增强了制度刚性。

为了贯彻实施《宪法》和《监察法》，保障国家监察委员会依法履行最高监察机关职责，2019年，第十三届全国人大常委会第十四次会议通过了《关于国家监察委员会制定监察法规的决定》。根据这一授权决定，国家监察委员会可以制定监察法规，并且，监察法规在公布后的30日内要报全国人大常委会备案。据此，监察法规也被纳入全国人大常委会备案审查的范围。

2019年，全国人大常委会将《行政法规、地方性法规、自治条例和单行条例、经济特区法规备案审查工作程序》《司法解释备案审查工作程序》修改形成统一的备案审查工作规定。《法规、司法解释备案审查工作办法》由第十三届全国人大常委会第四十四次委员长会议通过，备案审查工作得以进一步规范化、制度化。

2023年，《立法法》再次修改，总结实践经验进一步补充完善了备案审查制度。一是该法单独规定了主动审查和专项审查的方式。该法第111条规定，全国人大专门委员会、常委会工作机构可以对报送备案的行政法规、地方性法规、自治条例和单行条例等进行主动审查，并可以根据需要进行专项审查。国务院备案审查工作机构可以对报送备案的地方性法规、自治条例和单行条例，部门规章和省、自治区、直辖市的人民政府制定的规章进行主动审查，并可以根据需要进行专项审查。二是该法进一步强化了全国人大常委会工作机构的备案审查职责。对于有关主体提出的审查要求或者审查建议，全国人大常委会工作机构可以进行审查；在审查中认为行政法规、地方性法规、自治条例和单行条例同宪法或者法律相抵触，或者存在合宪性、合法性问题的，可以向制定机关提出书面“审查意见”。

(三)制度实施方面

备案审查制度的实施情况有了本质提升。法规备案审查体系、规章备案审查体系、规范性文件备案审查体系在不同维度上发挥作用,一批违宪违法的法规、规章和规范性文件得到纠正。[14] 随着备案审查工作的深入开展,备案审查体系之间的衔接联动机制也日渐顺畅,备案审查体系之间的衔接联动明显增强。2018 年 8 月,司法部将备案审查工作中发现的存在问题的 43 件地方性法规"一揽子"转送法工委研究处理。经初步研究,其中 15 件存在与法律或行政法规不一致、缺乏上位法依据增设行政审批事项等问题,其他 28 件存在与国家有关政策要求不一致等问题。[15] 2019 年,全国人大常委会法工委将 88 件不属于全国人大常委会审查范围的审查建议分别移送中央办公厅法规局、中央军委办公厅法制局、司法部、最高人民法院、最高人民检察院、省级人大常委会等机关。[16] 2022 年,全国人大常委会法工委对不属于全国人大常委会审查范围、可能存在问题的 333 件审查建议移送有关备案审查工作机构研究处理。其中移送中央办公厅 3 件、司法部 62 件、最高人民法院 6 件、最高人民检察院 3 件、省级地方人大常委会 259 件,同时,研究处理其他备案审查工作机构移送或提出的审查建议 286 件。[17] 在具体的个案中,地方关于"著名商标"的规定涉及地方性法规 11 件,省级地方政府规章 18 件,设区的市级地方政府规章 7 件,地方政府及地方政府部门规范性文件 9 件。全国人大常委会法工委对地方性法规进行了审查,同时,致函国务院备案审查工作机构,建议对有关著名商标制度的地方政府规章和政府规范性文件开展清理工作。

---

〔14〕 参见全国人大常委会法制工作委员会法规备案审查室编著:《规范性文件备案审查案例选编》,中国民主法制出版社 2020 年版,第 1－248 页。

〔15〕 参见沈春耀:《全国人民代表大会常务委员会法制工作委员会关于 2018 年备案审查工作情况的报告》,第十三届全国人民代表大会常务委员会第七次会议,2018 年 12 月 24 日。

〔16〕 参见沈春耀:《全国人民代表大会常务委员会法制工作委员会关于 2019 年备案审查工作情况的报告》,第十三届全国人民代表大会常务委员会第十五次会议,2019 年 12 月 25 日。

〔17〕 参见沈春耀:《全国人民代表大会常务委员会法制工作委员会关于十三届全国人大以来暨 2022 年备案审查工作情况的报告》,第十三届全国人民代表大会常务委员会第三十八次会议,2022 年 12 月 28 日。

这一阶段中,我国的备案审查工作呈现如下五个特征:

第一,制度完善与制度全面实施并重。在这一阶段,《立法法》《法规、司法解释备案审查工作办法》等对备案审查制度进行了完善,备案审查的制度规定和工作流程更加健全。与前两个阶段相比,这一阶段备案审查制度的鲜明特征还在于它开始全面实施。一批违法的行政法规、地方性法规和司法解释得到了纠正。

第二,备案审查的组织进一步健全。一方面,2015 年《立法法》明确了常委会工作机构作为审查主体的地位。根据 2000 年《立法法》的规定,只有全国人大专门委员会有权对有关国家机关、公民、组织提出的审查要求或者审查建议进行审查,提出审查意见。但由于多种原因,专门委员会较少提出审查意见。常委会工作机构作了大量工作,承担了法规备案审查的主要工作职责,却无权进行审查,发现审查对象存在违宪违法问题的,只能与制定机关进行口头沟通。这已经不适应当下开展备案审查工作的实际需要。[18]为了适应实践需要,2015 年《立法法》规定全国人大常委会工作机构可以在审查中提出"研究意见"。2023 年《立法法》进一步强化了全国人大常委会工作机构作为审查主体的地位。另一方面,宪法修正案将法律委员会更名为宪法和法律委员会,突出了这一委员会的宪法监督功能。这些举措均大大加强了备案审查组织的建设。

第三,审查结果的实效性显著改善。在这一阶段,由于国家高度重视备案审查工作,地方人大常委会普遍提高了对备案审查工作的重视程度。2017 年 7 月,中共中央办公厅、国务院办公厅就甘肃祁连山国家级自然保护区生态环境问题发出通报。通报指出,甘肃省在立法层面为破坏生态行为"放水"。《甘肃祁连山国家级自然保护区管理条例》(以下简称《甘肃祁连山条例》)历经三次修正,部分规定始终与《自然保护区条例》不一致,将国家规定的"禁止在自然保护区内进行砍伐、放牧、狩猎、捕捞、采药、开垦、烧荒、开矿、采石、挖沙"等 10 类活动,缩减为"禁止进行狩猎、垦荒、烧荒"等 3

〔18〕 参见乔晓阳主编:《〈中华人民共和国立法法〉导读与释义》,中国民主法制出版社 2015 年版,第 312 页。

类活动。[19] 事件的教训深刻,一定程度上让人们意识到了违法立法的严重后果。当下,多数地方人大常委会都会按照审查结果的要求整改存在问题的地方性法规。实践中,全国人大常委会法工委法规备案审查室也会对问题法规的整改情况进行"回头看",监督地方人大常委会是否对问题法规进行了整改。与前两个阶段相比,这一阶段审查结果的实效性大大改善。

第四,备案审查工作的信息化水平明显提高。新时期,全国人大常委会备案审查工作的信息化程度明显增强。目前,国家已经建成了覆盖全国的备案审查信息平台,除个别地方外,地方人大的平台已经延伸到所有的设区的市、自治州、自治县,有的还延伸到了县、乡。此外,我国还建成了国家法律法规数据库,为备案审查工作的开展奠定了基础,提供了便利。全国人大的官方网站还推出了审查建议在线提交方式,大大方便了公民、组织提出审查建议。审查建议在线提交方式的操作极为简便。注册账号后,可以通过检索系统寻找建议审查的法规:通过检索发现建议审查的法规后,可以直接点击提出审查建议;如果不能通过检索发现审查对象,可以将书面审查建议寄送全国人大常委会法工委法规备案审查室。在录入页面,需要填写标题、建议审查的具体条款、抵触的上位法名称及具体条款、建议审查的理由等,如果超过 1000 字,需要以附件的形式进行。备案审查信息化水平的提高,增强了备案审查的工作效率,提升了备案审查工作机构的审查能力。

第五,"对监督的再监督"日渐规范化。备案审查是对行政法规、司法解释、监察法规、地方性法规等规范性法律文件进行的监督。监督的具体工作主要由全国人大专门委员会、全国人大常委会法工委承担。全国人大专门委员会、全国人大常委会法工委进行的监督工作也要接受全国人大常委会的监督。全国人大是独立的、最高的、拥有完全合宪性审查权的主体;全国人大常委会是独立的、日常性的合宪性审查主体。[20] 其他机构只是协助全

---

[19] 参见《中共中央办公厅、国务院办公厅就甘肃祁连山国家级自然保护区生态环境问题发出通报》,载中华人民共和国中央人民政府网,http://www.gov.cn/xinwen/2017-07/20/content_5212107.htm。

[20] 参见胡锦光:《论我国合宪性审查机制中不同主体的职能定位》,载《法学家》2020 年第 5 期。

国人大及其常委会进行审查的组织，不具有完全独立的审查权。在这一阶段，全国人大常委会建立了备案审查工作报告制度，加强了对监督工作的“再监督”。2017年12月24日，全国人大常委会法工委《关于十二届全国人大以来暨2017年备案审查工作情况的报告》提请全国人大常委会审议，这是备案审查工作情况的报告首次提请全国人大常委会审议。[21] 时隔1年后，全国人大常委会法工委《关于2018年备案审查工作情况的报告》提请第十三届全国人大常委会第七次会议审议，这“标志着全国人大常委会听取和审议年度备案审查工作情况报告已经形成惯例和制度，未来将继续坚持下去”。[22] 在随后的时间里，全国人大常委会每年均会听取和审议备案审查工作情况年度报告，“对监督的再监督”实现常态化、规范化。2022年修改后的《地方组织法》将“听取和审议备案审查工作情况报告”明确规定为县级以上地方各级人大常委会的职权。人大常委会听取、审议年度备案审查工作情况报告的做法正式进入法律文本，有了明确的法律依据。

第二节　我国法规备案审查的成就与不足

从1979年算起，我国的备案审查制度已经有40多年的历史。在这一历史过程中，我国的备案审查工作取得了非凡成就，但也存在进一步优化的空间，值得认真总结和反思。

一、我国法规备案审查取得的成就

我国法规备案审查在直接效果、最终效果和衍生效果方面均取得了巨大的成就。在直接效果方面，备案审查制度形成体系并开始全面实施；在最

---

〔21〕 在这一报告中，全国人大常委会法工委主动发布了5起审查案例，分别是：浙江省1名公民建议审查杭州市道路交通安全管理条例有关规定；内蒙古1名公民建议审查有关司法解释规定“附条件逮捕”制度的问题；4名劳动法专家建议审查地方计生条例有关“超生就开除”的规定；108名研究生建议审查重庆等地著名商标法规；中国建筑业协会建议审查地方审计条例“以审计结果作为建设工程竣工结算依据”的规定。

〔22〕 参见梁鹰：《全国人大常委会2018年备案审查工作报告述评》，载《中国法律评论》2019年第1期。

终效果方面,备案审查纠正了违宪违法现象,保证了宪法和法律的实施,维护了国家的法制统一;在衍生效果方面,备案审查保障了地方立法权的规范运行,为赋予地方更多自主权创造了空间和条件。

第一,备案审查制度形成体系并开始全面实施。1979 年《地方组织法》规定省、自治区、直辖市制定的地方性法规需要向全国人大常委会和国务院备案,这是改革开放后我国备案制度的开端。1979 年《地方组织法》及其随后的历次修改均没有涉及审查问题。2000 年《立法法》才明确规定了审查制度。2007 年《监督法》进一步将"两高"的司法解释纳入备案审查的范畴。2019 年全国人大常委会通过的《关于国家监察委员会制定监察法规的决定》将监察法规纳入备案审查的范围。经过多年的努力和建设,我国目前已经形成了由党委、全国人大、地方人大、政府、军队等各个系统分工负责、相互衔接的规范性文件备案审查制度机制。[23] 备案审查方面的制度已经系统化、体系化。这一体系可以细分为五套备案审查体系,分别是:以党中央和地方党委为审查主体的党内法规备案审查体系,审查对象包括党内法规和党内规范性文件;以全国人大常委会为审查主体的法规备案审查体系,审查对象包括行政法规、监察法规、地方性法规、司法解释等;以地方各级人大常委会为审查主体的规范性文件备案审查体系,审查对象包括本级及下级地方政府规章、下一级地方人大及其常委会的决议决定、本级地方政府规范性文件;以国务院为审查主体的规章备案审查体系,审查对象包括部门规章、地方政府规章等;以中央军事委员会为审查主体的军事规章和军事规范性文件备案审查体系,审查对象包括军事法规和军事规范性文件。五套审查体系相互分工,相互配合,共同发挥作用,具体如图 2 - 1 所示。

---

〔23〕 参见沈春耀:《全国人民代表大会常务委员会法制工作委员会关于十二届全国人大以来暨 2017 年备案审查工作情况的报告》,第十二届全国人民代表大会常务委员会第三十一次会议,2017 年 12 月 24 日。

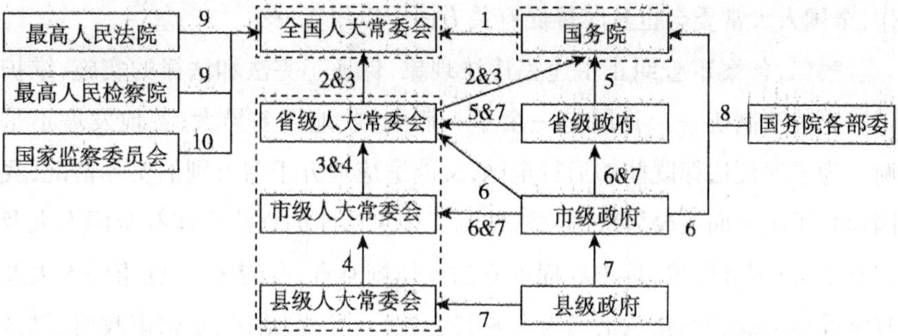

1. 行政法规；2. 省级地方性法规；3. 设区的市地方性法规；4. 地方人大常委会决议、决定；5. 省级政府规章；6. 设区的市政府规章；7. 地方政府决定、命令；8. 部门规章；9. 司法解释；10. 监察法规。

图 2－1　我国规范性文件备案审查体系

注：鉴于党内法规备案审查体系、军事规章和军事规范性文件备案审查体系与本书研究主题的相关性不密切，故在图中没有呈现。

可以说，当下我国的备案审查已经从平面化的单项制度建构转向立体化的多元体系实施，从单一审查体系"孤军奋战"转向多个审查体系"协同作战"。全国人大常委会对法规进行的审查应当在多元的备案审查体系中居于主导地位。[24] 与过去的"备而不审、审而不纠、纠而不改"相比，当下全国人大常委会的备案审查工作表现出了审查主动性强、纠错力度大等特点。在审查主动性方面，十二届全国人大以来，法制工作委员会对报送全国人大常委会备案的 60 件行政法规、128 件司法解释逐件进行主动审查研究。[25] 在纠错力度方面，对于存在问题的法规，全国人大常委会向制定机关发函要求纠正，除此之外，全国人大常委会还对法规纠正情况进行跟踪督促，对有关地方性法规修改、废止的落实情况开展"回头看"。例如，在监督纠正地方著名商标制度的过程中，虽然 8 个省（区、市）、3 个设区的市均废止了各自制定的地方性法规，但在 2018 年，个别地方采取变通规避方式，搞"上有政策，下有对策"，以地方商标协会名义继续开展地方著名商标的评比认定工

〔24〕 参见秦前红、李雷：《人大如何在多元备案审查体系中保持主导性》，载《政法论丛》2018 年第 3 期。

〔25〕 参见沈春耀：《全国人民代表大会常务委员会法制工作委员会关于十二届全国人大以来暨 2017 年备案审查工作情况的报告》，第十二届全国人民代表大会常务委员会第三十一次会议，2017 年 12 月 24 日。

作,全国人大常委会也及时督促有关方面予以纠正。[26]

第二,备案审查纠正了违宪违法现象,保证了宪法和法律的实施,维护了国家的法制统一。我国是一个单一制大国,地方差异大,各地发展不平衡。为了保证法律既能够通行全国,又能适应地方千差万别的实际情况,我国建立了统一而又分层次的立法体制。中央层面的立法主体有全国人大及其常委会、国务院等;地方层面的立法主体则有省、自治区、直辖市的人大及其常委会,设区的市、自治州人大及其常委会,省、自治区、直辖市政府,设区的市、自治州的政府,等等。多种类型的立法形式细化了法律的规定,使之与实际情况相结合,保证了法律的贯彻落实。但在立法主体众多、立法形式多样、立法数量庞大的背景下,地方立法主体制定的各种类型的法规、规章、规范性文件难免存在与宪法、法律不一致之处。这些与宪法、法律不一致的规定,或者表现为法规、规章、规范性文件超越了立法权限,或者表现为法规、规章、规范性文件与宪法、法律的具体规定相抵触。例如,有的地方性法规规定政府投资和以政府投资为主的建设项目要以审计结果作为竣工结算依据,这一规定便是限制了有关主体的民事权利,超越了地方立法权限。[27]有的地方性法规规定,人大常委会闭会期间可以由主任会议许可对人大代表进行逮捕,这与《全国人民代表大会和地方各级人民代表大会代表法》(以下简称《代表法》)的规定相抵触。[28] 这些不一致之处导致规范性法律文件之间的冲突,歪曲了宪法、法律表达的国家意志,阻碍了宪法、法律的实施。

备案审查制度是立法监督制度的重要组成部分。通过备案审查,发现所立之法存在的违宪、违法问题,并及时予以处理,既可以避免违法立法对公民、法人和组织的权利造成持续的损害,又可以进一步完善法律体系,提高法律体系的融贯性和质量。一个法律体系内各部分间的融贯性程度越

---

〔26〕 参见沈春耀:《全国人民代表大会常务委员会法制工作委员会关于2018年备案审查工作情况的报告》,第十三届全国人民代表大会常务委员会第七次会议,2018年12月24日。

〔27〕 参见全国人大常委会法制工作委员会法规备案审查室编著:《规范性文件备案审查案例选编》,中国民主法制出版社2020年版,第69页。

〔28〕 参见全国人大常委会法制工作委员会法规备案审查室编著:《规范性文件备案审查案例选编》,中国民主法制出版社2020年版,第23-24页。

高，这个体系就越好。[29] 对行政法规、地方性法规、司法解释等规范性法律文件进行备案审查，我国《立法法》《监督法》等均已经作了明确规定。法规备案审查体系和规章备案审查体系在实践中已经发挥了一定的立法监督功能。例如，2018 年全国人大常委会法工委共对 22 件审查建议书面反馈了研究情况和处理结果。[30] 2019 年全国人大常委会法工委对公民、组织提出的 138 件审查建议进行了审查研究，提出了处理意见并向建议人作了反馈。[31] 此外，我国还存在大量的规范性文件。规范性文件，是国家立法的延伸和补充，是政府行政的重要手段，是保障国家法律、法规和规章顺利实施的重要方式。它们虽然不属于中国特色社会主义法律体系的组成部分，但涉及公民、法人和其他组织的权利和义务，这类文件是否合宪合法、是否适当，直接影响宪法法律实施的"最后一公里"是否通畅。作为法规、规章备案审查制度的延伸和补充，以地方人大常委会为审查主体的规范性文件备案审查制度在保障国家法制统一方面也具有不可替代的重要作用。

第三，备案审查保障了地方立法权的规范运行，为赋予地方更多自主权创造了空间和条件。在过去，我国地方立法权的配置存在"重权力配置，轻权力监督"的倾向。这从《地方组织法》的制定和修改过程便可以看出。《地方组织法》的历次修改几乎都涉及了地方立法权的配置问题，但《地方组织法》并没有给予立法监督制度太多的关注。1979 年《地方组织法》赋予省级人大常委会立法权。1982 年《地方组织法》赋予经国务院批准的较大的市和省会城市的人大常委会法规"拟订权"，同时赋予省、自治区、直辖市，省会城市和经国务院批准的较大的市的政府规章制定权。1986 年《地方组织法》将经国务院批准的较大的市和省会城市的"拟定权"改为"制定权"，赋予了经国务院批准的较大的市和省会城市"半个立法权"。[32] 在整个过程中，《地方组织法》只是规定了省级地方性法规和政府规章的备案问题。这

[29] 参见雷磊：《融贯性与法律体系的建构——兼论当代中国法律体系的融贯化》，载《法学家》2012 年第 2 期。

[30] 参见沈春耀：《全国人民代表大会常务委员会法制工作委员会关于 2018 年备案审查工作情况的报告》，第十三届全国人民代表大会常务委员会第七次会议，2018 年 12 月 24 日。

[31] 参见沈春耀：《全国人民代表大会常务委员会法制工作委员会关于 2019 年备案审查工作情况的报告》，第十三届全国人民代表大会常务委员会第十五次会议，2019 年 12 月 25 日。

[32] 参见宓雪军：《半个立法权辨析》，载《现代法学》1991 年第 6 期。

一倾向在2000年《立法法》中也有体现。《立法法》虽然对备案审查制度作了规定，但和立法权的配置相比，略显单薄。

党的十八大以来，这一倾向逐渐得到扭转，备案审查受到了高度重视。2015年《立法法》将第五章的标题改为“适用与备案审查”，与以往相比，增加了“审查”二字，突出了审查在《立法法》中的重要地位。备案审查在规范立法权运行方面发挥着越来越重要的作用。以设区的市立法权的运行过程为例。2015年《立法法》普遍赋予设区的市立法权，使得当时拥有地方立法权的主体的数量从49个增加到284个。新中国成立后的30年里，我国中央与地方关系在收权与放权之间循环往复，陷入了“一统就死，一放就乱”的怪圈，地方立法权的下放是否会使历史重演？学界对此存在普遍忧虑。人们担心地方立法权的大规模下放会使地方立法权陷入“一放就乱”的困境，从而对国家的法制统一构成挑战。〔33〕但通过对设区的市立法权运行状况的观察，人们担心的这一问题在实践中并没有出现。新获得立法权的设区的市在立法权的行使上表现得较为谨慎，越权立法问题尚未成为比较突出的问题。〔34〕除了《立法法》对设区的市的立法权限作了限制这一原因外，批准制度、备案审查制度也是保证设区的市立法权规范运行的重要原因。

立法权的配置是对立法权的事前控制，而备案审查则是对立法权的事后控制。事前控制与事后控制是相互配合、相互补充的。立法权限规定得越明确，地方立法主体越权立法、抵触立法的情形便越少，备案审查制度发挥作用的空间便越小；反之，事后的备案审查制度越健全，监督违法立法的情形越有力，越会给扩大地方立法权限创造空间和条件。党的十九大报告提出，要赋予省级及以下政府更多自主权。在赋予地方更大的自主权，充分调动地方积极性的背景下，通过事后监督而非事前限制来规范地方立法权的运行，可能是一种更科学的方式，也是一条更值得追求的路径。备案审查制度为赋予地方更多自主权创造了空间和条件。

---

〔33〕参见侯学宾：《地方立法权扩大的隐忧》，载《检察日报》2015年4月15日，第7版；赵刚：《立法权“下放”，地方接得住吗？》，载《人民法院报》2015年3月12日，第1版。

〔34〕参见易有禄：《设区市立法权行使的实证分析——以立法权限的遵循为中心》，载《政治与法律》2017年第6期。

二、我国法规备案审查的改进空间

在看到我国备案审查取得的重大成就的同时，我们也应该清醒地认识到，我国的备案审查也存在诸多不足，需要进一步优化和完善。2022 年全国人大常委会法工委备案审查工作情况的报告也指出，当下我国备案审查工作存在的主要问题是：工作质量、水平、效率有待提高；对一些重点难点问题还缺乏深入研究，对合宪性合法性合理性问题在深刻理解、准确把握、妥善处理上还有差距；新形势新任务对备案审查工作提出了新的更高要求，不论从自身素质还是从工作机制上都还有不适应、不符合的问题；如何发挥人大和各方面积极性，如何加强理论研究和宣传工作等，这些都需要在未来工作中不断加强和改进。[35] 就制度建设和体系建设而言，备案审查存在的不足主要集中在以下三个方面：

第一，法规审查制度的完善和实施仍存在较大提升空间。虽然我国的法规审查制度在不断完善，且实施状况有了较大程度的改进，但与人们对备案审查制度的高期待相比，与备案审查制度的重要地位相比，仍存在较大提升空间。审查的方式、审查的程序、审查的标准、审查的方法、审查结果的类型和法律效力、审查能力的建设等方面仍存在诸多问题需要研究。例如，事前审查的方式问题。事前审查具有注重预防、纠错简单等优点，与事后审查协调配置可以发挥更大的作用。除有关设区的市地方性法规的批准制度外，我国目前并没有通常意义上的专门针对地方性法规的事前审查制度。我国《立法法》规定了法律询问答复制度，全国人大常委会法工委可以对有关具体问题的法律询问进行研究并予以答复。实践中，地方立法机关多是通过这一制度途径就法规草案的合法性问题进行事前咨询。但在严格意义上，法律询问答复制度并不是规范的事前审查制度。我国应当如何逐步完善事前咨询方式和程序，有待探讨。《法治中国建设规划（2020—2025 年）》提出，要建立健全涉及宪法问题的事先审查和咨询制度，进一步加深了对这一问题进行深入研究的迫切性。再如备案审查的效力制度问题。在过去，全国人大常委会法

〔35〕 参见沈春耀：《全国人民代表大会常务委员会法制工作委员会关于十三届全国人大以来暨 2022 年备案审查工作情况的报告》，第十三届全国人民代表大会常务委员会第三十八次会议，2022 年 12 月 28 日。

工委的审查活动以及审查结果一般不公开,法规审查工作难以被外界知悉,审查决定的法律效力问题无从谈起。但随着我国法规备案审查工作的逐步公开化,明确审查决定的法律效力势在必行。实践中的诸多案例均暴露出了这一问题,亟待制度回应。如何建立健全备案审查的效力制度,仍需深入研究。

第二,合法性审查与合宪性审查的衔接仍有待明确。在规范意义上,备案审查可以分为合宪性审查和合法性审查。但在我国的备案审查实践中,备案审查主要表现为合法性审查,是对法律以外的法规、规章、司法解释等规范性法律文件是否合法进行的监督。应当对合法性审查与合宪性审查予以区分。但目前,合法性审查与合宪性审查如何区分、如何衔接、衔接的标准是什么、衔接程序如何设计等问题尚不清楚。这些问题均需要进一步研究和解决。

第三,备案审查体系间的衔接联动需要进一步加强。在过去,备案审查多是单一审查体系内部的事务,审查体系间的协作尚未充分展开。目前,我国已经建成了五套备案审查体系,备案审查体系之间的协作问题已经摆在了眼前。备案审查体系之间的衔接联动机制面临诸多问题需要解决。例如,在众多的备案审查体系中,法规备案审查体系对其他备案审查体系具有重要的影响,全国人大常委会进行的审查应当居于主导地位,但全国人大常委会的这一主导地位如何实现和保障?目前这一工作机制更多是具体工作中建立的联系,如何将之常态化,以保障这一衔接联动机制能够长期稳定运作?如何进一步畅通衔接联动机制中存在的问题,进一步增强衔接联动机制的成效?这些问题都是我国备案审查制度体系化、系统化后新涌现的问题;既需要在实践中进行探索,也需要在理论上加强研究。需要说明的是,由于篇幅限制和主题聚焦等原因,本书后续章节的讨论将主要集中在法规审查制度的完善和实施方面,只在一定程度上涉及后两个问题。

从1979年《地方组织法》算起,我国备案审查制度的存续时间不过40余年,诸多问题尚未得到深入的理论研究和广泛的实践探索,我国的备案审查制度仍处于不断完善的过程之中。在这一过程中,各方对备案审查工作充满了期待和憧憬,这些期待和憧憬成为促进备案审查制度发展完善的无形力量。未来,应当将类型化、精细化作为我国备案审查制度建设与实践探索的方向。实际上,备案审查类型化、精细化的过程,也是备案审查制度和理论逐渐走向成熟的过程。

第三章

法规备案审查制度的域外研究

本章对法规审查制度进行比较研究。第一节简要考察世界上主要国家宪法审查的三种模式:宪法法院审查模式、普通法院审查模式和宪法委员会审查模式。对于这三种审查模式,国内已有较多的关注和研究,本书其实没有必要再加以重复。但考虑到体系的完整性和逻辑的连贯性,同时为其他章节奠定基础,本节将对这三种审查模式进行简要考察。本节考察的侧重点不在于制度建立的历史环境和社会环境,也不在于制度的整体内容,而在于具体程序和结果处理方式。在这三种模式之外,其他国家的宪法审查实践也值得关注。以英国为代表的英联邦国家逐渐建立起了"弱型"宪法审查制度。法院只能对议会制定的法律发布"不一致"宣告,并不能直接宣布法律无效。基于此,第二节对英国的宪法审查实践进行了考察,但考察的重点不在于英国法院如何审查中央议会制定的法律,而在于英国法院如何审查苏格兰议会、威尔士议会、北爱尔兰议会等地方议会制定的法律。英国的宪法审查制度是一种"分层次"的审查结构。考察英国法院如何审查地方立法,更符合本书的主旨和关切。事实上,英国法院审查地方立法的制度设计和实践经验颇具特色,值得予以特别关注。第三节在对国外审查制度进行批判的基础上思考我国备案审查制度应当如何充分体现"中国特色"。国外的审查制度可能具有合理之处,但我国备案审查制度的完善和实施要立足于我国的国情和实际。

第一节　宪法审查的三种模式

一、宪法法院审查模式

在世界范围内,诸多国家的宪法审查采用了宪法法院审查模式;其中,以德国和奥地利最为典型。下文将对德国和奥地利的宪法审查制度进行简要考察。

(一)德国宪法法院的审查

在德国,多种类型的主体可以发动宪法审查程序。2010 年《德国联邦宪法法院法》第 13 条第 6 款规定联邦政府、州政府或联邦众议院 1/4 议员可以提起抽象法规审查程序;第 11 款规定法院可以提起具体法规违宪审查程序。此外,该法第 90 条规定,公民对于基本权利遭受公权力侵害,用尽其他法律救济途径后,可以向联邦宪法法院提起宪法诉愿;如果公民虽未用尽其他法律救济途径,但案件具有普遍重要性,或诉愿人如先遵循其他法律救济途径,将遭受重大或无法避免之损害时,也可以向联邦宪法法院提起宪法诉愿。对于上述三种宪法诉讼程序,联邦宪法法院首先会对请求进行程序审查,以判断是否符合程序要件。不符合程序要件的申请将被驳回,对符合程序要件的请求将会进一步作出实体判决。

如果联邦宪法法院认为联邦法符合基本法,或者邦法符合基本法、其他联邦法的,可以作出合宪宣告;如果联邦宪法法院认为联邦法不符合基本法,或者邦法不符合基本法、其他联邦法,应当作出无效判决。《德国联邦宪法法院法》第 78 条规定了抽象法规审查的后果:联邦宪法法院如果认为各邦制定的法律与基本法、其他联邦法相抵触,或者联邦法与基本法相抵触,应当宣告其无效。第 82 条规定了具体法规违宪审查的后果:"第七十七条至第七十九条规定准用之。"第 95 条规定了宪法诉愿的审查后果:对于法律提起之宪法诉愿有理由的,应宣告该法律无效。

在德国传统的无效理论和观念中,违宪法律应当自始无效、当然无效。〔1〕 自始无效、当然无效意味着依据违宪法律作出的行政决定、司法判决应当予以撤销;被违宪法律所侵犯的公民权利,应当恢复至公民权利遭受违宪法律损害前的原状。自始无效宣告的这种溯及力可能会损害法秩序的安定性和和平性,违宪法律在实践中运行的时间越长,自始无效宣告所带来的冲击力就越大,这往往使得社会难以承受。〔2〕 与自始的当然无效说相对立的是"可被认定为自始无效说",即违宪的法律并不是当然的自始无效,其是否自始无效是可以被认定的。"联邦宪法法院法第 79 条对于自始无效性宣告以及不一致性宣告的法律后果所做的规定……就其实际后果上,自始无效性的命题倾向于与可被认定为自始无效说相同。"〔3〕

〔1〕 参见[德]克劳斯·施莱希、[德]斯特凡·科里奥特:《德国联邦宪法法院:地位、程序与裁判》,刘飞译,法律出版社 2007 年版,第 399 - 400 页。

〔2〕 参见柳建龙:《德国联邦宪法法院的抽象规范审查程序》,载《环球法律评论》2017 年第 5 期。

〔3〕 [德]克劳斯·施莱希、[德]斯特凡·科里奥特:《德国联邦宪法法院:地位、程序与裁判》,刘飞译,法律出版社 2007 年版,第 409 页。

联邦宪法法院直接判决整部法律无效的情形十分罕见，实务中更为常见的类型是部分无效宣告。部分无效可以进一步细分为两种类型："量的部分无效"和"质的部分无效"。"量的部分无效"是指宪法法院只认定法律中的某一条文或条文的某一款项、部分无效；"质的部分无效"是指宪法法院并不宣告法律中的条文、款项、部分无效，而只是宣告法律条文适用于特定的案例情况时无效。[4] 需要指出的是，虽然原则上违宪审查的裁判类型限于无效宣告，但宪法法院在实践中发展出了多种介于合宪和违宪之间的判决类型，如单纯的违宪宣告、警告性裁判和合宪性解释。单纯的违宪宣告是指宪法法院只是宣告审查对象与基本法不符，但并不宣告审查对象无效。在某些情形下，宣告法律违宪并且无效，可能会侵犯立法机关的自主空间；而在某些情形下，宣告法律违宪并且无效会造成法律真空，这反而会比违宪状态造成更大的损害。宪法法院在实践中发展出的单纯的违宪宣告，可以妥善应对这些情形。警告性裁判是指宪法法院确认，法律"仍然还"是合宪的，但是却向立法者提出吁请，要求其行动，以形成完全合宪的状态或防止违宪状态在将来出现。[5] 警告性裁判往往会要求立法者进行积极作为，甚至时常会在裁判中规定一个期限，责令立法者在这一期限内对法律进行修改，以避免法律在未来发生违宪的情况。合宪性解释是指当审查对象有多种解释可能性，其部分解释将导致违宪，部分解释将导致合宪的结果时，应当认为该审查对象合宪并作出合宪的解释。合宪性解释可以最大限度地尊重立法机关的自由裁量权，防止宪法法院对立法机关自由裁量权的干涉。

在拘束力方面，联邦宪法法院的判决对联邦、邦的所有国家机关产生拘束力。《德国联邦宪法法院法》第 79 条特别规定了无效宣告的法律效力。法律效力可以从刑事案件和其他案件、已经确定的案件和尚未确定的案件、判决与执行等不同角度加以说明。首先，依据被宣告为违宪的法律作出并已经生效的刑事判决，可以提起再审。这实际上是承认了违宪判决对于刑事案件具有溯及既往的效力。其次，其他根据被宣告为违宪的法律作出的、

〔4〕 参见杨子慧：《宪法法院法规违宪审查之裁判类型与效力》，载《中正大学法学集刊》第 5 辑（2014 年）。

〔5〕 参见［德］克劳斯·施莱希、［德］斯特凡·科里奥特：《德国联邦宪法法院：地位、程序与裁判》，刘飞译，法律出版社 2007 年版，第 441 页。

已经发生效力的裁判,除第 95 条第 2 项的规定或其他法律有特别规定者外,不受影响。这意味着当事人不得依据违宪判决的结果提起再审或者申请重新审理。再次,根据被宣告为违宪的法律作出的、已经发生效力但尚未执行完毕的案件,停止强制执行。最后,由前述规定可以推论得知,尚未审结完毕的案件,应当一律适用新的解释进行裁判。[6]

(二)奥地利宪法法院的审查

奥地利是最早建立宪法法院的国家。《奥地利宪法》第 140 条规定了可以发起宪法审查的主体。该条规定,行政法院、最高法院或第二审法院在审理案件的过程中,如果发现所适用的法律有违宪之嫌,可以申请宪法法院对需要适用的法律的合宪性作出判决;联邦政府认为邦法律存在违宪之嫌,可以申请宪法法院判决邦法律违宪;邦政府或国会 1/3 议员认为联邦法律存在违宪之嫌,也可以申请宪法法院作出判决;主张因法律违宪直接致其权利受到损害的当事人,在满足相应条件时,可以申请宪法法院裁决法律违宪。申请书应当以书面形式进行,应当列明据以向宪法法院提出申请的宪法条文,陈述案件实情和特定的请求。[7] 如果申请书不符合形式要件,法官可以发回,并令申请人于一定期间内补正。[8]

宪法法院在审理结束后,应当立即作出判决,并立即口头公布主要的裁判理由,当事人是否在场不影响裁判的宣告。如果判决不能在审理结束后立即进行,则应当在审理结束后,向当事人口头公布裁判公开宣告的日期,或者基于法院的自由裁量,以书面的形式送达当事人。[9] 依据《奥地利宪法法院法》第 64 条的规定,宪法法院的裁判应宣告法律全部或某部分违宪而予以撤销。在时间效力方面,宪法法院确认某一法律违宪而将它废止的,废止自公告之日起生效,但宪法法院另行规定失效日期的除外。宪法法院另行规定的失效日期,不能超过 18 个月。违宪法律废止前,已经确定的相关案件,仍适用原法律,但原因案件除外。如果宪法法院在判决中规定了相

---

[6] 参见陈清秀:《违宪法规之解释效力问题》,载《法令月刊》第 12 期(2010 年)。

[7] 参见《奥地利宪法法院法》第 15 条。

[8] 参见《奥地利宪法法院法》第 18 条。

[9] 参见《奥地利宪法法院法》第 26 条。

应的过渡期，在过渡期内，违宪法律在期限届满之前依然适用。宪法法院判决生效时尚未确定的案件，均不再适用违宪的法律。总之，宪法法院的判决一般不具有溯及既往的效力；违宪法律通常向未来失去效力，或于一定期限后向未来失去效力。奥地利的宪法审查制度将法的安定性价值摆在了首要位置，防止违宪审查判决溯及生效导致的损害可能超过违宪法律所造成的不利益。[10] 在对象效力方面，所有法院以及行政官署均受宪法法院判决的拘束。此外，被违宪法律所废止的法律，自违宪法律废止之日起恢复效力。宪法法院在公布废止违宪的法律时，应同时公告哪些法律恢复效力。需要指出的是，法律在宪法法院判决作出时已经失效的，如果该裁判程序是依职权进行的或者依法院、当事人的请求进行的，宪法法院仍需要宣告该项法律是否违宪。

德国和奥地利的宪法审查虽然均采用宪法法院模式，但在宪法审查结果的法律效力的规定上，既有相同之处，也有不同之处。相同之处在于：在考量影响宪法审查结果的法律效力的因素时，二者均将法的安定性置于首要位置，以减轻违宪审查对社会秩序可能造成的冲击。这是因为，欧洲大陆的宪法审查制度，整体上是一种抽象审查，这一审查方式更注重"维护宪法秩序"这一价值立场，只是间接地兼顾"保障个人权利"。[11] 不同之处在于：第一，二者对待宪法法院判决溯及力的态度有所不同。德国有限度地承认宪法法院判决溯及既往的效力。例如，在刑事案件中，依据违宪法律作出的刑事判决，即使已经诉讼终结，依然可以提起再审。而奥地利的态度较为坚决，除个别情况外，基本否定了违宪审查判决溯及既往的效力。第二，二者对待原因案件的态度不同。德国似乎更强调公平，不区别对待原因案件和其他案件；而奥地利则给予原因案件特殊待遇，对于原因案件可以溯及既往地适用新的法律进行救济。

二、普通法院审查模式

自马伯里诉麦迪逊案以来，美国开创了对立法进行司法审查的先河。之后诸多国家在制定宪法时，参照这一制度，建立了法院在审理普通案件的

〔10〕 参见陈清秀：《违宪法规之解释效力问题》，载《法令月刊》第12期（2010年）。

〔11〕 参见陈运生：《违宪法律的效力》，载《法学研究》2007年第5期。

过程中,就作为该案件审理依据的法律是否违反宪法进行审查的模式。司法审查模式自诞生之初,就面临巨大的正当性争议。其根源在于,立法者是经过民主选举产生的,他们通过表决制定法律,因此,他们制定的法律代表了多数人的意志,具有民主正当性。司法审查是最高法院的法官对国会制定的法律合宪与否作出判决的一项制度,而法院的法官却不是经过民主选举产生的。法官通过司法审查推翻议会立法,是不具有民主正当性的少数人对具有民主正当性的多数人决定的颠覆。因此,司法审查制度在本质上始终面临"反多数"的难题。

司法审查是附带性审查,司法审查的发动始终需要依赖于具体案件;因此,法院受理案件的范围基本就是司法审查的受案范围。美国司法审查的受案标准有四:第一,诉讼当事人必须具有诉讼资格。当事人的个人利益或者权利受到了侵害,并且已经穷尽了所有的救济手段。第二,诉讼当事人之间必须存在真实的争议。当事人之间的争议必须是实际发生的且存在对抗性。法院对于尚未发生的潜在争议,以及由此而衍生出来的咨询建议,并不会受理。第三,诉讼案件必须具有成熟性。[12] 提起司法审查的时间应当恰当。提起司法审查的时间不能过早,因为相关争议和事实尚未实际发生;提起司法审查的时间也不能过晚,因为相关争议和事实已经发生情势变更而使得案件没有了争议性。第四,涉及政治问题的案件不审查。

在违宪审查的程序方面,违宪审查和普通诉讼都在同一程序中进行,二者无须分开。违宪审查结果和普通诉讼结果也在同一判决中作出。"违宪审查存在于整个司法体系,它与一般司法管理并无显著分别。……任何案件中都可能出现宪法问题,其中并无特殊对待。"[13] 在违宪审查的效力上,法院的判决仅对本案和诉讼当事人具有约束力;但由于美国是判例法国家,最高法院的判决作为先例,会被其他法院所自觉遵守。因此,当法院宣布一部法律违宪后,后来的法院就不再适用该法律,事实上会使得该法律条款失去效力。美国式的司法审查是一种事后审查;在法院判决作出之前,相关法律可能早已运行多年,其间可能还有很多案件适用了这一法律。法院作出

〔12〕 参见范进学:《美国司法审查制度》,中国政法大学出版社 2011 年版,第 225 - 228 页。

〔13〕 [美]路易斯·亨金、[美]阿尔伯特·J. 罗森塔尔编:《宪政与权利》,郑戈等译,生活·读书·新知三联书店 1996 年版,第 31 页。

的判决是否具有溯及既往的效力？这一问题是理论和实践没有完全解决的问题。宪法和法律对这一问题也没有作出明确规定。美国司法实践对这一问题的处理多有反复，但整体上经历了从完全溯及既往向选择性溯及既往的转变。[14] 目前，如果是刑事立法问题，案件所涉及的问题较为严重的，美国法院会同意因违宪立法而被错判之人的请求，撤销错误判决；但一般的民事、商事案件，通常不再溯及既往。

三、宪法委员会审查模式

在2008年以前，法国的合宪性审查是事前审查、抽象审查，宪法委员会对议会已经表决通过但尚未公布实施的法律进行审查。根据1958年《法国宪法》第61条的规定，组织法在颁布以前，议会两院制定的内部规则在执行以前，均应提交宪法委员会审查。议会制定的法律在颁布以前，总统、总理或者议会两院的议长可以提交宪法委员会审查。1974年修宪时增加规定60名国民议员或者60名参议员也可以提请宪法委员会审查。宪法委员会宣布违反宪法的条款不得公布，也不得执行。

法国宪法所规定的事前审查模式存在一定的弊端。[15] 一者，它限制了公民个人提出宪法审查的权利。在这一模式下，公民个人无权向宪法委员会提出宪法审查的请求。二者，事前审查并不能发现并穷尽所有的违宪问题。诸多法律都是在充分实施以后才暴露出来存在违宪问题的。法律没有实施以前，单纯地通过文本进行审查，不一定能够发现违宪问题，这会导致事前审查认为不违宪而事实上却违宪的情形出现。三者，合宪性审查与“合条约性审查”容易产生冲突。实践中已经出现宪法委员会认定法国法律不违宪而欧洲人权法院却认定法国法律侵犯人权的事例，这使宪法委员会的处境十分尴尬。

为了改进上述弊端，2008年修宪时法国对这一模式进行了重大调整，引进了事后审查模式。在案件审理过程中，一方当事人认为案件涉及的法律

---

〔14〕 参见梁洪霞：《论合宪性审查溯及力的规范模式与裁量方法》，载《当代法学》2022年第5期。

〔15〕 参见吴天昊：《从事先审查到事后审查：法国违宪审查的改革与实践》，载《比较法研究》2013年第2期。

条款侵犯了宪法所保障的公民权利和自由时,可以向法院提出宪法审查请求,法院应当中止相关案件的审理。法院应当按其所属的诉讼体系向最高行政法院或者最高司法法院转交当事人的请求;最高行政法院或者最高司法法院认为确有必要的,可以移送宪法委员会审理。之所以设置由最高行政法院或者最高司法法院向宪法委员会转交,是为了避免过多案件涌入宪法委员会,超出宪法委员会的处理能力范围。宪法委员会在受理后,应当在3个月内审理并作出裁决。

宪法委员会作出的裁决结果主要有三类。第一类是合宪裁决,即认定争议的法律符合宪法规定。第二类是违宪裁决,宪法委员会可以裁决审查对象全部违宪或者部分违宪。违宪裁决有两种效力:自动废止和延时废止。自动废止是指一旦宪法委员会裁决该法律条文违宪,该法律条文将自动消失于法国国内法规范秩序;延时废止则是由宪法委员会将法律条文返回至议会,限定日期并附上修改条件,议会须在日期截止前作出相应修改,这是一种柔性的违宪裁决。〔16〕第三类是合宪保留裁决,即宪法委员会并不直接宣布争议法律违宪,但只有在符合保留说明的情况下,法律才真正符合宪法。宪法委员会的判决对所有国家机关均具有强制力。

第二节　三种模式之外:英国合法性审查的实践

通常认为,议会主权制的英国不存在真正意义上的宪法审查制度。这一状况近20年来发生了较大改变。《1998年人权法》规定特定层级的法院可以对中央议会的主要立法进行审查,事实上而非形式上建立起了一种宪法审查制度;1997年,工党上台执政后,积极进行权力下放,《1998年苏格兰法》《1998年北爱尔兰法》《2006年威尔士政府法》(以下统称权力下放法)规定法院有权对地方立法是否超越立法权限进行审查,建立起了一种合法性审查制度。可以说,英国在20余年间已经逐渐建立了颇具本国特色的宪法审查制度。

我国学界较早注意到了英国的宪法审查问题。有研究者认为,如果把

〔16〕 参见林淡秋:《守护宪法的新模式:法国的合宪性先决机制》,载《华东政法大学学报》2018年第6期。

违宪审查看成抵消议会"恶法"的实施效果，那么英国实际上已经形成独特的违宪审查。[17] 有研究者系统地研究了《1998 年人权法》所建立的违宪审查制度，并认为这为"其他奉行议会至上原则的国家建立违宪审查机制提供了一个参考模板"。[18] 有研究者对弱型司法审查进行了多维度的研究，并探讨了将其引入中国的可行性问题。[19] 但学界的关注和研究多集中在英国法院根据《1998 年人权法》的规定审查中央立法的维度上，而在某种程度上忽视了英国法院根据权力下放法的规定审查地方立法的维度，而这同样是广义上英国宪法审查制度的重要内容。事实上，二者在发起主体、审查程序、判决形式和判决效力等方面存在重大差异。本节对英国权力下放语境中法院尤其是最高法院审查地方立法的制度设计和实践经验进行考察，以期对我国合法性审查制度的完善有所裨益。

一、权力下放、议会主权与合法性审查

英国在 20 世纪末开始的权力下放是多种因素综合作用的结果。在外因方面，欧盟中地区主义的发展对英国的权力下放产生了深刻影响，英国的权力下放也是顺应时代潮流的产物。"在欧洲，越来越多的国家也已经走上了权力下放的道路——不仅在德国如此，在像法国和意大利这样的传统中央集权国家也是如此。……似乎只有在英国，政府还在争辩说变革是不可能的。"[20] 在内因方面，权力下放被看作维护英国国家统一、消除分离主义的最佳方案。通过允许更大程度的权力下放，苏格兰、北爱尔兰和威尔士境内的分裂压力可以得到缓解。[21] 在工党政府的积极推动下，英国的权力下放驶入了"快车道"。1998 年 7 月，《1998 年威尔士政府法》获得御批；同年 11 月，《1998 年苏格兰法》和《1998 年北爱尔兰法》获得御批。这些法律成

〔17〕 参见何海波：《没有宪法的违宪审查——英国故事》，载《中国社会科学》2005 年第 2 期。

〔18〕 参见李蕊佚：《议会主权下的英国弱型违宪审查》，载《法学家》2013 年第 2 期。

〔19〕 参见朱学磊：《议会主权体制下的司法审查权及其限度——以英联邦国家为分析对象》，载《比较法研究》2019 年第 5 期；朱学磊：《弱司法审查是中国实施宪法的蹊径吗——"合宪性审查工作体系化"的提出》，载《政治与法律》2019 年第 4 期。

〔20〕 [英]托尼·布莱尔：《新英国：我对一个年轻国家的展望》，曹振寰等译，世界知识出版社 1998 年版，第 316 页。

〔21〕 See Russell Deacon, *Devolution in the United Kingdom*, 2nd edition, Edinburgh University Press, 2012, p. 3.

为英国权力下放的重要法律依据。1999 年 7 月,英国中央议会正式把一些权力移交给苏格兰议会和威尔士议会;同年 12 月,部分权力被移交给北爱尔兰议会。

英国权力下放的过程具有明显的"不对称"特征,不同的地区被授予了不同层次和不同程度的权力。[22] 苏格兰议会一开始就获得了主要立法权(primary legislative power),并且,《1998 年苏格兰法》采用了"保留权力"模式。该法明确规定了中央的保留事项,除保留事项外,苏格兰议会可以就任何其他事项进行立法。《1998 年北爱尔兰法》也采用了"保留权力"模式,但与苏格兰不同,该法将中央与北爱尔兰之间的事项划分为除外事项、保留事项和剩余事项。除外事项为永久保留事项,中央无意下放这些权力;保留事项为暂时保留事项,在合适的时机中央可以下放这些权力;剩余事项为除外事项和保留事项以外的其他任何事项。北爱尔兰议会对剩余事项享有主要立法权,但对保留事项的立法须征得有关部门的同意。

威尔士的情况则大不相同。在权力下放之初,威尔士议会没有主要立法权,只有次要立法权(secondary legislative power)。在英国,主要立法权与次要立法权存在重要区别,次要立法权多为政府根据议会立法的授权而享有的立法权,"英国的立法实践是主要立法通过次要立法来付诸实践。正是次要立法为议会主要立法的实施作了详细规定"。[23] 这种状况一直持续到《2006 年威尔士政府法》出台。该法采用"授予权力"模式,授权威尔士议会可以就特定下放事项进行主要立法;但直到 2012 年,威尔士议会才开始行使这一权力。《2017 年威尔士法》对威尔士的权力下放安排作了重大改变:该法将授予权力模式改变为保留权力模式,除保留事项外,威尔士也可以就任何其他事项进行主要立法。

议会主权是英国宪法的基石,也是英国政治法律制度最显著的特点。议会主权原则意味着议会确有在英国宪法下制定或者不制定法律的权力;

---

〔22〕 See Brice Dickson, *Devolution*, in Jeffrey Jowell, Dawn Oliver, and Colm O'Cinneide eds., The Changing Constitution, 8th edition, Oxford University Press, 2015, p. 250 – 251.

〔23〕 See Winston Roddick, *Devolution – the United Kingdom and the New Wales*, 23 Suffolk Transnational Law Review 477 (1999).

并且,英国法律不认可任何人或任何机构有权推翻或搁置议会的立法。[24]权力下放的制度设计和实践活动也没有动摇议会主权制:地方议会并没有与中央议会分享主权,主权仍由中央议会所独享。为了维护议会主权,权力下放法对地方议会的立法权限作了特别规定。第一,英国中央议会仍然保留对权力下放事务进行立法的权力。只是中央议会在行使这一权力时应当遵循"西维尔惯例"(sewel convention),需要征得地方议会的同意。第二,明确规定了地方越权立法的后果,地方立法超出立法权限的条款将不再是法律(not law)。第三,明确限制了地方议会的立法权限。例如,《1998年苏格兰法》第29(2)条规定苏格兰议会的立法权限受到以下限制:"(a)领域限制,苏格兰议会的立法不得成为国家或苏格兰以外其他地区法律的一部分;(b)保留事项的限制,苏格兰议会的立法不得与该法附表5所列举的保留事项相关;(c)附表4的限制,苏格兰议会的立法不得修改、废止受到附表4特别保护的法律,如《1998年人权法》等,也不得修改、废止关于保留事项的中央法律;(d)苏格兰议会的立法不得与公约权利或欧盟法不一致;(e)苏格兰议会的立法不得使作为苏格兰刑事起诉和死亡调查系统首长的检察长失去公职。"[25]实践中,要求审查地方立法越权的理由主要有三类:第一类是"与保留事项相关",对应《1998年苏格兰法》第29(2)条(b)款和第29(2)条(c)款;第二类是"与公约权利不一致";第三类是"与欧盟法不一致"。后两类均对应《1998年苏格兰法》第29(2)条(d)款。实践中暂时没有出现关于第29(2)条(a)(e)两款的案例。

权力下放法虽然对地方议会的立法权限作了规定,但实践中出现立法权限争议的情形在所难免。权力下放法规定立法权限争议应当提交给法院解决,并选择了枢密院司法委员会作为终审机关。之所以选择枢密院司法委员会作为终审机关,一方面是因为枢密院司法委员会曾参与过20世纪20年代中央与北爱尔兰的分权实践,对此类案件的审判有较为丰富的经验;另一方面也是基于自然正义的考虑,立法权限争议案件本质上是发生在中央议会与地方议会之间的诉讼,中央议会作为一方当事人,上议院不宜在与自

[24] See A. V. Dicey, *An Introduction to the Study of the Law of the Constitution*, 10th edition, Macmillan, 1959, p. 39 - 40.

[25] Scotland Act 1998 s29(2).

已有关案件中担任法官。由此,英国法院系统的顶端便形成了"双顶点"式的结构:普通案件的终审机关为上议院上诉委员会,而立法权限争议案件的终审机关却为枢密院司法委员会。直到2009年最高法院成立,这一结构才得以改变。随着枢密院司法委员会的这一职能并入最高法院,英国最高法院成为立法权限争议的终审机关。

二、合法性审查的发起主体与程序

事前审查和事后审查并存是英国合法性审查的突出特点。事前审查是一种抽象审查,是最高法院对法律草案进行的审查。地方议会通过法律草案后的4周内,中央政府和地方政府的特定法律官员认为草案或者草案的任何条款超越立法权限的,可以将之提请最高法院决定。具体言之,可以将苏格兰议会制定的法律草案提请决定的法律官员是中央政府中负责苏格兰法律事务的总检察长、司法部部长和苏格兰政府的检察长;可以将威尔士议会制定的法律草案提请决定的法律官员是中央政府中负责英格兰、威尔士法律事务的司法部部长和威尔士政府的总法律顾问;可以将北爱尔兰议会制定的法律草案提请决定的法律官员是中央政府中负责北爱尔兰法律事务的总检察长和北爱尔兰政府的司法部部长。[26]

尽管中央政府和苏格兰、威尔士、北爱尔兰政府的特定法律官员均拥有向最高法院进行咨询的权力,但实践中,各方主体向最高法院进行事前咨询的次数屈指可数。截至2018年9月,北爱尔兰只向最高法院进行过1次事前咨询,但随后予以撤回;苏格兰也仅向最高法院进行过1次事前咨询;威尔士向最高法院进行过3次事前咨询。(具体情况如表3-1所示)

表3-1　各方主体向最高法院进行的事前咨询

咨询问题	提请主体	判决	结果
《北爱尔兰石棉相关条件伤害法草案》是否越权	北爱尔兰政府的司法部长	N/A	撤回;最高法院对苏格兰的同类立法进行了事后审查

〔26〕 See Scotland Act 1998 s33. Government of Wales Act 2006 s112;Northern Ireland Act 1998 s11.

续表

咨询问题	提请主体	判决	结果
《英国脱欧苏格兰法律连续性草案》是否越权	中央政府负责苏格兰法律事务的总检察长、司法部部长	[2018] UKSC 64	第17条等条款超越立法权限
《威尔士地方政府细则法草案》第6、9条是否越权	中央政府负责英格兰、威尔士法律事务的司法部部长	[2012] UKSC 53	符合立法权限
《威尔士农业部门法草案》是否越权	中央政府负责英格兰、威尔士法律事务的司法部部长	[2014] UKSC 43	符合立法权限
《威尔士石棉疾病恢复医疗费用法草案》是否越权	威尔士政府的总法律顾问	[2015] UKSC 3	第2、14条超越立法权限

事前咨询比较少见的原因在于：首先，地方议会议长对立法权限的评估和审查在很大程度上过滤掉了潜在的越权问题。为了防止地方越权立法，一方面，权力下放法规定提案人在草案提交到议会时必须声明草案的条文属于议会立法权限；另一方面，权力下放法也规定，议长须在草案提交到议会时，决定草案的条文是否属于议会的立法权限，并陈述其决定。[27] 苏格兰议会在立法过程中形成的惯例是，提案人（主要是政府）在将草案介绍到议会前3周便将草案和自己的声明发送给议长（具体是苏格兰议会法律顾问办公室）；苏格兰议会法律顾问办公室在收到草案后，会对草案进行独立评估，发现有疑义的条款便同政府进行反复磋商。议长的否定性意见虽然不能否决草案，但会使得草案的立法过程十分艰难。为了换取议长的肯定性意见以保证立法进程，政府一般会顺从议长的意见，对草案相关条款进行澄清或修改。[28] 其次，英国中央政府与地方政府之间已经建立了较为顺畅

---

〔27〕 See Scotland Act 1998 s31. Government of Wales Act 2006 s110; Northern Ireland Act 1998 ss9,10.

〔28〕 See Christopher McCorkindale & Janet L. Hiebert, *Vetting Bills in the Scottish Parliament for Legislative Competence*, 21 Edinburgh Law Review 319(2017).

的沟通渠道，大多数立法权限问题通过双方的沟通和协商可以得到解决。[29] 仍以苏格兰为例。苏格兰政府在将草案和自己的声明发送给议长的同时，也会发送给代表中央政府的总检察长。从此时开始，总检察长办公室就会非正式地介入地方立法过程；在这一过程中，双方会交换意见并进行磋商，将问题解决在早期阶段，从而没有必要提请最高法院决定。最后，政党的作用也不容忽视。1999 年至 2007 年，中央政府和权力下放政府均由工党执政，政治氛围比较融洽，政治家不愿意在公开场合或者正式诉讼中解决此类分歧和争议，以免产生不利的政治影响，他们更倾向于私下解决这些问题，这反过来也促进了政府之间的合作和协调。[30] 2007 年后，中央与地方之间政党的胶合程度虽然有所下降，但已经建立起来的争议解决机制仍在持续发挥作用。

除了事前审查外，权力下放法还规定了事后审查的方式，这也是实践中更为常见的方式。事后审查可以单独发起，也可以附带于具体案件发起；因此，事后审查是抽象审查和具体审查的混合体。可以对苏格兰议会的立法发起事后审查的主体为：(1)法律官员，即代表中央政府的总检察长和代表苏格兰政府的苏格兰检察长，认为地方立法存在越权问题的便可以发起诉讼。法律官员发起的诉讼无须依赖于具体案件。(2)当事人在具体案件诉讼过程中认为地方立法存在越权问题时，可以向法院提出。法院对于诉讼过程中出现的地方立法越权问题，可以自己作出决定，也可以向更高层级的法院进行咨询。除了由苏格兰最高民事法院 3 名或 3 名以上法官组成的法庭外，法庭可将诉讼程序中出现的立法越权问题提交苏格兰最高民事法院内庭。[31] 除由苏格兰高等刑事法院 2 名或 2 名以上法官组成的法庭外，法庭可将刑事诉讼程序中出现的立法越权问题提交到苏格兰高等刑事法院。[32] 但实践中，法院对待立法越权问题的态度比较消极，通常会拒绝就事实上已经出现的立法越权问题作出正式决定或者裁决，以免当事人获得

---

〔29〕 See Graham Gee, *Devolution and the Courts*, in Richard Rawlings, Robert Hazell eds., Devolution, Law Making and the Constitution, Imprint Academic, 2005, p. 261 - 262.

〔30〕 See Alan Trench, *The Courts and Devolution in the UK*, 14(2) The British Journal of Politics and International Relations 303(2012).

〔31〕 See Scotland Act 1998 schedule 6 para 7.

〔32〕 See Scotland Act 1998 schedule 6 para 9.

继续上诉的机会。[33] 需要指出的是,法院自身不能提出地方立法越权问题。苏格兰最高民事法院、苏格兰高等刑事法院在收到下级法院的咨询后,必须作出决定,而不能再向最高法院进行咨询。这一制度设计的目的在于提供一种"过滤机制",防止过多案件直接涌入最高法院。(3)与法律适用具有"足够利益"的任何当事人也可以基于普通法直接发起诉讼。[34]

案件可以通过多种方式到达最高法院:(1)当事人对苏格兰最高民事法院或者苏格兰高等刑事法院的前述决定不服的,可以向最高法院提起上诉。[35] (2)法院对于诉讼过程中出现的地方立法越权问题,应当通知总检察长和苏格兰检察长。总检察长或者苏格兰检察长有权要求法院将权力下放问题直接向最高法院进行咨询,也有权要求法院将任何不属于诉讼主题的权力下放问题直接向最高法院进行咨询。[36] (3)苏格兰最高民事法院3名或3名以上法官组成的法庭、苏格兰高等刑事法院2名或2名以上法官组成的法庭对诉讼过程中出现的地方立法越权问题,可以自已作出决定,也可以向最高法院进行咨询。[37] 《2006年威尔士政府法》附表9和《1998年北爱尔兰法》附表10也规定了类似的程序。截至2017年,在苏格兰议会制定的264部法律中,有18部被提请过审查(有的不止被提请过一次),多数是以"与公约权利不一致"为由发起的,有3部是以"与保留事项相关"为由发起的,有3部是以"与欧盟法不一致"为由发起的;但最终仅有5部法律的具体条款被法院认定为超越立法权限,有意思的是,这5部法律的相关条款均属于"与公约权利不一致"。[38]

三、合法性审查的裁判依据

法院可以依据权力下放法的规定审查地方立法,这是否意味着制定法

---

〔33〕 See Aidan O'Neill, *Constitutional Judicial Review in Scotland: Some Recent Developments*, 14 Judicial Review 267 (2009).

〔34〕 See Court of Session Act 1988 s27B(2)(a).

〔35〕 See Scotland Act 1998 schedule 6 paras 12, 13.

〔36〕 See Scotland Act 1998 schedule 6 paras 33, 34.

〔37〕 See Scotland Act 1998 schedule 6 paras 10, 11.

〔38〕 See Christopher McCorkindale, Aileen McHarg & Paul F. Scott, *The Courts, Devolution, and Constitutional Review*, 36(2) University of Queensland Law Journal 289 (2017).

是法院审查地方立法的唯一依据,法院能否依据普通法来审查地方立法?回答这一问题前,有必要先提及英国传统意义上的司法审查。在英国,传统意义上的司法审查专指法院对行政机关行政行为和次要立法进行的审查。在这一审查类型中,法院既可以依据制定法进行审查,也可以依据普通法进行审查。根据迪普洛克法官的分类,传统的司法审查理由可以分为三类:不合法、程序不当和非理性。[39] 不合法包括越权和法律错误、事实错误等;程序不当包括违反了重要的制定法程序、缺乏公正的听证等;非理性是普通法中的审查理由,内涵较为模糊,它的最初形式是"韦德内斯伯里不合理"(Wednesbury Unreasonableness)。在"韦德内斯伯里公司案"中,格林法官阐述了韦德内斯伯里不合理的内容,它是指"决定是如此的不合理以至于任何合理的机构都不会作出这一决定",[40] 只有在这一情形下,法院才应当干预。在"公务员理事会案"中,迪普洛克法官解释道,非理性"适用于一项决定,这一决定是如此离谱地蔑视逻辑或公认的道德标准,以至于任何明智的人都不可能做到"。[41] 在"布拉甘萨案"中,最高法院认为韦德内斯伯里不合理有两个重要的部分:第一个部分侧重于决策过程,即在作出决定时是否考虑了正确的事项;第二个部分侧重于决策结果,即使正确的事项被考虑在内,结果是如此离谱,以至于没有合理的决策者会作出这一决定。[42]

韦德内斯伯里不合理是英国司法实践发展出来的一项本土化的合理性判断标准。比例原则进入英国后,在一定程度上冲击了韦德内斯伯里不合理在传统司法审查领域中的适用,但并没有影响其支配性地位。只有在涉及欧盟法或欧洲人权公约的案件中,法院才会适用比例原则;在其他案件中,英国法院仍然不愿意适用比例原则,而是继续适用韦德内斯伯里不合理。学界多数观点也支持司法实践的这一做法。[43] 其原因在于,韦德内斯伯里不合理对不合理程度的容忍性比较高。法院将韦德内斯伯里不合理作

---

[39] See Council of Civil Service Unions v. Minister for the Civil Service [1985] A. C. 374,410.

[40] See Associated Provincial Picture Houses Ltd. v. Wednesbury Corp [1948] 1 K. B. 223,234.

[41] See Council of Civil Service Unions v. Minister for the Civil Service [1985] A. C. 374,410.

[42] See Braganza v. BP Shipping Limited and another [2015] UKSC 17,24.

[43] See Philip Sales, *Rationality, Proportionality and the Development of the Law*, 129 Law Quarterly Review 223 (2013); Michael Taggart, *Proportionality, Deference, Wednesbury*, 2008 New Zealand Law Review 423(2008).

为司法审查的根据,意味着法院介入司法审查的门槛较高;相应地,法院在司法审查中表现得较为克制,这符合英国司法克制主义的传统。[44] 而比例原则对不合理程度的容忍性相对较低,如果法院将比例原则作为司法审查的理由,意味着法院介入司法审查的门槛较低。法院在司法审查中的积极表现,可能使得法院过分卷入行政决策过程,具有代替行政机关作出决定的风险,损害行政与司法之间的权力分立。

既然法院可以基于韦德内斯伯里不合理来审查行政行为,法院能否基于韦德内斯伯里不合理来审查地方立法?权力下放法对这一问题没有作出明确规定。换言之,权力下放法对于法院能否依据普通法进行合法性审查的问题不置可否。最高法院通过"AXA 保险公司案"对这一问题作出了回答。这一案件的案情是:胸膜斑是因为人长期从事石棉相关工作而染上的一种职业病,但它并无症状,不会引起任何疼痛或不适。2007 年,上议院对"罗斯威尔案"作出判决,认为胸膜斑的存在不属于可以导致索赔的伤害。[45] 为了推翻这一判例在苏格兰地区的适用,苏格兰议会制定了《2009 年苏格兰损害赔偿(石棉相关条件)法》,规定与石棉有关的胸膜斑属于人身伤害,当事人可以依据苏格兰议会制定的法律进行起诉。由于英国对石棉从业者实行强制保险制度,苏格兰议会的立法所施加的赔偿义务便转嫁到了保险公司。AXA 等保险公司将案件上诉至最高法院,要求最高法院判定苏格兰议会制定的《2009 年苏格兰损害赔偿(石棉相关条件)法》与公约权利不一致,侵犯了他们的财产权;同时,苏格兰议会不合理、非理性、任意地行使自己的立法权,应当根据普通法对其进行司法审查。

英国最高法院在判决中认为,在正常的情况下,法院不能基于普通法的审查理由来审查地方立法。这是因为,一方面,权力下放法已经明确规定地方立法不得"与公约权利不一致";在"与公约权利不一致"类型的案件中,法院会基于比例原则进行审查。而在适用比例原则的情形下,法院介入的门槛远比韦德内斯伯里不合理要低。因此,没有必要再基于韦德内斯伯里不合理对地方立法进行审查。另一方面,苏格兰议会、威尔士议会和北爱尔

---

〔44〕 See Paul Daly, *A Theory of Deference in Administrative Law: Basis, Application and Scope*, Cambridge University Press, 2012.

〔45〕 See Rothwell v. Chemical & Insulating Co. Ltd. [2007] UKHL 29.

兰议会作为民主选举产生的地方立法机关,对社会正义问题拥有广泛的自由裁量权,法院应当充分尊重地方立法机关的这一权力。“除非得到授权,否则法官们用自己的观点替换民主选举产生的议会的审慎判断也是错误的。”[46]

但最高法院同时也认为,在地方立法推翻司法审查制度、废除基本权利等特别极端的情况下,法院也可以根据普通法对地方立法进行审查。霍普法官和里德法官给出的理由不同。霍普法官是基于对“选举独裁”的担心。在政府和议会均由多数党控制的情形下,政府利用自己的权力来废除司法审查或者削弱法院在保护个人权利方面的作用,并非完全不可想象。法治要求法官必须保留宣称这种极端法律不是法院所承认的法律的权力。[47]里德法官的理由则基于合法性原则(principle of legality)和授权理论。合法性原则不仅意味着议会自身不能通过一般的或模糊的词语来推翻基本权利或法治,而且意味着它不具有通过一般的或模糊的词语授予另一个主体这样做的权力。因此,不能认为中央议会有意建立一个可以自由废除基本权利或违反法治的地方立法机构。[48] 当地方立法出现这种极端情形时,法院便可以基于普通法进行审查。

四、合法性审查的裁判方法

与保留事项相关、与公约权利不一致、与欧盟法不一致是法院审查地方立法的主要理由。发起诉讼的理由不同,法院所采用的裁判方法也不相同。

(一)“与保留事项相关”案件中的裁判方法

论及“与保留事项相关”案件的裁判方法,不得不着墨于精髓与实质学说(pith and substance doctrine)。精髓与实质学说是加拿大宪法解释中的一种学说,主要用来解决联邦与州之间的立法权限争议。在联邦制国家,联邦

---

〔46〕 AXA General Insurance Limited and others v. The Lord Advocate and others [2011] UKSC 46, 52.

〔47〕 See AXA General Insurance Limited and others v. The Lord Advocate and others [2011] UKSC 46,51.

〔48〕 See AXA General Insurance Limited and others v. The Lord Advocate and others [2011] UKSC 46,152.

与州各自拥有排他性的立法空间:在各自的立法权限内,联邦立法机关和州立法机关是相互独立的,联邦不得侵入州的立法空间,州也不得侵入联邦的立法空间。但联邦或州立法机关对自己权限范围内事项的立法,通常会不可避免地影响对方立法权限范围内的事项,引发争议。例如,宪法某一条款规定农业问题属于州的立法事项,雇佣关系和就业属于联邦的立法事项,州立法机关对农业领域从业人员工资问题的规定便有可能引发争议。在此情形下,需要根据立法的精髓与实质来解决争议。“立法的精髓与实质是指立法的主要特征、主要目的或者主要推动力。”[49]根据立法的真实本质,如果立法条款实质上与制定机关立法权限范围内的事项相关,只是偶然地侵犯了另一个立法机关的立法事项,那么,它不会因此而无效。换言之,这一原则承认和允许一个立法机关对另一个立法机关立法权限的偶然性侵犯。

精髓与实质学说在加拿大、澳大利亚和印度等联邦制国家有广泛应用,对英国的司法与立法实践也有重要影响。英国司法实践中运用精髓与实质学说的典型案例是“加拉格尔案”,这是20世纪20年代北爱尔兰权力下放过程中的一个案例。《1920年爱尔兰政府法》(已废止)第4条曾规定北爱尔兰议会有权为北爱尔兰的和平、秩序和善治制定法律,但北爱尔兰议会不能制定有关贸易的法律。为了保护公共健康,《1934年北爱尔兰牛奶和奶制品法》规定销售牛奶需要取得许可证,并且该法规定公职人员有权在任何合理时间检查牛群,检查生产者就生产或销售牛奶所使用的处所及设备。这意味着,生产场地位于北爱尔兰之外的生产者将无法取得许可证,因为公职人员无法对北爱尔兰之外的牛奶生产者进行监督和检查。《1934年北爱尔兰牛奶和奶制品法》事实上阻止了北爱尔兰以外的牛奶生产商将牛奶销往北爱尔兰,对跨境贸易产生了影响。加拉格尔是北爱尔兰境外的一名奶农,多年来一直往北爱尔兰境内销售牛奶,他在申请许可证被拒绝后继续在北爱尔兰境内销售牛奶,随后被起诉。案件上诉到上议院,阿特金法官在判决中写道:“如果从法律作为一个整体的角度来看,立法的实质内容属于明确的权力范围,它只是偶然影响到授权领域之外的事项,那么,它就不是无效

---

〔49〕 Jeremy Webber, *The Constitution of Canada: A Contextual Analysis*, Bloomsbury Publishing, 2015, p. 142.

的。”[50]法庭据此认为,《1934年北爱尔兰牛奶和奶制品法》的精髓与实质是一项保护北爱尔兰居民健康的法律,立法的主要目的属于北爱尔兰议会的立法权限,它可能偶然地影响了贸易,但不能据此认为该法是有关贸易的法律。在《1998年苏格兰法》的立法过程中,西维尔勋爵也认为应当参考立法的精髓与实质来确定苏格兰议会立法中的条款是否与保留事项相关。如果它的立法目的是关于下放事项的,这一立法不应该仅仅因为偶然地影响了保留事项而被判定为超越立法权限。地方立法一定程度地侵入保留事项是不可避免的,“因为保留事项和下放事项无法被分别装进不透水的密室之中”。[51]

或许是介意精髓与实质学说所携带的联邦制基因,《1998年苏格兰法》等权力下放法并没有明确规定精髓与实质学说。权力下放法仅规定了“目的和影响”测试:权力下放议会所制定的法律是否与保留事项相关,应当参照条款的目的来确定,并考虑在所有情况下的影响。[52]但严格说来,将“目的和影响”测试称为“目的”测试更为准确,因为是条款的“目的”而不是“影响”决定了受质疑的立法是否与保留事项相关,条款的目的是最主要的。[53]由于制定法没有明文规定,最高法院在判决中回避了精髓与实质测试,发展、完善了目的测试的内容。目的测试可以分为四个步骤:(1)分析受到质疑的地方立法,确定其立法目的;(2)解释权力下放法或中央法律的有关条款,确定其立法目的;(3)判断二者在立法目的上的相关性,包括是否相关以及在多大程度上相关两个方面;(4)得出结论。可见,这一方法的核心在于确定立法目的、解释法律和判断相关性。“帝国烟草公司案”和“基督教学会案”均是这一方面的重要案例,最高法院在这两个判例中确立或强调了前述三点的判例法。

目的测试中的“目的”是指主观目的,因此,目的需要根据立法当时的立法者意志加以确定。确定条款的目的可能不是一件容易的事。为了准确地探究立法目的,最高法院需要求助于各种立法背景资料,提交草案前的报

---

[50] Gallagher v. Lynn [1937] A. C. 863. 870.

[51] See Hansard HL Debates(21 July 1998), vol 592, column 819.

[52] See Scotland Act 1998 s29(3).

[53] See Thomas Glyn Watkin & Daniel Greenberg, *Legislating for Wales*, University of Wales Press, 2018, p. 84.

告、草案的解释性说明、随附的政策备忘录以及地方议会会议期间议员的发言等均是探究立法目的的重要材料。地方立法的条款可能同时存在多个目的。在"帝国烟草公司案"中,最高法院认为,只要其中一个目的被认定为与保留事项相关,地方立法的条款便应当被认定为超越权限,除非该目的可以被视为间接的,并且对该条款总体上想要实现的目的没有真正意义。[54] 也正是在这一案件中,最高法院强调了目的测试与"精髓与实质"测试的区别:目的测试可以兼容多个目的;而精髓与实质测试则必须将整部法律抽象成只存在一个目的,以便根据这一个目的来确定存在争议的事项究竟属于联邦的立法权限还是州的立法权限。在"基督教学会案"中,苏格兰最高民事法院适用"精髓与实质"测试作出判决,案件上诉到最高法院后,最高法院坚定、明确地再次拒绝了这一方法。

如何解释权力下放法的问题,牵扯到权力下放法的地位问题。英国是一个"不成文宪法"国家,宪法渊源可能是制定法、判例法,也可能是宪法惯例。权力下放法是否属于宪法性法律,从而法院在解释权力下放法时应当采取不同于一般制定法的解释方法?在"罗宾逊案"中,宾汉法官和霍夫曼法官认为《1998 年北爱尔兰法》实际上是一部宪法,应当对其条款进行宽松解释和目的解释,普通的制定法则按照一般标准进行解释。[55] 但这一判决并没有被法院后来的判决所遵循。在"帝国烟草公司案"中,里德法官明确指出《1998 年苏格兰法》不是宪法,而是议会法律,并且与典型的宪法相比,它们之间存在"重大差异"。[56] 案件上诉到最高法院后,最高法院支持了这一判决。最高法院认为,尽管权力下放法具有非常重要的宪法意义,但"将权力下放法描述成宪法性法律本身不能作为法律解释的指导。权力下放法必须像其他制定法一样被解释"。[57] 据此,权力下放法并不具有宪法性法律的地位,它与中央议会制定的其他法律具有相同的位阶。根据权力下放法对地方立法进行的审查难以称为狭义上的违宪审查,而只能称为合法律性审查。

---

〔54〕 See Imperial Tobacco Limited v. The Lord Advocate [2012] UKSC 61,43.

〔55〕 See Robinson v. Secretary of State for Northern Ireland [2002] UKHL 32.

〔56〕 See Imperial Tobacco Ltd. v. Lord Advocate [2012] CSIH 9,71.

〔57〕 See Imperial Tobacco Limited v. The Lord Advocate [2012] UKSC 61,15.

在相关性的判断上，最高法院在“马丁案”中就认为，与保留事项“相关”的标准应当是实质相关，而不能仅仅是“松散的或者附随性的”相关。[58]这一标准在“帝国烟草公司案”和“基督教学会案”中再次得到强调。为了减少烟草产品在公众视野中的出现频率和降低公众获得烟草产品的便利程度，进而促进公共健康，《2010 年苏格兰烟草和主要医疗服务法》第 1 条禁止在销售烟草产品的地方展示烟草产品，第 9 条禁止销售烟草产品的自动售货机。帝国烟草有限公司认为，苏格兰议会的这些规定与《1998 年苏格兰法》附表 5 第 2 部分 C7(a)款所列举的保留事项相关，该条款规定的“向消费者销售、供应商品和服务的规制”属于中央议会的保留事项，苏格兰议会的规定超越了立法权限。案件由苏格兰最高民事法院作出判决后，被当事人上诉到最高法院。最高法院在综合考虑 C7 条的标题(消费者保护)、与标题相关的材料、条款用词的含义等因素后认为，“向消费者销售、供应商品和服务的规制”应当与“消费者保护”的标题联系起来。由于议价能力的显著不平等，销售商和供应商在向消费者销售、供应商品和服务的过程中容易过度伸张自己的利益而使消费者处于不利地位，对这一情形的法律干预和规制才属于中央议会的保留事项。而《2010 年苏格兰烟草和主要医疗服务法》第 1 条和第 9 条的目的是阻止烟草产品的销售，而不是规范如何进行销售以保护消费者免受不公平交易的影响。二者在立法目的上毫无关联，因此，苏格兰议会的立法与保留事项无关，没有超越立法权限。[59]

为了保护儿童和青少年，《2014 年苏格兰儿童和青少年法》建立了“指定人”(named person)制度，并努力为每一位苏格兰境内的儿童和青少年分配一名“指定人”。指定人不但可以对儿童和青少年的福利风险进行早期干预，还可以将个别公共机构所掌握的儿童和青少年福利信息整合起来，在不同的公共机构之间分享，以便“所有相关公共服务都可以支持儿童和青少年的整体福祉”。只要指定人“认为”向第三方分享信息对于发挥指定人的功能是必要的或者有利的，他就可以这么做。基督教学会等公共团体认为，《1998 年苏格兰法》附表 5 第 2 部分 B2 款规定的“数据保护”属于中央议会保留事项，《2014 年苏格兰儿童和青少年法》的上述规定与这一保留事项相

---

〔58〕 See Martin v. Her Majesty's Advocate [2010] UKSC 10,49.

〔59〕 See Imperial Tobacco Limited v. The Lord Advocate [2012] UKSC 61.

关,超越了立法权限,同时,上述规定与公约权利、欧盟法均不一致,因而将案件上诉至最高法院。最高法院否定了第一项诉求,支持了第二项和第三项诉求。最高法院认为,《2014年苏格兰儿童和青少年法》规定的信息分享条件的确低于《1998年数据保护法》所设定的条件,但该法的主要目的是"促进儿童和青少年的福利",信息分享是实现主要目的的必要手段,不能与主要目的区分开来,信息分享对于整部法律而言仅仅是附随性的。[60] 因此,不能认定《2014年苏格兰儿童和青少年法》与保留事项相关。

(二)"与公约权利不一致"案件中的裁判方法

在英国合法性审查的实践中,以"与保留事项相关""与欧盟法不一致"为由提起诉讼的案件比较少,大多数案件是以"与公约权利不一致"为由提起诉讼的。但目的测试的方法并不适用于这一类型的案件,因为立法条款的目的、效果与其是否与公约权利不一致并无关联。在与公约权利不一致类型的案件中,法院通常会求助于比例原则。与欧盟法不一致的案件亦如是。

比例原则是起源于德国公法的一项原则;在《1998年人权法》制定以前,比例原则并没有在英国法中占据一席之地。[61] 比例原则是被《1998年人权法》正式引入英国的。第二次世界大战后,为了防止专制独裁政府的出现,欧洲各国在20世纪50年代初制定了《欧洲人权公约》。英国是这一公约的积极推动者,也是这一公约的缔约国。为了在国内法层面进一步保障《欧洲人权公约》所保护的权利,英国制定了《1998年人权法》。该法第2条要求法院在确定与公约权利有关的问题时,必须考虑欧洲人权法院的判决、决定、声明或咨询意见;而欧洲人权法院早已接纳了比例原则,并将其作为判断公权力机构行为合法性的重要依据。于是,在涉及公约权利的案件中,英国的司法机关只能接受比例原则。

比例原则的经典运用分为四个阶段:(1)目的正当性测试,措施所追求的目的是否足够重要;(2)合理相关测试,措施是否能够实现合法目标;(3)最小损害测试,措施是不是实现目标损害最小的手段;(4)整体平衡测

---

[60] See The Christian Institute and others v. The Lord Advocate [2016] UKSC 51,64.

[61] See Robert Thomas, *Legitimate Expectations and Proportionality in Administrative Law*, Hart Publishing, 2000, p. 85.

试,受损害的个人权利与实现目的所获得的利益是不是平衡的。[62] 法院在多个立法权限争议案件中适用了比例原则。例如,在威尔士的第三例事前审查案件中,《威尔士石棉疾病恢复医疗费用法草案》第2条和第14条规定雇主和保险公司需要向部长支付威尔士在过去为受害人提供国家健康服务所需的费用,涉及立法溯及既往的问题。威尔士总法律顾问就草案上述规定是否"与公约权利不一致"向最高法院进行事前咨询。最高法院认为,立法溯及既往需要特别的理由,但草案规定却并没有给出这些理由,草案的规定不能通过比例原则的测试,超越了立法权限。[63]

虽然英国最高法院很"年轻",但在吸纳了枢密院司法委员会的基础上,英国最高法院似乎已经娴熟掌握了审理立法权限争议案件的方法。最高法院在发展、运用合法性审查方法的过程中表现出了两面性,在限制与自治之间摇摆。[64] 一方面,最高法院的判决十分克制,表现出了对权力下放法的足够尊重。在英国的法律传统中,法院无权搁置议会的法律,"法院可能对如何正确地解释制定法存在争论,但对于法院是否应当适用法典,绝无争论"。[65] 这一传统也严格约束着英国最高法院,最高法院的法官们在合法性判决过程中不断强调自己对议会立法的忠诚。他们坚称是法律而不是法官或者判例决定某一立法事项究竟属于中央立法权限还是地方立法权限。[66] 另一方面,最高法院在审查过程中也表现得十分自主,在权力下放法没有明确规定的问题上确立了一系列判例法,有效地指导了法院的审判活动,回应了权力下放过程中的争议。

最高法院也在努力实现审查方法的本土化。联邦制国家中的"精髓与实质"测试与目的测试颇为相似,甚至可以说,目的测试仅仅是精髓与实质测试的一部分。[67] 但最高法院却努力将二者区分开来。除了制定法没有

---

〔62〕 See Alan D. P. Brady, *Proportionality and Deference Under the UK Human Rights Act: An Institutionally Sensitive Approach*, Cambridge University Press, 2012, p. 7.

〔63〕 See Recovery of Medical Costs for Asbestos Diseases (Wales) Bill: Reference by the Counsel General for Wales [2015] UKSC 3.

〔64〕 See Jo Eric Khushal Murkens, *Judicious Review: The Constitutional Practice of the UK Supreme Court*, 77 (2) The Cambridge Law Journal 349 (2018).

〔65〕 See British Railways Board v. Pickin [1974] A. C. 765, 789.

〔66〕 See [2012] UKSC 53; [2012] UKSC 61; [2014] UKSC 43.

〔67〕 See Alan Page, *Constitutional Law of Scotland*, W. Green, 2015, p. 126.

规定这一原因外,更深层次的原因可能在于精髓与实质测试的应用场域是联邦、州均具有排他性立法权限的联邦制国家,在英国这种中央具有无限立法权,而地方仅有有限立法权的国家中,精髓与实质测试发挥的实际作用有限。最高法院的本土化努力在一定程度上是成功的。虽然在立法条款存在多个目的,且多个目的之间存在明显主次关系的情形下,目的测试与“精髓与实质”测试的最终效果几乎是等同的;但在多个目的之间是平等关系的情形下,目的测试可以与“精髓与实质”测试真正区别开来。[68]

五、合法性审查的判决形式和法律效力

无论是事前审查还是事后审查,最高法院均需要对地方立法越权与否作出判决。受到质疑的地方立法条款要么被认定为超越立法权限,要么被认定为不超越立法权限,判决结论总是非此即彼的。在同一案件中,当事人可能会基于多种理由要求法院审查地方立法,此时,法院需要对这些诉求一一作出回答。为了减少议会和法院之间的冲突,权力下放法要求法院在解释地方立法时,应当尽可能采取狭义解释,只要能将地方立法的条款解释为符合立法权限,法院便应当如此行事。[69]

在事前审查中,由于地方议会制定的法律草案尚未生效,合法性判决的法律效力问题较为简单。如果最高法院认定草案的有关条款符合立法权限,草案随后可以提请御批;如果最高法院认定草案的有关条款超越了立法权限,草案应当重新返回立法程序,进行“再考虑”并加以修改。对于修改后的法律草案,如果法律官员仍认为其存在立法权限问题,法律官员可以在4周内再次向最高法院进行咨询。

在事后审查中,由于地方议会制定的法律往往已经发生效力,甚至可能施行了较长时间,合法性判决的法律效力问题较为复杂。概言之,英国承认法院的判决具有溯及既往的效力,被法院认定为越权的地方立法条款原则上自始无效。但在法律已经施行较长时间的情况下,自始无效判决的冲击

〔68〕 See Frankie McCarthy & Chris McCorkindale, *Named Persons in the Supreme Court: The Christian Institute and Others v. The Lord Advocate*, 21 Edinburgh Law Review 240(2017).

〔69〕 See Scotland Act 1998 s101; Government of Wales Act 2006 s154; Northern Ireland Act 1998 s83.

力巨大,可能会破坏安定的社会秩序并导致新的不确定性,为此,权力下放法也授予了法院改变溯及力的自由裁量权。例如,《1998 年苏格兰法》第 102(2)(a)条规定法院或者行政裁判所可以作出命令移除或者限制判决的溯及力。法院或者行政裁判所作出移除判决溯及力的命令后,判决不具有溯及力,被认定为越权的地方立法条款仅仅是嗣后无效。同时,《1998 年苏格兰法》第 102(2)(b)条规定,法院或者行政裁判所也可以作出命令暂停立法在未来一段时间内的效力,以便立法机关纠正地方立法所存在的缺陷。法院或者行政裁判所可以同时作出上述两种命令,也可以只作出一种,但无论如何,法院或者行政裁判所在作出前述命令时,必须考虑非诉讼程序当事人在何种程度上会受到命令的不利影响。在苏格兰议会的立法被认定为越权的 5 起案件中,法院行使补救裁量权较为典型的案件是"卡梅隆案"和"萨尔维森案"。

在"卡梅隆案"中,苏格兰最高刑事法院认定《2010 年苏格兰刑事正义和许可法》第 58 条所增加的保释条件与公约权利不一致。在征求总检察长、当事人的意见后,苏格兰最高刑事法院限制了判决的溯及力。判决的溯及力仅限于两种情形的案件:(1)保释已被批准但尚未进行审判或审判仍在进行的案件;(2)尚未结束的上诉案件。[70] 在"萨尔维森案"中,最高法院判定《2003 年苏格兰农业控股法》第 72 条第 10 款区别对待特定时间点前后的公民,构成歧视,侵犯了当事人的财产权。最高法院认为,如果为了法律的确定性而移除或者限制判决的溯及力,当事人受损的权利将无法得到救济,因此,最高法院拒绝移除或限制判决的溯及力,《2003 年苏格兰农业控股法》的有关规定自始无效。[71] 同时,最高法院作出命令暂停立法在未来 12 个月的效力,以便苏格兰议会纠正立法缺陷。最高法院没有指令苏格兰议会如何补救立法在过去所造成的损害,也没有指令苏格兰议会如何在未来消除立法与公约权利的"不一致",这些问题均由苏格兰议会自行决定。

较为棘手的问题是,应当如何看待和处理合法性判决对已经审理完结案件的影响?依据事后才被认定为越权的地方立法作出判决的案件是否应当重新审理?权力下放法并没有对这一问题作出规定。英国法院看待和处

---

〔70〕 See Cameron v. Cottam(No 2)[2013] J. C. 12.

〔71〕 See Salvesen v. Riddell and another [2013] UKSC 22,56,57.

理这一问题的方式明显受到欧洲人权法院判例的影响。在“马克斯案”中，欧洲人权法院认为法律的确定性原则是公约所固有的品质，并基于此认为比利时国家无须重新处理先于判决送达之前的法律行为或情形。[72] 在“凯德案”中，英国最高法院参考了欧洲人权法院的前述判决，并认为《1998年苏格兰法》第102条也实现了法律的确定性原则，“司法判决溯及既往的效力不适用于已经最终确定的案件”。[73] 因此，就司法案件而言，法院的合法性判决原则上仅具有面向未来的法律效力，已经审理完结的案件无须重新审理。尚未开始审理的案件、审理程序尚未完结的案件或者正在进行上诉的案件，均应当适用新的法律依据。

由于英国同时存在事前审查制度和事后审查制度，需要对事前审查的效力和事后审查的效力进行协调，以避免事前审查认为不越权而事后审查却认为越权的情形出现。一旦英国最高法院在事前审查中认定某一地方立法条款没有超出立法权限，事后审查便不能再对这一地方立法条款进行审查。

六、英国合法性审查的特点

英国合法性审查制度的特点主要表现在以下四个方面：

首先，事前审查与事后审查并存。在英国的合法性审查制度中，既有事前审查，又有事后审查；事后审查制度中既存在抽象审查，又存在具体审查。英国合法性审查实践中的事前审查和事后审查各有优劣。事前审查的优点在于，由于法律草案尚未生效，即便地方立法存在越权情形，造成的损害也比较小，易于纠正；其缺点在于，事前审查要求法院要尽可能地考虑到所有可能出现的情形，然后作出决定，对审查的要求比较高。例如，在关于《英国脱欧苏格兰法律连续性草案》的事前审查中，最高法院几乎对整部法律的条款进行了审查，审查任务繁重。[74] 事后审查则恰恰相反，事后审查的优点在于，审查工作通常由具体案件引发，审查对象比较明确；其缺点在于，如果

---

[72] See Marckx v. Belgium(1979)2 EHRR 330,58.

[73] See Cadder v. Her Majesty's Advocate [2010] UKSC 43,60.

[74] See The UK Withdrawal from the European Union(Legal Continuity)(Scotland)Bill:A Reference by the Attorney General and the Advocate General for Scotland(Scotland)[2018] UKSC 64.

法律规定在施行较长时间后才被认定为越权,相应的补救比较困难。

其次,依据制定法进行审查而不能依据普通法进行审查。在"AXA 保险公司案"中,英国最高法院认为,除极端情况外,法院不能依据普通法对地方立法进行审查。在英国较为成熟的法治环境中,这种极端情况几乎不会出现。英国的合法性审查在某种程度上是一种纯粹的"合法律性"审查。

再次,进行实质审查而否定形式审查。英国的合法性审查是一种非常实质化的审查。《1998 年苏格兰法》规定目的测试的目的是确保"苏格兰议会不会因为对它立法权限的字面解释而陷于瘫痪"。[75] "应当求助于实质,而不是形式,来寻求问题的答案。尽管,在精心起草的草案中,实质会反映在形式之中。"[76] 权力下放的广度和深度似乎与地方越权立法判定标准的实质化程度具有正相关关系。权力下放的力度越大,地方越权立法判定标准就越实质化,反之,权力下放的力度越小,地方越权立法判定标准就越形式化。英国权力下放的力度颇大,事实上,权力下放法的安排蕴含了一些联邦制的因素,"准联邦制"可能是对英国权力下放体制更为准确的概括,"它意味着一种稳定关系,在这种关系下,两套政治机构事实上在相同的领域中互相行使了排他性权力"。[77]

最后,属于强型审查而非弱型审查。英国的违宪审查制度具有一定的层次性,它区别对待了中央议会的法律和地方议会的法律。(如表 3 - 2 所示)依据《1998 年人权法》的规定,特定层级的法院可以对中央法律进行审查。法院认为中央法律与《1998 年人权法》不一致的,有权作出"不一致宣告",但这一宣告并不影响相关法律的效力,对提起诉讼的当事人也没有约束力。[78] 由此,法院对中央法律的审查是一种弱型审查。[79] 但法院对地方立法进行的审查却是一种强型审查,法院对地方立法越权与否享有最终决定权。法院如果认定地方立法超越立法权限,相关的地方立法条款原则上

---

〔75〕 See Hansard HL Debates(21 July 1998), Vol 592, Column 822.

〔76〕 Local Government Byelaws(Wales) Bill 2012: Reference by the Attorney General for England and Wales [2012] UKSC 53, 49.

〔77〕 See Arden, *What is the Safeguard for Welsh Devolution?*, 2 Public Law 189(2014).

〔78〕 See Human Rights Act 1998, ss3(2)(b), 4(6)(b).

〔79〕 See Mark Tushnet, *Weak - Form Judicial Review and "Core" Civil Liberties*, 41 Harvard Civil Rights - Civil Liberties Law Review 1(2006).

自始无效，除非法院作出命令限制或移除判决的溯及力。并且，法院的判决对诉讼当事人具有约束力，尚未完结的案件应当适用新的法律依据。

表 3-2 英国宪法审查制度的层次

审查对象	传统的审查理由			新的审查理由		后果
	不合法	非理性	程序不当	欧盟法	人权法（1998年）	
中央议会主要立法	不适用	不适用；极端情形除外	不适用	适用	适用	法院作出“不一致宣告”；不影响立法有效性；不拘束当事人
地方议会主要立法	表现为越权立法	不适用；极端情形除外	不适用	适用	适用	法院宣布“不是法律”；越权立法自始无效；已结束案件不溯及既往
行政行为及次要立法	适用	适用	适用	适用	适用	法院决定作出何种禁令；属于人权、欧盟案件的，无效

英国合法性审查制度的特色是议会主权、权力下放和司法传统等多种因素综合作用的结果。国家主权为中央议会所独享，地方议会并没有分享国家主权，所以强型审查模式并不存在理论和现实障碍；权力下放要想取得实际效果，对地方议会的法律监督便不能过于严苛，实质化的审查是实现这一目的的最佳方式；将监督权赋予法院，司法克制主义的传统也掺杂进来，确立了只能依据制定法进行审查而不能依据普通法进行审查的判例。

在权力下放的前十年，法院在解决立法权限争议问题中的作用十分有限。[80] 最高法院成立前，仅有两起案件上诉到了枢密院司法委员会。但随着第三方发起诉讼数量的增加和最高法院的成立，法院在解决立法权限争议问题中发挥越来越重要的作用。诚如英国最高法院院长黑尔女士所言："权力下放的实践已经使得英国最高法院变成了十足的宪法法院。"[81] 合法性审查制度的功效不仅在于解决立法权限争议，也在于威慑地方议会的立

〔80〕 See Robert Hazell, *Out of Court: Why Have the Courts Played no Role in Resolving Devolution Disputes in the United Kingdom*, 37(4) Publius: The Journal of Federalism 578(2007).

〔81〕 Baroness Hale, *Devolution and The Supreme Court—20 Years On*, https://www.supremecourt.uk/docs/speech-180614.pdf.

法过程。法院的审查权,犹如高悬的"达摩克利斯之剑",时刻提醒和敦促地方议会慎重对待立法权限问题,毕竟地方立法一旦被法院认定为越权,不仅会损害地方政府和地方议会的名声,而且可能会给地方政府的选举带来严重影响。[82] 为了应对可能出现的合法性审查,地方立法机关需要对立法草案的条款进行仔细论证,并尽可能地完善立法背景资料以备不时之需,这无疑有助于提高地方立法质量。[83]

总之,自1998年始,英国制定和完善了《苏格兰法》《北爱尔兰法》《威尔士政府法》,向苏格兰议会、北爱尔兰议会和威尔士议会下放立法权。根据这三部法律的规定,英国法院可以对地方立法是否超越立法权限进行合法性审查。英国合法性审查制度的重要特点是:事前审查与事后审查并存;依据制定法进行审查而不能依据普通法进行审查;进行实质审查而否定形式审查;属于强型审查而非弱型审查。实践中,英国最高法院通过一系列判例,发展了本土化的裁判方法,完善了合法性审查的效力制度,回应了权力下放过程中的争议。法院在监督地方越权立法方面的作用日益重要。英国合法性审查的制度设计和实践经验颇具启发意义,值得予以特别关注。

第三节 域外宪法审查制度的批判性思考

从世界上主要国家的实践来看,合宪性审查、合法性审查的制度规定并无固定的样态,即使是同一种模式内部,不同国家的制度安排和实践活动也呈现出较大的差异。以审查结果的类型和效力为例,不同国家对审查结果的类型、效力的规定各不相同。在审查结果的类型方面,除德国宪法法院发展出较多的审查结果类型外,其他国家的审查机关并没有在实践中发展出太多的审查结果类型。奥地利宪法法院只是可以宣告法律全部或某部分违宪而予以撤销;英国的合法性审查存在事前审查和事后审查的方式,在事后审查中,被法院宣布越权的地方立法原则上自始无效。在审查结果的效力

---

〔82〕 See Christopher McCorkindale & Janet L. Hiebert, *Vetting Bills in the Scottish Parliament for Legislative Competence*, 21 Edinburgh Law Review 319(2017).

〔83〕 See Thomas Glyn Watkin & Daniel Greenberg, *Legislating for Wales*, University of Wales Press, 2018, p. 170 – 172.

方面,各个国家对待审查结果溯及力的态度也呈现出较大差别。德国有限度地承认宪法法院判决的溯及力,即依据违宪法律作出的刑事判决,可以提起再审;奥地利整体上倾向于审查结果不具有溯及力,但奥地利也有肯定审查结果具有溯及力的个案;英国整体上认为法院的判决具有溯及效力,越权立法自始无效,除非法院作出命令移除或者限制判决的溯及力。各个国家的制度规定各不相同,归根结底是由于各个国家的历史传统、社会环境、奉行理念等存在较大差异。构建、完善我国的备案审查制度,参考国外的有益经验和做法固然重要,但最根本的是要立足于我国的国情,充分体现和彰显中国特色。

一、备案审查制度应当充分彰显中国特色

坚持中国共产党的领导是我国备案审查制度建设和运行实践中最鲜明的特色。党的领导和支持是备案审查制度建设的根本政治保证。党的十八大以来,备案审查工作受到高度重视,党和国家的一系列重要文件均对备案审查工作作了安排和部署。2012 年 12 月,习近平总书记在首都各界纪念现行宪法公布施行 30 周年大会上的讲话中提出:"全国人大及其常委会和国家有关监督机关要担负起宪法和法律监督职责,加强对宪法和法律实施情况的监督检查,健全监督机制和程序,坚决纠正违宪违法行为。"〔84〕2013 年,党的十八届三中全会提出,要"健全法规、规章、规范性文件备案审查制度"。2014 年,党的十八届四中全会提出,要加强备案审查制度和能力建设,把所有规范性文件纳入备案审查范围,依法撤销和纠正违宪违法的规范性文件。2015 年中共中央办公厅下发《关于建立法规、规章和规范性文件备案审查衔接联动机制的意见》,提出"有件必备、有备必审、有错必纠"。2017 年,党的十九大报告提出,要"加强宪法实施和监督,推进合宪性审查工作,维护宪法权威"。2019 年 7 月,习近平总书记对地方人大及其常委会工作作出指示,要求地方人大及其常委会"结合地方实际,创造性地做好立法、监督等工作,更好助力经济社会发展和改革攻坚任务"。〔85〕 2019 年 10 月,党的十九届四中全会提出,要推进合宪性审查工作,加强备案审查制度和能力建设,依法

---

〔84〕《习近平谈治国理政》(第 1 卷),外文出版社 2018 年版,第 140 页。

〔85〕参见《习近平谈治国理政》(第 3 卷),外文出版社 2020 年版,第 290 页。

撤销和纠正违宪违法的规范性文件。2022年,党的二十大报告指出,要“完善和加强备案审查制度”。随着党和国家不断强调树立和维护宪法法律权威,保证宪法法律有效实施,维护国家法制统一,备案审查这一重要的宪法监督制度日益受到重视,制度完善和制度实施也驶入了“快车道”。从这一过程可以看出,党的领导和支持对于备案审查工作的顺利开展具有至关重要的作用。坚持和完善具有中国特色的备案审查制度,必须坚持中国共产党的领导。

在审查方式上,我国的备案审查也颇具中国特色。无论是宪法法院审查模式、普通法院审查模式,还是宪法委员会审查模式,合宪性审查的展开是以对抗为主要特征的。争议双方存在激烈的对抗,然后由居于中立地位的审查机关,对有争议的法律、法规是否合宪作出裁决。我国的合宪性审查、合法性审查没有呈现出西方国家对抗式审查的特征,审查过程是以沟通、协商的方式展开和进行的。这一审查方式与我国国家机关处理彼此之间的关系方式相一致。在我国,当国家机关之间存在不同意见时,更多的会采用沟通和协商的方式来解决。中央与地方之间如此,同级国家机关之间也是如此。之所以会如此行事,更深层次的原因在于,我国国家权力的配置,实行的是在中国共产党的领导之下,各个国家机关分工合作的配置方式。立法机关、行政机关、司法机关之间不存在权力分割,只存在权力分工,其共同在中国共产党的领导下行使国家职权。[86] 这不同于权力分立与制衡原则指导下的国家权力配置方式。我国合宪性审查、合法性审查的方式,是权力分工原则在备案审查领域的具体体现。

在审查标准上,我国的备案审查也颇具中国特色。在全国人大常委会法工委总结的审查标准中,政治性审查标准是与合宪性审查标准、合法性审查标准、适当性审查标准相并列的审查标准。[87] 对政治问题进行审查是坚持党的全面领导的必然要求。党的决策、部署、政策在本质上是与宪法、法律相统一的。坚持政治性审查标准,就是要将备案审查工作置于党的领导

〔86〕 参见陈明辉:《论我国国家机构的权力分工:概念、方式及结构》,载《法商研究》2020年第2期。

〔87〕 参见全国人大常委会法制工作委员会法规备案审查室:《规范性文件备案审查理论与实务》,中国民主法制出版社2020年版,第108-130页。

之下，坚决贯彻党的意志和主张，服从和服务于党和国家工作的大局。[88]将审查权配置给立法机关，从而为审查主体对政治问题进行审查消除了组织障碍。在实行普通法院审查模式的国家中，审查机关之所以对政治性问题不审查，与作为审查机关的司法机关的中立地位有关。司法机关不宜过多地侵入立法机关的立法裁量空间，以免损害权力分立与制衡原则。而我国的国家立法机关与地方立法机关属于同一系统，国家立法机关与地方立法机关是法律上的监督关系、业务上的指导关系、工作上的联系关系。[89]相较于司法机关，国家立法机关比较适合对政治问题进行审查。

完善和健全我国的备案审查制度，应当坚持并充分体现中国特色元素。这些中国特色元素，是我国国情实际的具体体现。我国的备案审查制度建设，无须"削足适履"，使其一定要符合其他国家的既有审查模式。任何一个国家的审查制度和审查模式都不应被奉为圭臬。立足于我国国情实际，能够真正发挥作用的备案审查制度，便是好的法律制度。

二、备案审查制度应当充分发挥救济权利的功能

2008 年以前，法国公民个人不能向宪法委员会提出审查请求，2008 年宪法改革后，公民个人才可以提出审查请求。之所以如此改革，一个重要的原因是按照《欧洲人权公约》的规定，法国公民可以就一部生效的法国法律向欧洲人权法院提出诉讼，请求其判决该法律是否符合《欧洲人权公约》。在此情形下，赋予公民在国内直接提起宪法审查的权利便十分有必要。在英国，维护议会主权一直是对中央议会制定的法律进行审查的主要障碍。英国加入《欧洲人权公约》后，英国公民可以就英国法律是否侵犯人权直接向欧洲人权法院提出诉讼。截至 1989 年，欧洲人权法院认定英国法律侵犯人权的判决高达 23 次，在所有欧盟成员方中居于榜首。[90] 这在很大程度上损害了英国议会的声誉，也在一定程度上推动了英国宪法审查制度的建立进程。从上述两国的实践来看，宪法审查制度的完善与保护公民权利的宗

〔88〕 参见全国人大常委会法制工作委员会法规备案审查室：《〈法规、司法解释备案审查工作办法〉导读》，中国民主法制出版社 2020 年版，第 101 页。

〔89〕 参见蔡定剑：《中国人民代表大会制度》（第 4 版），法律出版社 2003 年版，第 250－253 页。

〔90〕 参见李蕊佚：《议会主权下的英国弱型违宪审查》，载《法学家》2013 年第 2 期。

旨具有密切关联。

我国建立备案审查制度的最初目的是解决国家权力冲突，维护国家的法制统一。《立法法》规定的审查建议权是《宪法》第41条“政治监督权”的具体化，而非“权利救济权”的具体化，其宗旨是通过公众参与维护法制统一，而非建立宪法诉愿制度救济特定公民权利。[91] 随着法治国家建设的深入推进，公民的法治观念不断增强，办事依法、遇事找法、解决问题用法、化解矛盾靠法的法治思维逐渐养成，理解法的内容、评判法的价值、甄别法的质量的法治素养也在迅速提升。在全国人大常委会公布的备案审查案例中，不少案例是当事人在穷尽法律救济途径的情况下，通过备案审查制度向全国人大常委会寻求救济的。最高人民法院《关于适用〈中华人民共和国婚姻法〉若干问题的解释（二）》（以下简称《婚姻法司法解释（二）》）（已失效）第24条的废止便是由利害关系人推动的。对此，全国人大常委会法工委法规备案审查室主任梁鹰曾形容道：“2017年以来，我们每天都收到对第24条规定提起审查的建议信，像雪片一样飞来。”[92] 为了适应这一情势，备案审查制度应当增强自身的回应能力，在确保实现公民的政治监督权的同时，充分发挥自身救济公民权利的功能。

法规、规章、司法解释等规范性法律文件具有普遍约束力和反复适用性，规范性法律文件如果不合法或者不适当，一旦付诸实施，将会损害不特定多数人的利益。如果不能及时纠正，这种损害结果将在长时间内持续存在，最终将会影响社会的健康发展，影响改革发展稳定的大局，影响人民群众的切身利益。因此，法规、规章、司法解释等规范性法律文件违法或者不适当，比具体行政行为违法或者不适当的影响更大、后果更严重。“一次不公正的立法比数次违法行为危害更甚；因为违法行为只是污染了法治的水流，而不公正的立法却是污染了法治的水源，对法治的前提与基础、对人们的法律信仰、对法律的公正及其权威形象，都构成了严重的妨害。”[93] 对法规、规章、司法解释等规范性法律文件进行备案审查，可以阻止不合法或者

---

〔91〕 参见俞海涛：《立法审查建议“双轨制”的确立与完善》，载《政治与法律》2022年第3期。

〔92〕 邢丙银：《婚姻法司法解释二第24条修正背后：近千封信建议审查》，载中国新闻网，https://www.chinanews.com.cn/sh/2018/01-22/8429872.shtml。

〔93〕 宋方青、周刚志：《论立法公平之程序构建》，载《厦门大学学报（哲学社会科学版）》2007年第1期。

不适当的规范性文件继续实施,遏制其对公民、法人合法权益的侵害。备案审查制度如果不能救济受害者的权利,会在一定程度上削弱自身存在的正当性基础。我国的备案审查制度,应当在实现保障客观法秩序功能的同时,积极实现其保障主观权利的功能。[94]"政治监督权"需要维护,"权利救济权"同样需要兼顾。我国备案审查制度的未来发展应当增强其救济公民权利的力度。

三、完善备案审查制度应当选择专门化的路径

备案审查是一项十分严肃的事业,具有重大的宪法意义和深远的现实影响。备案审查的这一性质要求,规定备案审查及其程序的文件形式应当具有较高的规格和较强的稳定性。在前文提及的国家中,德国、奥地利、法国等国家均在宪法中明确规定了宪法审查制度,有的国家还专门制定了法律,专门规定宪法审查的组织和程序。美国虽然以判例的形式确立了司法审查制度,但由于宪法审查程序和普通审判程序合二为一,所以宪法审查程序也有较为稳定的制度保障。

我国宪法虽然明确规定全国人大及其常委会有监督宪法实施的职权,但其本身并没有对备案审查程序作出明确规定。关于备案审查程序的规定,散落在《宪法》《立法法》《监督法》等法律之中。由于没有专门的法律加以规定,《宪法》《立法法》《监督法》等对合宪性审查、合法性审查的规定不够完备。一方面,部分合宪性审查、合法性审查的关键内容法律却没有规定,如审查结果的法律效力等问题。《法规、司法解释备案审查工作办法》的草案曾对备案审查结果的效力作了规定,但"由于效力问题涉及重大法律原则,应当由法律规定,建议修改监督法再统筹研究",[95]因此,这一文件最终没有对审查结果的法律效力问题作出规定。另一方面,在合宪性审查、合法性审查展开的过程中,工作规定或者内部文件发挥了重要作用,但这些工作规定或者内部文件本质上属于规范性文件,法的效力等级较低,规范性文件

[94] 参见王蔚:《客观法秩序与主观利益之协调——我国合宪性审查机制之完善》,载《中国法律评论》2018 年第 1 期。

[95] 参见全国人大常委会法制工作委员会法规备案审查室:《〈法规、司法解释备案审查工作办法〉导读》,中国民主法制出版社 2020 年版,第 166－167 页。

的低层次性与备案审查的重要性地位不相匹配。

《立法法》《监督法》等法律整体上搭建起了我国备案审查制度的框架，但是，备案审查仅仅制度化是不够的。关于合宪性审查、合法性审查的规定还应当专门化，由专门的法律或者决议、决定来对合宪性审查、合法性审查作系统规定。完善备案审查制度，应当通过具有约束力的法律规范进行，而不宜通过效力较低的规范性文件进行。[96] 当下，备案审查实践经验越来越丰富，全国人大常委会制定出台关于备案审查的专门法律或者决议、决定的时机已经逐渐成熟。[97]

---

〔96〕 参见王春业：《合宪性审查制度构建论纲》，载《福建行政学院学报》2018 年第 1 期。

〔97〕 参见李雷：《人大备案审查结论存疑的优化机制探究》，载《法学》2021 年第 12 期。

第四章

法规审查的方式与程序

依据不同的标准,法规审查的方式可以划分为多种类型。根据审查介入的时间节点不同,法规审查可以分为事前审查和事后审查。事前审查是审查机关对制定机关已经审议通过但尚未生效和付诸实施的规范性法律文件进行的审查;而事后审查是审查机关对已经生效和付诸实施的规范性法律文件进行的审查。根据审查的实施方式不同,法规审查可以分为抽象审查和具体审查。在抽象审查中,审查机关得以直接审查一般性的规范性法律文件,不以发生具体的个案争议或诉讼为前提条件;在具体审查中,审查机关不得直接审查一般性的规范性法律文件,审查必须依附于具体的个案争议或诉讼。根据审查的发起方式不同,法规审查可以分为主动审查和被动审查。主动审查是指在没有相关主体提出审查要求或者审查建议的情况下,审查机关依职权主动对规范性法律文件进行的审查;被动审查是指审查机关依据相关主体提出的审查要求或者审查建议,对规范性法律文件进行的审查。整体而言,我国的法规审查采用的是事后审查的方式、抽象审查的方式、主动审查和被动审查相结合的方式。

本章以事前审查、事后审查的分类为框架,探讨法规审查的方式与程序。第一节主要关注事前审查方式。事先审查和咨询制度在我国具有一定的制度基础,即《立法法》规定的法律询问答复制度。法律询问答复不是规范主义意义上的事前审查,但它却在很大程度上发挥了事前审查的功能。这一"事前审查"对于避免越权立法、抵触立法和违背立法程序现象具有重要意义。但这种功能主义的规定方式也存在很大的不足。这一制度在备案审查的视野中应当重新定位和完善。第二节主要关注事后审查方式。事后审查的程序基本上已经形成了逻辑自洽的闭环,但在启动要件、审查主体、程序衔接和程序运行方面仍存在不同程度的不足,需要进一步完善。

第一节　事前审查制度的构建

在备案审查的语境中,提及事前审查制度,首先想到的是我国《宪法》《立法法》所规定的批准制度。根据《宪法》《立法法》的规定,两种类型的地方立法在生效前需要经过批准:一是民族自治地方制定的自治条例和单行条例;二是设区的市制定的地方性法规。批准制度是一种非典型意义上的事前审查制度。之所以将批准制度称为“非典型”，首先是因为批准制度已经内化为立法程序的一部分，是两种类型的地方立法生效的必经步骤和前提条件，这与人们通常意义上所理解的事前审查存在较大的差别。其次是因为批准制度只适用于特定的对象，并未包含全部的立法类型，覆盖对象不够全面。

本节所言的事前审查制度，是指审查主体在审查对象生效以前，主动或者被动对审查对象的合宪性、合法性、适当性进行审查的制度。事前审查制度在我国尚在建设之中。中共中央印发的《法治中国建设规划（2020—2025年）》提出，要建立健全涉及宪法问题的事先审查和咨询制度，有关方面拟出台的行政法规、军事法规、监察法规、地方性法规、经济特区法规、自治条例和单行条例、部门规章、地方政府规章、司法解释以及其他规范性文件和重要政策、重大举措，凡涉及宪法有关规定如何理解、实施、适用问题的，都应当依照有关规定向全国人大常委会书面提出合宪性审查请求。事前审查制度在我国具有一定的制度基础，即法律询问答复制度。《立法法》规定，全国人大常委会法工委可以对有关具体问题的法律询问进行研究并予以答复。这一制度出台以来，有关部门和地方向全国人大常委会法工委提出了大量的法律询问，要求予以答复。这些法律询问答复对于明晰法律的含义，指导实践工作发挥了重要作用。2023年《立法法》修改时，立法者完整地保留了这一制度，没有对这一制度进行任何改动。在建构事前审查制度的过程中，法律询问答复制度大有可为。

一、法律询问答复与事后审查关系之疑问：从一个案例展开

随着备案审查的充分展开，理顺法律询问答复与事后审查之关系的必要性愈发凸显。理顺二者之关系的必要性，可以从制度和实践两个层面加以说明。

在制度层面，2015年《立法法》第100条增加规定了全国人大常委会法工委作为审查主体。之所以增加这一内容，主要是因为法律规定和实践运作在一定程度上出现了“错配”。一方面，全国人大常委会法工委承担了法规备案审查的主要工作，但却无权向制定机关提出书面审查意见；另一方面，2000年《立法法》只规定全国人大专门委员会有权对有关主体提出的审

查要求或者审查建议进行审查，但专门委员会由于机构设置、人员配备等原因，较少提出审查意见。这样一种“错配”的状况愈发不能适应备案审查工作的实际需要。因此，“强化常委会工作机构的备案审查工作职责，对于推进备案审查工作，十分必要”。[1] 于是，2015 年《立法法》肯定了全国人大常委会法工委的审查主体地位。2023 年《立法法》进一步强化了全国人大常委会工作机构作为审查主体的地位。但问题是，全国人大常委会法工委既可以作出法律询问答复，又可以进行备案审查，那么，在主体具有同一性、特定内容具有相似性的情况下，法律询问答复和备案审查之间是何种关系？二者之间是否需要协调、衔接？这些疑问需要理论予以解答。

在实践层面，二者之间的关系在审查过程中也被频频涉及。有时，审查主体会在审查过程中援引法律询问答复以表明自己的态度。例如，在对“地方人大常委会关于加强检察机关诉讼活动法律监督工作的决议决定”进行专项审查时，全国人大常委会法工委提及法律询问答复用以表明自己的一贯态度：“有的地方人大常委会曾经向全国人大常委会法制工作委员会询问过这一问题，法制工作委员会明确答复地方人大常委会不得就国家专属立法权的事项作出规定。”[2] 这至少说明，法律询问答复的结论在备案审查中也是可以适用的。有时，法规制定机关也会借助法律询问答复来进行答辩。这在下述案例中表现得较为明显。案情基本情况如下：[3]

> 2018 年 11 月，有公民向全国人大常委会法工委提出审查建议，建议对《云南省实施〈中华人民共和国全国人民代表大会和地方各级人民代表大会代表法〉办法》（以下简称《云南省办法》）第 23 条第 3 款进行审查。[4] 审查建议提出，《云南省办法》第 23 条

---

〔1〕 参见乔晓阳主编：《〈中华人民共和国立法法〉导读与释义》，中国民主法制出版社 2015 年版，第 312 页。

〔2〕 全国人大常委会法制工作委员会法规备案审查室编著：《规范性文件备案审查案例选编》，中国民主法制出版社 2020 年版，第 72 页。

〔3〕 参见全国人大常委会法制工作委员会法规备案审查室编著：《规范性文件备案审查案例选编》，中国民主法制出版社 2020 年版，第 22 – 24 页。

〔4〕 2011 年《云南省办法》第 23 条第 3 款规定：“本级人民代表大会常务委员会闭会期间，在紧急情况下，如果确需对县级以上的地方各级人大代表采取逮捕或者刑事审判以及法律规定的其他限制人身自由措施时，可以由主任会议决定许可，报人民代表大会常务委员会下一次会议确认。”

第3款的规定与《代表法》第32条的规定相抵触,[5]也与《地方组织法》对地方人大常委会主任会议规定的法定职责不符,超越了立法权限。

在审查过程中,云南省人大常委会向全国人大常委会法工委反馈了答辩意见,其中一条重要理由便是:全国人大常委会法工委在1989年9月回复江西省人大常委会、1994年1月回复山东省人大常委会的有关请示问题时所作的法律解答,明确提出人大代表"如果因为是现行犯必须逮捕而又不能及时召开常委会的,可以先由人大常委会主任会议许可,再由主任会议提请常委会下次会议确认"。《云南省办法》正是借鉴了这一答复。

全国人大常委会法工委最终认为,其于1989年和1994年答复有关地方人大常委会法律询问时曾表示,代表因为是现行犯被拘留的,应报告该级人大常委会,如果代表因为是现行犯必须逮捕而又不能及时召开常委会的,可以先由人大常委会主任会议许可,再由主任会议提请常委会下次会议确认。该答复内容主要是针对代表因现行犯被拘留后,因拘留期限已满必须逮捕,而又不能及时召开常委会的情况,可以先由主任会议许可,再由主任会议提请常委会下次会议确认。不能将该答复内容的适用对象扩大至非现行犯,也不能将适用范围扩大至刑事审判以及采取法律规定的其他限制人身自由的措施。《云南省办法》第23条第3款将主任会议决定许可的条件放宽为"确需对县级以上的地方各级人大代表采取逮捕或者刑事审判以及法律规定的其他限制人身自由措施",不符合《代表法》的规定,应当予以纠正。

在这一案例中,云南省人大常委会对法律询问答复的援引辩护未能成功,但这并不影响这一案例的启发意义。只要稍加引申,便会发现这一案例所暴露出来的现实问题:假如云南省人大常委会对法律询问答复的理解并

[5] 《代表法》第32条第1款规定:"县级以上的各级人民代表大会代表,非经本级人民代表大会主席团许可,在本级人民代表大会闭会期间,非经本级人民代表大会常务委员会许可,不受逮捕或者刑事审判。如果因为是现行犯被拘留,执行拘留的机关应当立即向该级人民代表大会主席团或者人民代表大会常务委员会报告。"

未出现偏差，那么，制定机关依据相关答复进行立法的事实，是否可以作为事后审查的抗辩理由？法律询问答复是否对事后审查具有拘束力？法律询问答复的结论和事后审查的结论不一致时该如何处理？这些问题的答案不是不证自明的，下文将对这些问题进行探讨。

二、法律询问答复：功能主义意义上的事前审查

对法律询问答复制度进行考察，可以从规范主义层面和功能主义层面两个不同的层面展开。规范主义更关注法律询问答复制度的正当性问题；而功能主义更关注这一制度在现实生活中所发挥的功能和作用。在功能主义的层面上，法律询问答复制度的确在现实生活中发挥了重大作用。

在过去，人们多将法律询问答复的性质界定为非正式的法律解释。《立法法》明确规定法律解释权属于全国人大常委会，但由于组织结构、会议形式、会期等因素的限制，全国人大常委会作出的法律解释的数量并不多。1979 年至 2018 年，全国人大常委会共作出法律解释 25 件，而同期全国人大及其常委会共制定法律 490 件，有关法律问题的决定 245 件。[6] 立法解释制度不经常启动和运转，迫使大量的法律解释需求涌向法律询问答复。“真正实质意义上的法律询问答复自法工委建立以来超过 2000 件。”[7]法律询问答复在事实上发挥了法律解释的功能，满足了相关主体对法律解释的需求。

从已经公布的法律询问答复来看，法律询问答复涉及的内容非常广泛。仅 2001 年至 2003 年，全国人大常委会法工委作出的法律询问答复所涉及的法律便有：《立法法》《地方组织法》《村民委员会组织法》《全国人民代表大会和地方各级人民代表大会选举法》《检察官法》《土地管理法》《公路法》《人民防空法》《行政处罚法》《城市规划法》《道路交通安全法》《环境保护法》《民族区域自治法》《行政复议法》《招标投标法》等。法律询问答复甚至还涉及《刑法》。例如，就隐匿、销毁会计凭证、会计账簿、财务会计报告构成

---

〔6〕 参见全国人大常委会法工委立法规划室编：《中华人民共和国立法统计》，中国民主法制出版社 2019 年版，第 327 页。

〔7〕 褚宸舸：《论答复法律询问的效力——兼论全国人大常委会法工委的机构属性》，载《政治与法律》2014 年第 4 期。

犯罪的主体范围问题,全国人大常委会法工委根据1999年12月25日《刑法修正案》第1条认为,任何单位和个人实施上述行为,情节严重的,均构成犯罪。[8] 再如,就违规出具金融票证罪中"出具"票据的理解问题,全国人大常委会法工委认为,根据《刑法》第188条和《刑法》第189条的规定,[9]《刑法》第188条中的违规出具票据应理解为票据法上规定的出票行为,不包括背书、承兑、保证、付款、追索权等行为。[10] 此外,法律询问答复还涉及具有立法性质的决议、决定。例如,经劳动教育期满释放的吸毒人员又复吸的,能否不再进行强制戒毒而直接报送劳动教养的问题,全国人大常委会法工委根据《全国人民代表大会常务委员会关于禁毒的决定》(已失效)第8条第2款的规定,认为"可以直接报送劳动教养"。[11] 全国人大常委会法工委作出的法律询问答复"几乎涵盖了所有的法律部门"。[12] 法律询问答复在事实上填补了立法解释制度的功能空缺,已经"部分替代了全国人大常委会本应作出的宪法和法律解释,但其效力还不具有普遍性和强制性"。[13]

除将法律询问答复界定为非正式的法律解释外,在备案审查的语境中,法律询问答复还可以被界定为功能主义意义上的事前审查。法律询问答复在明确地方立法权限、裁决法律规范冲突、规范立法程序等方面发挥着重要作用,而这些内容,本应该是备案审查制度所承担的功能。《立法法》规定的

---

[8] 参见全国人大常委会法制工作委员会编:《法律询问答复(2000—2005)》,中国民主法制出版社2006年版,第46页。

[9] 《刑法》第188条规定:"银行或者其他金融机构的工作人员违反规定,为他人出具信用证或者其他保函、票据、存单、资信证明,情节严重的,处五年以下有期徒刑或者拘役;情节特别严重的,处五年以上有期徒刑。单位犯前款罪的,对单位判处罚金,并对其直接负责的主管人员和其他直接责任人员,依照前款的规定处罚。"第189条规定:"银行或者其他金融机构的工作人员在票据业务中,对违反票据法规定的票据予以承兑、付款或者保证,造成重大损失的,处五年以下有期徒刑或者拘役;造成特别重大损失的,处五年以上有期徒刑。单位犯前款罪的,对单位判处罚金,并对其直接负责的主管人员和其他直接责任人员,依照前款的规定处罚。"

[10] 参见《2018-2019年法律询问答复》,载中国人大网2020年9月30日,http://www.npc.gov.cn/npc/c5948/202009/be1bc5414a424d069e00edc9fd73775a.shtml。

[11] 参见全国人大常委会法制工作委员会编:《法律询问答复(2000—2005)》,中国民主法制出版社2006年版,第2-3页。

[12] 参见林彦:《法律询问答复制度的去留》,载《华东政法大学学报》2015年第1期。

[13] 参见梁洪霞:《论法律询问答复的效力》,载《重庆理工大学学报(社会科学)》2010年第4期。

可以予以改变和撤销的情形便包括“超越立法权限”“下位法违反上位法规定”“违背法定程序”等。在这一意义上，将法律询问答复视为一种功能主义意义上的事前审查并无不妥。从已经公布的法律询问答复来看，这一“事前审查”发挥作用的方式主要有以下三种。

第一，通过明确地方立法权限的边界，在法规生效以前过滤掉可能超越权限范围的地方性法规。例如，某省部分人大代表提出议案，要求通过地方立法设立罪犯假释保证金、保外就医保证金。全国人大常委会法工委答复认为，对于是否需要规定假释保证金和保外就医保证金，情况比较复杂，需要进一步研究，“地方性法规不得对此作出规定”。[14] 某省第三届人大一次会议期间，11 位代表联名提出，建议该省人大为临时海域军事禁区管理立法。该省人大常委会法规室请示全国人大常委会法工委。全国人大常委会法工委最终认为，军事禁区的划定，不符合《军事设施保护法》第 8 条、第 9 条的规定，[15]“已经超出了地方的行政管理权限，因此，地方不能自行立法”。[16] 某市人大常委会拟制定该市人事争议处理条例，在立法过程中，有关方面对是否超越立法权限产生争议。为此，该省人大常委会法工委请示全国人大常委会法工委，请求作出答复。全国人大常委会法工委最终认为：“人事争议仲裁制度，超出了《中华人民共和国立法法》规定的地方性法规的权限范围。”[17]某市人大常委会在制定人民防空设施管理方面的地方性法规过程中，就人民防空工程的产权权属登记制度能否由地方性法规规定的问题把握不准，某省人大常委会法工委为此请示全国人大常委会法工委。对于这一问题，全国人大常委会法工委认为，人民防空工程设施的登记问题，如果属于不动产产权登记，则属于民事法律基本制度。此外，这个问题

---

〔14〕 参见全国人大常委会法制工作委员会编：《法律询问答复（2000—2005）》，中国民主法制出版社 2006 年版，第 1 页。

〔15〕 1990 年《军事设施保护法》第 8 条规定：“军事禁区和军事管理区，由国务院和中央军事委员会确定，或者由军区根据国务院和中央军事委员会的规定确定。”第 9 条第 1 款规定：“陆地和水域的军事禁区、军事管理区的范围，由军区和省、自治区、直辖市人民政府共同划定，或者由军区和省、自治区、直辖市人民政府、国务院有关部门共同划定。”

〔16〕 参见全国人大常委会法制工作委员会编：《法律询问答复（2000—2005）》，中国民主法制出版社 2006 年版，第 72－73 页。

〔17〕 全国人大常委会法制工作委员会编：《法律询问答复（2000—2005）》，中国民主法制出版社 2006 年版，第 124－125 页。

比较复杂,尚需中央统一研究解决,以不在地方性法规中规定为宜。[18] 在以上诸多案例中,人们对地方立法拟规定的事项是否超越立法权限存在疑义,全国人大常委会法工委通过法律询问答复的方式对此予以明确。这可以理解为,全国人大常委会法工委通过法律询问答复事实上对地方性法规草案的相关规定进行了事前审查。法律询问答复所发挥的作用与真正意义上的事前审查的作用无异。

第二,通过明确立法抵触的判定标准,警示地方立法的合法性或者阻止不合法的地方性法规出台。例如,某省人大常委会在批准《X市农业机械管理条例》过程中,对"农用运输车"究竟由农机部门管理,还是由公安部门管理存在意见分歧,遂请示全国人大常委会法工委,请求作出答复。全国人大常委会法工委认为,国务院颁布的《道路交通管理条例》和《关于改革道路交通管理体制的通知》中已经规定"农用运输车"由公安机关按机动车进行管理。"地方性法规不能同国务院行政法规相抵触,不能改变这一规定。"[19] 就地方性法规能否规定向用血公民收取"用血互助金"的问题,某省人大常委会请示全国人大常委会法工委。全国人大常委会法工委答复认为,《献血法》第14条第1款明确限定了公民临床用血的收费范围,[20] 地方立法不应当在此范围之外自行设定"用血互助金"。[21]

第三,通过明确立法程序的具体要求,避免地方立法违背法定程序。例如,某省人大常委会法工委进行询问,省人大能否对全省地方立法工作程序进行统一规定,从而避免各市、自治州分别制定立法程序条例?全国人大常委会法工委认为,2000年《立法法》第68条第1款规定立法程序由本级人大规定,因此,市级立法主体的立法程序应当由本级人大规定。[22] 某市在起

[18] 参见全国人大常委会法制工作委员会编:《法律询问答复(2000—2005)》,中国民主法制出版社2006年版,第136-137页。

[19] 全国人大常委会法制工作委员会编:《法律询问答复(2000—2005)》,中国民主法制出版社2006年版,第27-28页。

[20] 《献血法》第14条第1款规定:"公民临床用血时只交付用于血液的采集、储存、分离、检验等费用;具体收费标准由国务院卫生行政部门会同国务院价格主管部门制定。"

[21] 参见全国人大常委会法制工作委员会编:《法律询问答复(2000—2005)》,中国民主法制出版社2006年版,第47-48页。

[22] 参见全国人大常委会法制工作委员会编:《法律询问答复(2000—2005)》,中国民主法制出版社2006年版,第3-4页。

草《地方性法规条例(草案)》时拟规定,市人民法院、市人民检察院可以向市人大及其常委会提出地方性法规案,但对于这一规定的合法性把握不准,于是向全国人大常委会法工委进行询问:地方人民法院、人民检察院能否提出地方性法规案?全国人大常委会法工委认为,诉讼制度属于全国人大及其常委会的专属立法权限,对于这方面的事项,地方人民法院、人民检察院不需要提出地方性法规案。因此,它们不能作为提案主体。[23] 地方性法规可否先经审议通过但不对外公布及上报备案,在内部试行待条件成熟后再以地方性法规颁布实施?全国人大常委会法工委依据当时即2004年《地方组织法》第43条第1款、2000年《立法法》第69条第2款的规定,作出了否定性的答复。[24]

通过上述分析可以看出,法律询问答复制度在实践中过滤了地方立法可能存在的合法性问题,事实上发挥了事前审查的功能。这与事后的备案审查存在相似性,只是发挥作用的时间节点不同。设想在上述案例中,如果没有法律询问答复对相关问题进行明确,相关规定可能已经或多或少地写进了地方性法规的文本中,而这些规定在事后审查中也同样可能会被认定为违法。总之,法律询问答复在一定程度上避免了越权立法、抵触立法和违背立法程序的现象,是一种功能主义意义上的事前审查。法律询问答复一旦具备了事前审查的功能,就需要考虑法律询问答复与事后审查的衔接问题。但问题在于,法律询问答复与事后审查应当在何种轨道、何种路径上进行对接?二者直接在功能主义的路径上进行对接是否妥当?

三、功能主义的路径及其不足

《立法法》对法律询问制度的规定方式存在一定程度的不足,其中,最大的弊端在于其规定偏重于相关制度的功能性,而忽略了制度本身所应该具备的正当性、规范性。

忽略制度本身的正当性、规范性,导致法律询问答复制度的正当性受到

---

〔23〕 参见全国人大常委会法制工作委员会编:《法律询问答复(2000—2005)》,中国民主法制出版社2006年版,第12－13页。

〔24〕 参见全国人大常委会法制工作委员会编:《法律询问答复(2000—2005)》,中国民主法制出版社2006年版,第91－92页。

人们的质疑。《立法法》虽然明确规定了法律询问答复制度的法律地位，使得这一制度具有合法律性（Legality），但《立法法》的这一规定并没有平息人们对法律询问答复制度正当性（Legitimacy）的质疑。其原因在于，法律询问答复是对有关具体法律问题的询问进行研究并予以答复，这一制度既类似于法律解释，又类似于事前审查，但它的施行主体却是全国人大常委会的工作机构。在性质上，工作机构是一种服务机构，“工作机构可以认为是一种半职能性机构，它可以行使一定的法律职权，但不可以以独立名义发布执行性的文件、指示、命令，它是为职能机构提供服务的”。〔25〕因此，工作机构不能代表全国人大常委会直接处理或者以自身名义处理具体带有法律意义的问题。〔26〕在人员的产生方式上，全国人大常委会工作机构人员的产生方式主要是任命，而非选举，除了法工委主任和个别副主任以外，其组成人员大部分不是常委会委员，因此不具备民主正当性。在功能上，《立法法》明确规定法律解释权属于全国人大常委会。工作机构在进行法律询问答复时，“毕竟行使了全国人大常委会的职权，与中国建设社会主义法治国家的宪法目标不相符合”。〔27〕正如有的研究者所质疑的那样，法律询问答复究竟是有权解释还是无权解释？若将其定位为“有权解释”，那么，《立法法》关于“法律解释权属于全国人民代表大会常务委员会”的规定必将形同虚设；若将这种答复定位为“无权解释”，仅具有研究性或参考性，那么，何必动用有限的立法资源去规范一个无法律效力的行为？〔28〕

忽略制度本身的正当性、规范性，会滋生一系列法律难题。例如，全国人大常委会法工委作出的法律询问答复是否具有法律效力？如果这一问题的答案是肯定的，那么法律询问答复具有何种法律效力？由于全国人大常委会法工委作出法律询问答复始终面临“名不正，言不顺”的困扰，法律询问答复的法律效力问题也一直存在争议。学界对这一问题存在“有效说”“无效说”“效力待定说”三种相互区别的观点。〔29〕“有效说”秉持严格的法制

---

〔25〕参见蔡定剑：《中国人民代表大会制度》（第4版），法律出版社2003年版，第476页。

〔26〕参见刘政、程湘清：《民主的实践——全国人民代表大会及其常委会的组织和运作》，人民出版社1999年版，第224页。

〔27〕参见周伟：《宪法解释案例实证问题研究》，载《中国法学》2002年第2期。

〔28〕参见徐向华、林彦：《我国〈立法法〉的成功和不足》，载《法学》2000年第6期。

〔29〕参见马凤春：《“法律询问答复”制度的改造与完善》，载《南京社会科学》2019年第6期。

主义立场,认为《立法法》已经明文规定了法律询问答复制度,因此,全国人大常委会法工委作出的法律询问答复便具有法律上的效力。“无效说”认为,法律询问答复并不具备法律上的普遍约束力,而仅仅具有实践指导力。“效力待定说”对法律询问答复是有权解释还是无权解释这个问题,予以回避。立法机关自身对于法律询问答复是属于有权解释还是无权解释,是一种模棱两可、不置可否的态度。人们对这一问题产生争论,本质上仍然是法律询问答复制度正当性不足所引起的。

法律询问答复制度之所以存在正当性问题,更深层次原因是立法机关没有妥当处置民主价值与效率价值的平衡。[30] 立法机关最为倚赖的价值是民主,但民主价值的实现往往是以牺牲效率作为代价的。数量众多的立法者通过旷日持久的争执和讨论才能获得最终结果。采用集体决策制的立法机关不可能像采用首长负责制的行政机关那样果断和高效。而立法官僚、立法官僚机构却以理性、专业著称,具备效率方面的优势。[31] 在韦伯看来,任何组织内部的官僚制都是必然的,因为它最有效率、最具可计算性,从而也是“形式上最理性的”行使支配的方式。人们可以抱怨它,但却离不开它。“如果受到官僚制控制的人们试图摆脱现存官僚机器的影响,通常就只有建立一个他们自己的、且同样是官僚化的组织,才有可能做得到。”[32] 立法机关在追求效率的过程中不可避免地会求助和倚重立法官僚及其机构。久而久之,立法官僚与立法官僚机构在立法过程中会发挥越来越重要的作用,甚至可能会越出边界,对立法者形成“反向控制”,最终侵蚀立法机关的立法权。因此,立法机关偏重法律询问答复制度的功能性而忽略这一制度的正当性,在一定程度上可以看作立法机关追求效率价值而未能兼顾民主价值的一种表现。然而,民主价值才是立法机关安身立命的根本,在任何时

---

〔30〕 参见宋方青、姜孝贤、程庆栋:《我国地方立法权配置的理论与实践研究》,法律出版社 2018 年版,第 271 页。

〔31〕 此处“官僚”的概念,并非习惯用法中作为贬义和批评使用的“官僚主义”或“官僚作风”的含义,而是特指马克斯·韦伯语境中以理性化、专业性、科层制与规则约束为特征的官僚制。参见王理万:《立法官僚化:理解中国立法过程的新视角》,载《中国法律评论》2016 年第 2 期。

〔32〕 [德]马克斯·韦伯:《经济与社会》(第 1 卷),阎克文译,上海人民出版社 2010 年版,第 330－331 页。

候,立法机关都应当坚定地强调和坚持民主价值。立法机关应当妥当处置民主价值与效率价值的关系,将制度的正当性放到与功能性同等重要的位置。

四、从功能主义到规范主义的改进思路

在法律询问答复制度的发展过程中,理论界从不同角度对法律询问答复制度的去留进行了讨论。有研究者认为,应当废除法律询问答复制度,实现法律解释制度的一元化。[33] 还有研究者认为,应当保留法律询问答复制度。关于法律询问答复制度的争论增加了改进这一制度的难度。法律询问答复制度目前的状况是有立法解释的实际功能而没有其法律地位,一种可能的改进路径是坚持"名""实"分离,将法工委的批准职能剥离出来,交给专门委员会,法工委专司辅助性工作,回归其自身机构定位。[34] 新修改的《立法法》没有对法律询问制度进行任何改动。立法者选择继续保留法律询问答复制度,并通过立法机关内部的工作流程来加强对法律询问答复制度的监督。其工作流程是,由法工委有关业务室根据法律规定,研究起草答复意见,报法工委领导审批,一些重要的法律询问答复,还要报全国人大常委会秘书长审批,然后以书面或者其他形式答复询问的有关部门。[35]

法律询问答复制度在法律解释、事前审查等方面取得了良好效果,直接取消这一制度,与立法工作、备案审查工作的实际情况不符。但如果不加以改进,继续让这一制度在功能主义层面上发挥作用,则始终面临正当性难题。正当性问题需要同时证明权力与服从性,而只有同时兼顾事实、法律和规范三个层面,这种论证才能得以成功。[36] 让 - 马克·夸克所说的正当性论证要素,虽主要是针对政治正当性而言的,但其对于论证法律领域的正当性亦具有参考意义。法律询问答复制度在事实层面上取得了良好的效果,

---

〔33〕 参见林彦:《法律询问答复制度的去留》,载《华东政法大学学报》2015 年第 1 期。

〔34〕 参见褚宸舸:《论答复法律询问的效力——兼论全国人大常委会法工委的机构属性》,载《政治与法律》2014 年第 4 期。

〔35〕 参见乔晓阳主编:《〈中华人民共和国立法法〉导读与释义》,中国民主法制出版社 2015 年版,第 220 页。

〔36〕 参见[法]让 - 马克·夸克:《合法性与政治》,佟心平、王远飞译,中央编译出版社 2008 年版,第 10 页。

在法律层面上具有法律明确规定的法律地位，缺的仅仅是规范层面的正当性。所以，问题的关键在于如何改进这一制度，以使这一制度具备规范层面的正当性。制度完善的方向应当是采取有效措施实现法律询问答复制度从功能主义到规范主义的转变。

从功能主义到规范主义转变的过程中，"名""实"分离的改进方案具有有效性和可行性。这一方案的核心要义是对全国人大常委会法工委的功能扩张和越界行为进行规制，使法工委逐渐回归到应有的制度定位和功能范围。无论从法工委设置的初衷来看，还是从法工委的性质、地位来看，均应当对法工委进行如此安排。法工委的最初定位便是立法工作机构。党的十一届三中全会确立了发展社会主义民主、健全社会主义法制的方针。为了适应这一形势，全国人大常委会在 1979 年设立了法制委员会。法制委员会的成员年龄较大，平均 70 岁，其在时间、精力上无法承担具体的立法工作任务。为了做好立法工作，具体工作就要由一个工作班子来进行，这个工作班子便是全国人大常委会法工委的前身。[37] 法制委员会建立的同时，法制委员会的工作班子也在迅速组建。1979 年 3 月初，法制委员会的办事机构开始在人民大会堂组建。1982 年《全国人民代表大会组织法》第 28 条规定，常务委员会可以根据需要设立工作委员会。这一规定为法工委的成立奠定了制度基础。1983 年，第六届全国人大常委会第二次会议正式决定成立法工委。法工委成立以后，其在立法工作中发挥了重要作用。在随后的发展过程中，法工委的机构不断健全，队伍不断壮大，功能不断扩张。1979 年成立伊始，法工委有 54 人，1980 年有 75 人，1981 年有 102 人，1982 年有 120 人，1983 年有 121 人，1984 年有 138 人，1985 年有 155 人，1986 年有 168 人，1987 年有 182 人，1990 年有 173 人。[38] 全国人大常委会法工委凭借自身承担立法工作的"近水楼台"优势，使自己的功能逐渐制度化和法律化。法律询问答复制度和备案审查制度中法工委地位的法律化便是明证。总之，法工委的功能在实践中逐渐扩张已成为不争的事实，应当对其进行控制，使其回归

〔37〕 参见夏莉娜：《新时期的立法从这里起步——全国人大常委会法制工作委员会三十年剪影》，载《中国人大》2009 年第 1 期。

〔38〕 参见刘政、于友民、程湘清主编：《人民代表大会工作全书（1949—1998）》，中国法制出版社 1999 年版，第 1429 页。

到机构和制度设置的初衷。

“名”“实”分离的改进方案具有诸多优势。

第一，这一方案对现实制度的改动最小，实施成本较低，却可以有效解决问题。宪法和法律委员会在性质上是全国人大的专门委员会，其组成人员的人选，由主席团在代表中提名，经各代表团酝酿后，提请全体会议表决。由宪法和法律委员会进行法律询问答复工作具有民主正当性。在职责上，宪法和法律委员会具有提出议案、对法律草案进行统一审议、进行合宪性审查的职责，这些职责都与法律询问答复具有密切关系。可以考虑将法律询问答复的职责赋予宪法和法律委员会，由宪法和法律委员会以自己的名义对外作出法律询问答复。如此一来，法律询问答复制度所面临的正当性困境迎刃而解，可以继续保留并发挥作用。当然，由于宪法和法律委员会的时间和精力有限，具体的工作可仍由法工委承担。〔39〕

第二，这一方案可以和事后审查相协调，并对事后审查制度的完善发挥引领作用。在事后审查中，宪法和法律委员会、其他专门委员会、法工委均是法定的审查主体。虽然法工委目前承担了主要的事后审查工作，但法工委作为事后审查主体的地位同样遭到了质疑。在事后审查中，法工委同样应当回归幕后，承担实际工作但并不对外作出文书。审查结果的文书应当以宪法和法律委员会的名义对外作出。法律询问答复制度的上述改进，可以提前落位，并对事后审查制度的改进发挥一定的引领作用。

五、建构事前审查制度的具体方案

上文的分析已经表明，在法律询问答复制度的基础上建构我国的事前审查制度具有可行性和合理性，而这样一种尝试和努力，也应当在规范主义的路径上进行。在此基础上，建设我国事前审查制度的具体方案，可以考虑从以下三个方面着手。

第一，正式承认法律询问答复制度的事前审查功能。目前，学界主要将法律询问答复的性质界定为非正式法律解释，尚未充分注意到这一制度的

---

〔39〕 令人遗憾的是，2023 年《立法法》修改并没有采纳这一思路。《立法法》的这一规定虽然可以在短期内加强备案审查的工作力量，但从长远来看，这一规定将限定备案审查制度的优化空间。

“事前审查”功能。虽然实务界已经注意到法律询问答复的事前审查功能，但也尚未将其充分制度化。法律询问答复与事后审查在主体上具有同一性、在业务上具有包含性、在功能上具有近似性，可以在同一范畴内组合适用。首先，法律询问答复的作出主体是全国人大常委会法工委，实践中，进行备案审查的主要主体也是全国人大常委会法工委，二者的主体是相同的。其次，法律询问答复的业务范围，既包括非正式的法律解释，也包括功能意义上的法规审查，而事后审查的业务范围主要是法规审查，法律询问答复的业务范围包括事后审查的业务范围。最后，二者均能起到消除违宪、违法情形的功能，只是各自发挥作用的时间节点不同。因此，构建具有中国特色的事前审查制度，可以将法律询问答复制度的事前审查功能独立出来，予以正式承认。当然，法律在正式承认法律询问答复制度的事前审查功能时，应当充分注意相关规定的规范性和正当性。

第二，做好法律询问答复的公开与清理工作。实践中，全国人大常委会法工委已经作出了大量的法律询问答复，但这些法律询问答复并没有全部公开，公开活动时断时续。自 2020 年开始，全国人大常委会法工委又开始在“中国人大网”公开历年的法律询问答复，但这一活动是否具有持续性，仍有待观察。从理论上讲，法律询问答复涉及立法工作者对法律确切含义和事前审查的看法，对立法、执法、司法、守法活动均具有重要影响，理应进行公开。法律询问答复也要定期做好清理工作，及时废止已经过时的或者不适当的法律询问答复。试举一例，《某市大气污染防治条例》第 52 条拟规定：“在道路上行驶的机动车，经监督抽测，排气污染超过规定排放标准的，由公安交通管理部门扣留行驶证，可以按机动车每台处以二百元以下的罚款……逾期未治理仍上路行驶的，公安交通管理部门可以按机动车每台处以二百元以上一千元以下的罚款。”该省人大常委会法工委就这一条款规定的内容是否符合行政处罚法，是否与上位法相一致请示全国人大常委会法工委。全国人大常委会法工委认为，在 2000 年修订《大气污染防治法》时，曾对机动车污染物排放不符合标准是否要给予罚款等行政处罚作过专门研究，考虑到引起机动车排放超标的情况比较复杂，并不都是因车主的违法、过错行为所致，不宜规定对车主给予罚款等行政处罚。[40] 在当时，这一法律询问答复对于如何理解和适用行政处罚法具有重要意义。但2021年修改的《行政处罚法》已经对这一问题作了新的规定，允许地方立法补充设定行政处罚。这一法律询问答复已经过时，如不及时清理，可能会对用法者产生误导。

第三，明确事前审查与事后审查的关系。将法律询问答复的事前审查功能独立出来以后，应当明确事前审查与事后审查的关系问题。事前审查应当与事后审查具有同等地位，二者只是发挥作用的时间节点不同，不存在地位高低之别。由于事前审查在时间节点上优先于事后审查，事前审查应当对事后审查具有拘束力。因特定事由已经进行过事前审查的规范性法律文件或相关条款，无须再因同一事由进行事后审查。

总之，法律询问答复不是规范主义意义上的事前审查，但法律询问答复却在很大程度上发挥着事前审查的功能。这一“事前审查”对于避免越权立法、抵触立法和违背立法程序具有重要意义，应当充分肯定这一制度所发挥的作用。但《立法法》这种功能主义的规定方式也存在很大的不足。其主要问题在于立法者过分偏重于制度的功能性，而忽略了制度本身所应该具备的正当性和规范性。改进这一问题，需要对法工委的作用和功能进行控制，使其回归到应有的制度定位和功能范围。唯其如此，才能实现法律询问答复制度的科学化与规范化。法律询问答复制度进行上述改进后，事实上可以作为我国备案审查中的事前审查制度，其与事后备案审查的关系也需要理顺。事前审查应当与事后审查具有同等地位。事前审查应当对事后审查具有拘束力，因特定事由已经进行过事前审查的规范性法律文件或相关条款，无须再因同一事由进行事后审查。

第二节　事后审查程序的完善

我国的备案审查整体上属于事后审查。事后审查既可能以主动的方式进行，也可能以被动的方式进行。2000年《立法法》以前，全国人大常委会

---

〔40〕 参见全国人大常委会法制工作委员会编：《法律询问答复（2000—2005）》，中国民主法制出版社2006年版，第188－189页。

有关机构对备案的地方性法规进行了主动审查，但效果并不理想。究其原因，一方面是因为审查能力和审查任务严重不匹配，全国人大常委会有关机构精力有限，无法对备案的全部法规进行审查，审查的覆盖面不广；另一方面是因为审查的效率不高，通过文本进行抽象审查，很难发现审查对象存在的合法性问题或者适当性问题。鉴于这一现状，2000 年《立法法》只规定了被动审查的方式，而没有再规定主动审查的方式。2000 年《立法法》出台后，全国人大常委会办公厅甚至停止了将备案法规交专门委员会进行主动审查的做法。[41] 2000 年 10 月，《行政法规、地方性法规、自治条例和单行条例、经济特区法规备案审查工作程序》通过，也没有规定主动审查。该工作程序规定，报送备案的法规由全国人大常委会办公厅秘书局负责接收、登记、存档。在收到报备的法规后，全国人大常委会办公厅秘书局会将报备的法规分送有关的专门委员会。2003 年对《行政法规、地方性法规、自治条例和单行条例、经济特区法规备案审查工作程序》进行修改时，才明确了主动审查的方式。2015 年《立法法》修改，该法在第 100 条增加 1 款，作为第 3 款，规定有关的专门委员会和常务委员会工作机构可以对报送备案的规范性文件进行主动审查。至此，被动审查和主动审查相结合的审查方式，在我国《立法法》中正式得以确立。近年来，随着备案审查工作的推进，实务界逐渐将备案审查的方式划分为依职权审查、依申请审查、移送审查和专项审查。[42] 2023 年《立法法》对主动审查、专项审查等方式也作了规定。该法第 111 条第 1 款规定，全国人民代表大会专门委员会、常务委员会工作机构可以对报送备案的行政法规、地方性法规、自治条例和单行条例等进行主动审查，并可以根据需要进行专项审查。事实上，无论对审查方式作何种划分，整体上均没有超出主动审查、被动审查的范畴。因为，移送审查在本质上属于被动审查，专项审查在本质上属于主动审查。基于此，本书仍按照主动审查、被动审查的类型划分展开相关论述。

按照《立法法》第 110 条的规定，国务院、中央军事委员会、国家监察委员会、最高人民法院、最高人民检察院和省级人大常委会可以向全国人大常

〔41〕 参见蔡定剑：《中国人民代表大会制度》（第 4 版），法律出版社 2003 年版，第 313 页。

〔42〕 参见全国人大常委会法制工作委员会法规备案审查室：《规范性文件备案审查理论与实务》，中国民主法制出版社 2020 年版，第 57 页。

委会书面提出进行审查的要求，其他国家机关和社会团体、企业事业组织以及公民可以向全国人大常委会书面提出进行审查的建议。2023 年《立法法》进一步完善了对法规进行审查的基本程序。该法第 112 条第 1 款规定，审查主体向制定机关提出书面审查意见后，制定机关应当在两个月内研究提出是否修改或者废止的意见。紧接着，该条第 2 款规定，如果制定机关同意修改或者废止，并事实上对地方性法规进行了修改或者废除的，审查终止。第 1 款和第 2 款的侧重点不同，第 1 款侧重于规定制定机关的主观意愿，即制定机关是否“愿意”对问题法规进行修改，而第 2 款侧重于规定制定机关的客观行为结果，即制定机关是否“已经”对问题法规进行了修改。如果已经进行了修改或废止的，审查终止。该条第 3 款规定，审查主体认为审查对象同宪法或者法律相抵触，或者存在合宪性、合法性问题需要修改或者废止，而制定机关不予修改或者废止的，审查主体应当向委员长会议提出予以撤销的议案、建议。该条款中的“不予修改”，既包括制定机关不愿意修改的情形，也包括制定机关同意修改但事实上却不修改的情形。我国法规审查程序的运行流程如图 4－1 所示。

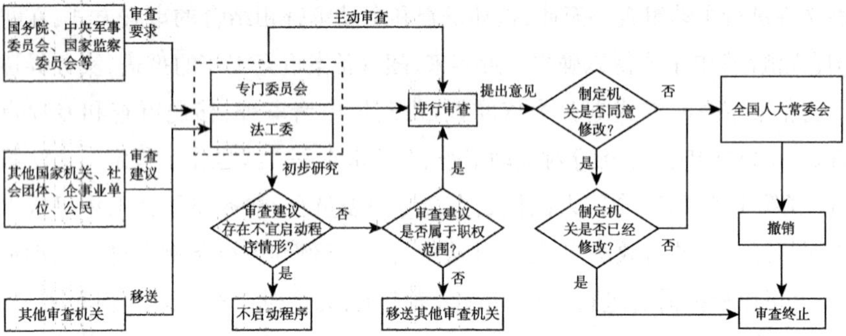

图 4－1　法规审查的程序

从图 4－1 可以看出，我国的法规审查程序整体上已经较为完善，但在具体环节的制度设计和实践运行方面，这一程序仍存在进一步优化的空间。下文将从启动要件、审查主体、程序衔接和程序运行四个方面探讨我国法规审查程序存在的不足及其完善建议。

一、审查程序在启动要件方面存在的问题

在宪法审查的语境中，启动要件主要是用以判断初入宪法审查程序的各类宪法诉求能否开启或维持实质性审查。[43] 只有满足一定条件的审查诉求才能够开启或维持实质性审查。具体到我国的备案审查，《立法法》等法律对于备案审查的启动要件仅作了框架性规定。《法规、司法解释备案审查工作办法》对启动要件作了细化规定。对我国备案审查的启动要件进行审视，会发现它存在发起主体的权利配置不均衡，审查建议的数量激增给备案审查机构造成较大压力，审查建议超出审查机关职权范围的现象较为普遍等问题。

（一）发起主体的权利配置不均衡

按照《立法法》第110条的规定，两类主体可以发起被动审查，第一类是国务院、中央军事委员会、国家监察委员会、最高人民法院、最高人民检察院和省级人大常委会，第二类是其他国家机关、社会团体、企事业单位和公民。两类主体发起的审查诉求有不同的法律地位。对于第一类主体提出的审查要求，专门委员会和法工委必须进行审查，对于第二类主体提出的审查建议，要先由法工委进行审查，“必要时”才送有关专门委员会进行审查。何为“必要”？立法工作者曾对此作出过解释：“如果认为确有必要，例如审查建议提出的问题重大、关注度比较高、涉及面比较广，应当送有关的专门委员会进行审查、提出意见。”[44] 显然，《立法法》对两类主体提出的审查诉求予以区别对待。这样规定主要有两个考虑：一是如果是在法律执行过程中，其他机关、组织和公民个人发现法规、规章同法律相抵触时，应当逐级向有权提出审查要求的机关提出，由这些机关依法向全国人大常委会提出；二是如果不是在法律执行过程中发现法规、规章同法律相抵触，而是在其他方面，如在学习、宣传法律的过程中发现的问题，提出的数量往往很大，如果都要

〔43〕 参见郑磊：《宪法审查的启动要件》，法律出版社2009年版，第19页。

〔44〕 乔晓阳主编：《〈中华人民共和国立法法〉导读与释义》，中国民主法制出版社2015年版，第310页。

审查,既没有必要也没有可能。[45] 然而,有意思的是,第一类主体虽然拥有提出审查要求的重要权利,但相关主体却从未在实践中向审查机关提出过审查要求,反而是第二类主体向审查机关提出了相当数量的审查建议。[46]

缘何两类主体在行使权利方面表现出如此明显的差异? 一方面,我国国家机关在行使职权时,一般只关注各自系统内部的事务。行政法规、地方性法规等规范性法律文件是否同宪法、法律相抵触的问题,属于立法机关的职权范畴,其他国家机关没有必要对此"多管闲事"。更何况违宪、违法问题的判断及其可能引发的政治后果十分敏感,其他国家机关更是避之不及。[47] 另一方面,我国国家机关在处理彼此之间的关系时,多提倡商量办事。事务的处理大多是提前沟通协调好了以后再作出决定的。因此,即便其他国家机关在执法、司法过程中发现行政法规、地方性法规等规范性法律文件同宪法、法律相抵触,也不会直接提出审查要求或者审查建议,而是同有关国家机关进行私下协商和沟通。对于这一点,有研究者直接指出:"重要国家机关不积极提出审查申请主要是由于申请程序本身不符合我国国家机关间关系处理的制度逻辑。"[48] 依据这一逻辑,国务院、最高人民法院等主体在未来依然大概率不会提出审查要求。《立法法》关于这一内容的相关规定在未来依然大概率无法落地实施。由此观之,这一条款保留与否,可能具有理论意义,但实践意义有限。

(二)审查建议的数量激增给审查机构造成较大压力

宪法是国家的根本大法,具有最高的法律效力。宪法的这一地位要求适用宪法的频率和次数不能过多,以便维护宪法的权威性。因此,宪法审查

---

〔45〕 参见张春生主编:《〈中华人民共和国立法法〉释义》,法律出版社 2000 年版,第 257 页。

〔46〕 实践中已经出现"其他国家机关"向全国人大常委会提出审查建议的实例,国务院有关主管部门已经对有的民族自治地方民族教育条例等法规提出合宪性审查建议。参见沈春耀:《全国人民代表大会常务委员会法制工作委员会关于 2021 年备案审查工作情况的报告》,第十三届全国人民代表大会常务委员会第三十二次会议,2021 年 12 月 21 日。

〔47〕 参见林来梵:《合宪性审查的宪法政策论思考》,载《法律科学(西北政法大学学报)》2018 年第 2 期。

〔48〕 林彦:《法规审查制度运行的双重悖论》,载《中外法学》2018 年第 4 期。

更多是一种“备而不用、备而少用但有备无患”的宪制手段。[49] 同时，宪法审查也是一种非常有限的资源，需要对这一资源进行合理配置以便发挥它的最大功效。如果允许过多的案件涌入宪法审查领域，会使得这一制度不堪重负。基于上述理由，各国宪法或宪法性法律一般会明确规定提起宪法审查的要件，从而为宪法审查设置一定的条件和门槛。

我国《立法法》没有明确规定法规审查发起主体所应当具备的条件。实践中，特定的国家机关可以提出审查要求，除此之外的其他国家机关、社会团体、企事业单位以及公民也可以提出审查建议，发起主体的范围可谓十分宽泛。但在过去，这一宽泛的规定并未导致审查建议出现“井喷”的状况。2013 年至 2017 年，法工委共收到公民、组织提出的各类审查建议共 1527 件，其中 2013 年 62 件，2014 年 43 件，2015 年 246 件，2016 年 92 件，2017 年 1084 件。[50] 2017 年之所以会有大幅增长，是因为这一年公民针对《婚姻法司法解释（二）》第 24 条提出了近千件审查建议。除去这一重复数据，2017 年的数据与往年数据相比并无异常。2018 年、2019 年的情况基本类似。从 2020 年开始，审查建议的数量开始激增。具体情况如表 4－1 所示。

表 4－1　全国人大常委会法工委 2013 年至 2022 年接收审查建议的情况

单位：件

年份	类型					
	审查建议数量	不属于职权范围数量	属于职权范围数量	针对行政法规	针对司法解释	针对地方性法规等
2013	62	37	25	5	12	8
2014	43	25	18	3	5	10
2015	246	61	185	11	159	15
2016	92	53	39	3	19	17
2017	1084	145	939	2	921	16

〔49〕 参见邢斌文：《什么是“违宪”：基于全国人大及其常委会工作实践的考察》，载《中外法学》2020 年第 2 期。

〔50〕 参见沈春耀：《全国人民代表大会常务委员会法制工作委员会关于十二届全国人大以来暨 2017 年备案审查工作情况的报告》，第十二届全国人民代表大会常务委员会第三十一次会议，2017 年 12 月 24 日。

续表

年份	类型					
	审查建议数量	不属于职权范围数量	属于职权范围数量	针对行政法规	针对司法解释	针对地方性法规等
2018	1229	1117	112	5	44	63
2019	226	88	138			
2020	5146	1768	3378	38	75	3265
2021	6339		5741	60	85	5596
2022	4829		4067	108	144	3815

注：数据来源为2017—2022年全国人大常委会法工委备案审查工作报告。表中空白格表示备案审查工作报告未直接披露相关数据。

2020年以前，我国备案审查实践之所以会出现“发起主体范围十分广泛，但实际提出的审查建议却并不多”的现象，可能是多种因素综合作用的结果。

首先，备案审查制度的公众知晓度不高。《立法法》是规范国家立法行为的法律，本身并不直接调整公民的权利和义务，因此，《立法法》与普通公众存在一定的“距离”。相较于《民法典》《刑法》而言，公众对《立法法》的内容更为陌生。备案审查是《立法法》规定的一项具体制度，与立法活动相比，与普通公众的“距离”更远，这决定了公众对备案审查制度的知晓率不高。并且，在过去，审查主体对公民提出的审查建议没有反馈，备案审查的基本情况也不向社会公布，这给社会公众留下了备案审查制度形同虚设的印象。这种印象随着时间的推移不断被强化，久而久之，备案审查制度逐渐淡出了人们的视野，被边缘化。

其次，公众通过备案审查维护自身权益的积极性不高。长期以来，备案审查制度在何种程度上，以何种方式救济和维护公民个人的权利，不甚清晰。在此情形下，对于公民等私人主体而言，即使其提出审查建议并顺利启动程序，其权利可能也无法得到救济，这打击了公民通过备案审查制度维护自身权利的积极性，由此导致公民通过提出审查建议维护自身权益的现象不多。

最后，公众的法律专业素养不高，和法规审查的高度专业性不相匹配。立法是一项专业性较强的活动，与立法活动相比，审查活动是一项更具有专业性的活动。以合法性审查为例,合法性审查的本质是要发现不同层级的规范性法律文件之间的不同之处,并判断这种不同之处是否被允许。这需要由专业机构和专业人员进行,并且,专业机构和专业人员在进行审查时,不仅需要凭借自身的专业知识和经验,还需要进行大量的调查和研究才能作出决定。大多数公众没有接受过专门的法学教育,也没有时间和精力进行广泛的调查研究,对于发现并准确判定立法的违法之处存在困难。部分公众向全国人大常委会法工委寄送的信件,虽然也与规范性文件相关,但最终不能被认定为审查建议,这在一定程度上是公众自身的法律专业素养不高所导致的。

近年来,随着党和国家密集部署宪法监督、合宪性审查工作,立法机关开始大力推进备案审查制度建设,提高备案审查的信息化水平,并对此进行了广泛的宣传,备案审查逐渐引起了人们的关注。相应地,审查建议的数量也呈"井喷"的态势。如表4-1所示,2020年,公民等主体向全国人大常委会提出的审查建议有5146件,其中,属于全国人大常委会职权范围的有3378件。2021年,公民等主体向全国人大常委会提出的审查建议有6339件,属于全国人大常委会职权范围的有5741件。在此情势下,是否需要对提出审查建议的主体资格加以限制,成为需要认真加以研究的问题。

实践中,提出审查建议的主体主要分为两类:一类是专业人士或公益性组织,他们大多有比较深厚的法学功底或专业知识,但往往与建议审查的规范性文件没有直接关联;另一类是有利害关系的个人或组织,其自身利益与建议审查的规范性文件有直接关联。[51] 例如,理论研究者在备案审查的发起主体中便扮演了非常重要的角色,这是我国备案审查工作中一个较为引人注目的特点。2017年4月,来自20多所高校的108位知识产权专业研究生联名致信全国人大常委会法工委,建议对重庆市等地的涉及著名商标的地方性法规进行审查。2017年5月,4名劳动法专家致信全国人大常委会法工委,建议对云南省等7省份人口与计划生育条例关于"超生就开除"的规定进行审查。这些事例均是理论研究者在备案审查中发挥重要作用的生动体现。

这些专业人士或公益性组织仅仅是基于社会责任感向审查主体提出审

---

〔51〕 参见梁鹰:《备案审查制度若干问题探讨》,载《地方立法研究》2019年第6期。

查建议,其自身与建议审查的规范性文件往往并无利害关系。专业人士或公益性组织提起备案审查,对于激活备案审查制度,推动备案审查制度的实施,提高备案审查工作的质效,促进备案审查制度的完善具有重要意义。但随着备案审查工作的深入开展,社会团体、企事业单位和公民个人提出审查建议的数量会持续增加,这会给审查主体带来较大的工作压力。一方面,备案审查活动的公开和宣传,是一场生动的法治教育。在舆论宣传和教育的影响下,公民的权利意识逐渐觉醒,这催动了更多的权利主体通过提起备案审查来维护自身的合法权益。另一方面,2015 年《立法法》普遍赋予设区的市立法权,使得拥有地方立法权的设区的市的数量大幅度增加。截至 2018 年 4 月,我国现有地方性法规制定主体 354 个,其中省级地方性法规制定主体 31 个,市级地方性法规制定主体 323 个。未来,我国地方性法规的数量将以每年数千件的速度快速增长,这在很大程度上增加了违法立法现象的基数。违法立法现象的数量不可避免地会增加,相应地,针对违法立法现象提出审查建议的数量也会增加。

面对审查建议数量的快速增加,限制提出审查建议的主体资格并非首要选择。正如有的研究者所指出的那样,在相关案件没有对审查主体和审查能力造成过度负担的前提下,应当维持目前较为宽容的申请资格和条件。[52] 审查主体应当通过增加人员配备、借助技术手段、提升审查能力、畅通衔接机制、优化权力配置等途径和方式化解审查压力。只有在所有其他手段均已经尝试过了,仍无法化解巨大审查压力的情况下,才可以考虑限制提出审查建议的主体资格。换言之,限制提出审查建议的主体资格应当是一种最后手段,是不得已而为之的选择。在那时,如果不对提出审查建议的主体资格进行一定的限制,可能会使过多案件涌入备案审查领域,导致审查主体无暇应对,最终损害备案审查的制度功能。在限制程度上,对提出审查建议的主体资格的限制不应过于严苛。"可能受到规范性法律文件影响的主体"均可以提出审查建议。"可能"受到规范性法律文件的影响,应当从规范性法律文件的适用对象和适用范围来加以判断。只要发起主体与规范性法律文件的适用对象、适用范围可能存在联系,即可认定发起主体有资格提出审查建

〔52〕 参见林彦:《法规审查制度运行的双重悖论》,载《中外法学》2018 年第 4 期。

议。这一条件并未对公民针对行政法规、司法解释提出审查建议施加过多的限制,只是对公民针对地方性法规提出审查建议施加了一定的限制。

适当限制审查建议发起主体的资格,在一定程度上可能会将专业人士或公益性组织排除在外,这是否会影响专业人士或公益性组织参与备案审查实践?不必对这一问题过于担忧。专业人士或公益性组织提出审查建议似乎比较契合备案审查制度发展的初始阶段,随着备案审查工作的深入发展和审查建议数量的增多,在审查主体不堪重负的情况下,这类主体的审查建议权可以加以适当限制。专业人士或公益性组织如果不能通过提出审查建议的方式直接参与审查实践,可以转而通过其他方式参与审查实践。在专业人士或公益性组织的呼吁和倡导下,具有利害关系的主体提起备案审查并非难以想象的事情。如果在专业人士或公益性组织的呼吁和倡导下,具有利害关系的主体自愿提起备案审查以维护自身的合法权益,那么,备案审查制度的目的仍可得以全部实现;如果在专业人士或公益性组织的呼吁和倡导下,具有利害关系的主体仍不愿意提起备案审查以维护自身的合法权益,那么,专业人士或公益性组织也就没有必要再以"家长主义"的心态继续努力了。

(三)审查建议超出审查机关职权范围的现象较为普遍

法规备案审查体系中的审查机关是全国人大常委会,审查对象是行政法规、监察法规、地方性法规、自治条例和单行条例以及司法解释。规章备案审查体系中的审查机关是国务院,审查对象主要是部门规章、地方政府规章。规范性文件备案审查体系中的审查机关是地方各级人大常委会,依据各地的不同规定,审查对象有所差别,但主要是下级人大及其常委会制定的决议、决定,同级政府制定的决定、命令和规范性文件。[53] 实践中,上述审

[53] 2018年《黑龙江省各级人民代表大会常务委员会规范性文件备案审查条例》是最早对规范性文件进行广义界定的地方性法规。该法规第4条列举了应当报送本级人大常委会备案的规范性文件,包括:"(一)省人民政府、设区的市人民政府制定的规章;(二)县级以上人民政府制定、发布以及授权其办公厅(室)发布的决定、命令、规定、细则、办法、意见等规范性文件;(三)县级以上监察委员会制定的指导、规范监察工作的规范性文件;(四)县级以上人民法院、人民检察院制定的指导、规范审判、检察工作的意见、规定、办法等规范性文件;(五)县级以上监察委员会、人民法院、人民检察院与本级人民政府职能部门联合发布的意见、规定、办法等规范性文件;(六)地方性法规授权制定的配套性规定以及地方性法规实施中具体应用问题的解释;(七)其他应当报送备案的规范性文件。"

查主体只对各自职权范围内的规范性文件进行审查。在收到不属于自己职权范围内的审查建议时,审查主体并不会进行审查,而是会将审查建议移交给有权进行审查的主体。从近几年备案审查工作报告披露的数据来看,审查建议超出审查机关职权范围的情形十分常见。2013 年至 2017 年,法工委共收到各类审查建议 1527 件,其中属于全国人大常委会备案审查范围的有 1206 件,占 79.0%;不属于全国人大常委会备案审查范围的有 321 件,占 21.0%。[54] 2018 年,法工委共收到各类审查建议 1229 件,其中属于全国人大常委会备案审查范围的有 112 件,占 9.1%,不属于全国人大常委会备案审查范围的有 1117 件,占 90.9%。[55] 2020 年,法工委共收到各类审查建议 5146 件,其中属于全国人大常委会备案审查范围的有 3378 件,占 65.6%,不属于全国人大常委会备案审查范围的有 1768 件,占 34.4%。[56] 改善这一状况,既需要增强对备案审查制度的宣传,让公众更加清晰地了解各个审查机关的职权,也需要进一步明确不同审查机关之间的衔接联动程序。

上文着重指出了法规审查程序在启动要件方面存在的问题:发起主体的权利配置不均衡;审查建议的数量激增给备案审查机构造成较大压力;审查建议超出审查机关职权范围的现象较为普遍。但应当充分肯定的是,和以前相比,审查建议形式和内容的规范化程度已经有了大幅提升。在过去,公民等主体提出的审查建议存在诸多不规范之处。有的只是反映个案的申诉、举报,不属于审查机关的权限范围;有的虽然属于审查机关的权限范围,但描述大量与规范性法律文件本身并无关系的情况,对规范性法律文件本身存在的问题却语焉不详;有的虽然提出对多份规范性法律文件的审查建议,但未说明这些规范性法律文件中哪些条文和规定存在与上位法不一致问题等。[57] 当下,《法规、司法解释备案审查工作办法》和审查建议在线受

---

〔54〕 参见沈春耀:《全国人民代表大会常务委员会法制工作委员会关于十二届全国人大以来暨 2017 年备案审查工作情况的报告》,第十二届全国人民代表大会常务委员会第三十一次会议,2017 年 12 月 24 日。

〔55〕 参见沈春耀:《全国人民代表大会常务委员会法制工作委员会关于 2018 年备案审查工作情况的报告》,第十三届全国人民代表大会常务委员会第七次会议,2018 年 12 月 24 日。

〔56〕 参见沈春耀:《全国人民代表大会常务委员会法制工作委员会关于 2020 年备案审查工作情况的报告》,第十三届全国人民代表大会常务委员会第二十五次会议,2021 年 1 月 20 日。

〔57〕 参见本书编写组:《规范性文件备案审查制度理论与实务》,全国人大常委会法制工作委员会法规备案审查室审定,中国民主法制出版社 2011 年版,第 132 页。

理平台从规范、技术层面对审查建议形式和内容作了明确要求。一是提出审查建议应当采用书面形式。书面形式的要求已经在《法规、司法解释备案审查工作办法》中有明确的规定。根据该工作办法第21条、第22条的规定,无论是重要国家机关提出的审查要求,还是其他主体提出的审查建议,均应当以书面的形式提出。书面形式不仅与备案审查工作的严肃性、规范性相适应,而且书面形式可以固定发起主体的主张、理由和意见,防止发起主体的主张、理由和意见在信息传递和流转的过程中发生损耗。二是审查建议应当具有明确的审查对象,有具体的审查请求。这是审查建议的核心内容。没有明确的审查对象和具体的审查请求,审查机关无从开展审查活动。《法规、司法解释备案审查工作办法》第23条明确规定"建议审查的理由不明确或者明显不成立的",审查主体可以不启动审查程序。全国人大常委会的审查建议在线受理平台对此也作了要求。

规范的审查建议对于启动和维持备案审查具有重要意义。第一,审查建议是审查机关启动审查程序的基础。规范的审查建议能够使得审查机关准确了解发起主体的请求、事实和理由,快速地开展审查活动,为及时、有效率地进行审查奠定基础。不规范的审查建议,增加了审查机关的工作负担。审查机关需要对每份信件的内容进行甄别,以分辨其是否属于审查建议,这需要花费大量的时间和精力,降低了审查活动的效率。第二,审查建议是审查机关展开审查的凭证,也是制定机关进行答辩的依据,在审查过程中具有重要作用。在被动审查这一形式中,审查机关居于被动性、中立性的地位,审查机关开展审查活动必须基于请求进行。审查建议便是审查机关开展审查活动的重要依据和凭证。同时,审查建议也在审查机关和制定机关沟通、协商的过程中具有重要作用。制定机关围绕规范的审查建议提出的主张和理由进行回应,从而使审查过程有的放矢。第三,规范的审查建议有利于公民等主体的实体权利得到应有保护。提出审查建议是公民等主体维护自身合法权益,请求国家公力救济的重要途径。不规范的审查建议往往无法启动正常的审查程序,使得公民通过审查建议维护自身合法权利的目的落空。"提出的审查建议不属于审查范围或者建议形式不规范,就类似于向法院提交的起诉书不属于法院受案范围或者没有把诉求、诉由等说清楚,自然不能导致诉讼启动或者正常进行。”[58]

二、审查程序在审查主体方面存在的问题

按照《立法法》的规定，全国人大、全国人大常委会、全国人大专门委员会、全国人大常委会法工委均是法规审查的主体。全国人大、全国人大常委会、全国人大专门委员会作为审查主体的正当性自不待言。至于全国人大常委会法工委作为审查主体的正当性问题，本章第一节已有集中论述，在论及审查决定的法律效力时，也会涉及这一问题，在此不再赘述。在审查主体方面，法规审查程序所面临的一个较为关键的问题是，我国法规审查的主体是否需要扩容？换言之，我国的法规审查权是否需要在中央与地方之间进行适当配置？对此，有研究者认为，应当充分尊重地方在备案审查中的积极性和主动性，给予地方一定的自主权，需要鼓励地方根据实际情况确立分级、分类别的审查标准以及可操作性强的审查方式。也有研究者认为，应当将审查权下放，赋予省级人大常委会对设区的市地方性法规进行事后审查的权力。法规审查权在全国人大常委会与省级人大常委会之间进行适当配置，究竟是否可行？进行如此配置，是否会引发其他问题？这些问题需要认真研究。本书认为，针对设区的市地方性法规的审查权不宜在全国人大常委会与省级人大常委会之间进行层级分配，下文将分析之。

（一）批准制度使得省级人大常委会的事后审查权难以发动

在1982年《地方组织法》的修改过程中，一些地方提出，现实中一些规模比较大的市，在政治、文化、经济等方面具有十分重要的地位，发挥着举足轻重的作用，它们也需要根据实际情况的需要制定一些地方性法规。[59] 为了适应这一实际情况的需要，1982年《地方组织法》赋予了经国务院批准的较大的市和省会城市的人大常委会“拟订”地方性法规的权力。之所以赋予较大的市法规“拟订权”，而不是“制定权”，既是“为了适应这些城市的实际

---

〔58〕 焦洪昌、张鹏：《试论我国违宪违法审查建议处理程序及其完善》，载《河南工业大学学报（社会科学版）》2013年第4期。

〔59〕 参见习仲勋：《关于四个法律案的说明》，第五届全国人民代表大会第五次会议，1982年12月6日。

需要，又考虑到宪法规定省、自治区、直辖市才有权制定地方性法规”。[60]经过几年的发展，为了“适当扩大较大的市制定地方性法规的权力”，[61]1986年修正的《地方组织法》将省会城市和经国务院批准的较大的市的法规拟订权规定为法规制定权，但其制定的法规必须报省级人大常委会批准。批准制度由此得以确立。1995年，《地方组织法》修改草案拟将“批准”制度改为“应当批准”制度，但由于“一些常委委员和省、自治区人大常委会提出，在制定地方性法规中，出现不少新的情况和问题，需要研究”，[62]该法便没有规定“应当批准”制度，而是继续维持了“批准”制度。2000年，《立法法》草案拟将批准制度直接改为备案制度，但这一规定遭到了部分常委会委员和大多数省级人大常委会、省级政府的反对，在他们看来，当时的情形不适宜将批准制度改为备案制度。[63]因此，该法没有规定备案制度，转而规定了“应当批准”制度。2015年《立法法》对设区的市一级的立法体制作了重大改动，普遍赋予了设区的市立法权。为了防止权力下放导致混乱，对国家法制统一形成挑战，批准制度作为“五道防线”之一，[64]在2015年《立法法》中得以保留。2018年宪法修正案将批准制度写入了宪法，《宪法》第100条增加了1款，作为第2款，规定：“设区的市的人民代表大会和它们的常务委员会，在不同宪法、法律、行政法规和本省、自治区的地方性法规相抵触的前提下，可以依照法律规定制定地方性法规，报本省、自治区人民代表大会常务委员会批准后施行。”2023年《立法法》没有再对此进行改动。

批准制度是一项针对设区的市地方性法规的事前审查制度。按照《立

〔60〕参见习仲勋：《关于四个法律案的说明》，第五届全国人民代表大会第五次会议，1982年12月6日。

〔61〕参见王汉斌：《关于修改〈中华人民共和国全国人民代表大会和地方各级人民代表大会选举法〉和〈中华人民共和国地方各级人民代表大会和地方各级人民政府组织法〉的说明》，第六届全国人民代表大会常务委员会第十八次会议，1986年11月15日。

〔62〕参见项淳一：《全国人大法律委员会关于修改选举法的决定（草案）和关于修改地方组织法的决定（草案）审议结果的报告》，第八届全国人民代表大会常务委员会第十二次会议，1995年2月21日。

〔63〕《全国人大法律委员会关于〈中华人民共和国立法法（草案）〉修改情况的汇报》，参见乔晓阳主编：《中华人民共和国立法法讲话》（修订版），中国民主法制出版社2008年版，第357－361页。

〔64〕参见王逸吟、刘梦：《五道防线管住地方立法权——全国人大常委会法工委负责人答问立法法修改》，载《光明日报》2015年3月10日，第3版。

法法》第81条的规定,省级人大常委会在批准设区的市地方性法规的过程中,主要对设区的市地方性法规进行合法性审查,设区的市地方性法规不与宪法、法律、行政法规和省级地方性法规相抵触的,省级人大常委会应当在4个月内予以批准。但在实际工作中,省级人大常委会通过"提前介入"的工作方式,在很大程度上完成了对设区的市法规的合理性审查。"提前介入"是指省级人大常委会立法工作人员提前参与设区的市的立法过程,主动就设区的市正在制定或修改的法规发表意见,提出建议的一种工作方式。"提前介入"发挥作用的形式主要表现在两个方面:一是省级人大常委会提前介入设区的市立法规划、立法计划的制定工作,对设区的市立法规划、立法计划的编制工作提出建议和意见;二是通过参加设区的市召开的研究法规草案的各种会议,就法规草案争议的焦点、难点以及法规要解决的主要问题发表意见。在法规的制定过程中,鉴于省级人大常委会的地位,设区的市人大常委会对于省级人大常委会立法工作人员提出的意见一般都会予以采纳。

如果赋予省级人大常委会就设区的市地方性法规进行事后审查的权力,那么,就设区的市地方性法规而言,将同时存在事前审查和事后审查两种审查方式。从理论上讲,事前审查与事后审查同时配置并不矛盾,一如本书第四章第一节所展示的那样。但从其他国家的经验来看,同时存在事前审查和事后审查的国家,一般都会对事前审查和事后审查的法律效力进行协调,事前审查一般具有排斥事后审查的效果。只要事前审查基于特定事由认定审查对象不存在合法性问题,事后审查便不再基于同一事由对审查对象进行审查。而我国省级人大常委会对设区的市地方性法规进行的批准,是设区的市立法程序的组成部分,是设区的市地方性法规出台的必经阶段。这意味着,设区的市制定的每一部地方性法规均需要经过省级人大常委会的事前审查。在此情形下,省级人大常委会再对设区的市地方性法规进行事后审查的必要性便大打折扣。同时,这样一种制度安排也会使得省级人大常委会处于一种非常尴尬的境地。如果省级人大常委会频繁地进行事后审查,纠正设区的市地方性法规的不合法之处,则意味着自己之前没有认真履行批准职责,自己之前的批准工作没有做到位;反之,如果省级人大常委会不进行事后审查,则赋予省级人大常委会事后审查权便没有了意义。

（二）全国人大常委会和省级人大常委会之间的审查关系难以理顺

赋予省级人大常委会事后审查权后，全国人大常委会是否还需要对设区的市地方性法规进行审查？如果全国人大常委会仍需要对设区的市地方性法规进行审查，一方面，全国人大常委会的审查压力并没有实质减轻，赋予省级人大常委会审查权以减轻全国人大常委会审查压力的初衷没有实现。另一方面，省级人大常委会进行的审查与全国人大常委会进行的审查是何种关系？如果省级人大常委会认为审查对象不存在合法性问题，而全国人大常委会却认为其存在合法性问题，全国人大常委会是否可以再次展开事后审查，并推翻省级人大常委会的审查结论？如此观之，授予省级人大常委会事后审查权的方案可能并不能有效地解决相关问题，反而滋生了诸多新的问题。如果全国人大常委会无须再对设区的市地方性法规进行审查，则意味着我国立法监督体系开始实行“下备一级”的备案审查体制。在党内法规和党内规范性文件备案体系中，我国实行“下备一级”备案体制。所谓“下备一级”备案体制，是指党的上一级组织对其所属工作机构和下一级组织制定的规范性文件进行备案的逐级备案体制，而不是对所有下级组织制定的党内法规和规范性文件进行备案。〔65〕但在规范性法律文件领域我国并没有实行这一体制。《立法法》第108条第2项规定，全国人大常委会“有权撤销同宪法、法律和行政法规相抵触的地方性法规”，这里的“地方性法规”显然包括设区的市地方性法规。实行“下备一级”的备案审查体制属于对立法监督体系的重大变动，涉及宪法和法律的修改，应当从长计议。

（三）省级人大常委会行使事后审查权缺乏现实条件

在现有的备案审查体系中，省级人大常委会负责对省政府规章，省政府发布的决定、命令，设区的市人大常委会发布的决议、决定进行审查。省级人大常委会同样面临较大的审查压力。规范性文件备案审查不仅涉及文件所规范事项的行业性问题，而且涉及大量的法律问题，同时还涉及对规范性文件备案审查工作的整体把握，是一项专业性、法律性、政策性很强的工作。

---

〔65〕 参见《什么是下备一级备案体制？》，载《秘书工作》2012年第11期。

随着备案审查工作的深入,省级人大常委会对有关规范性文件进行审查的任务越来越重。备案审查工作所面临的机构、人员、编制不足的问题突出。有的地方人大常委会虽然成立了专门的备案审查工作机构,但人员不足,能力不够,无法胜任专业性较强的审查工作。在此情形下,再让省级人大常委会对设区的市地方性法规进行事后审查,省级人大常委会可能难以胜任这一工作。

除主张赋予省级人大常委会事后审查权外,还有观点主张激活省级人大的审查权。如有观点认为,完善省级人大对设区的市法规进行事后审查的机制,需要赋予省级人大下的法制委员会对设区的市法规进行备案审查的权力。按照《立法法》第108条第4项的规定,省、自治区、直辖市的人民代表大会有权改变或者撤销它的常务委员会制定的和批准的不适当的地方性法规。因此,省级人大具有对设区的市地方性法规进行审查的法定权力。但省级人大不具备进行审查的现实条件。在地方立法实践中,由于会期、人数、议程安排等方面的原因,省级人大几乎不进行立法活动。地方人大常委会基本上代行了地方人大的全部立法职能。自1979年12月至2015年7月,广东省人大及其常委会共制定地方性法规321项,其中由省人大制定的只有8项,约占总数的2.5%。[66] 有些省级人大基本上没有行使过立法权,几乎所有的立法工作均由人大常委会"代劳"。2017年出台的《J省老年人权益保障条例》是J省人大历史上审议通过的首部实体性法规。省一级的人大连基本的立法活动都难以维续,遑论进行审查活动了。即使赋予省级人大的法制委员会事后审查权,这一问题也难以解决。设区的市地方性法规均需要经过省级人大常委会的批准,在批准过程中,省级人大的法制委员会深度参与并承担了实质工作,由法制委员会进行事后审查便是"自己审查自己"。况且,设区的市地方性法规是由省级人大常委会最终批准的,法制委员会在闭会期间需要接受省级人大常委会的领导,法制委员会又如何对省级人大常委会行使权力的结果进行审查和监督呢?

---

〔66〕 参见黄龙云主编:《广东地方立法实践与探索》,广东人民出版社2015年版,第351页。

三、审查程序在衔接方面存在的问题

（一）备案审查体系之间的衔接联动仍需强化

我国实行党委、人大、政府、军队等各系统分工负责的规范性文件备案审查工作体系。各负其责的规范性文件备案审查工作体系虽然有利于分散审查工作的压力，但也容易造成审查工作的碎片化。规范性文件备案审查工作体系碎片化的突出表现是，各个审查主体只负责自己职权范围内的审查事务，对职权范围外的审查事务则有心无力。碎片化的审查工作体系，对国家统一的备案审查工作造成了人为分割，并带来了诸多不利影响，主要表现在以下三个方面。

首先，碎片化的审查工作体系不利于公民等主体提出审查建议。由于备案审查工作的专业性，公民等主体在大多数情况下并不能准确判断和把握该向哪个国家机关提出审查建议。而在过去的审查工作体系中，审查主体对于不属于自己职权范围内的审查建议不会进行审查。公民等主体如果想要启动审查程序，只能再向有权进行审查的机关提出审查建议，这大大增加了公民等主体提出审查建议的时间成本和劳动量。在反馈、公开机制不健全的情况下，这种情形非常容易导致公民等主体提出的审查建议"石沉大海"。

其次，碎片化的审查工作体系不利于增强备案审查工作的整体成效。对于同一个事项，有的地方可能由人大制定地方性法规加以规定，有的地方可能由政府制定政府规章加以规定，有的地方可能由政府制定规范性文件加以规定，有的地方甚至可能由党委、政府联合制定规范性文件加以规定。如部分地方关于"著名商标"的规定。这些地方关于"著名商标"的规定涉及地方性法规 11 件，省级地方政府规章 18 件，设区的市级地方政府规章 7 件，地方政府及地方政府部门规范性文件 9 件。碎片化、分散化的审查体制在应对这一情形时，可能会捉襟见肘。即使某一项审查制度充分发挥了作用，但也只是纠正了自己管辖范围内违法的规范性文件，并不能纠正其他类型的关于同一事项的规范性文件。其他类型的关于同一事项的规范性文件，可能会照常施行。备案审查是一项整体性的事业，碎片化的审查工作体系不利于发挥备案审查的整体效能。

最后,碎片化的审查工作体系不利于各个审查主体之间统一审查标准。在碎片化的审查工作体系中,各个审查主体只是孤立地从事审查工作,自主地确定各自的审查标准。各个审查主体之间容易出现审查标准不统一、审查强度把握不一致的情形,甚至可能对类似情形得出完全不同的审查结论。审查标准不统一增强了规范性文件制定机关对审查结论的质疑,不利于维护审查主体的权威。

基于上述原因,推动建立各个审查体系之间的衔接、交流和互动机制,十分有必要。2015 年 7 月,中共中央办公厅印发《关于建立法规、规章和规范性文件备案审查衔接联动机制的意见》,推动各个主体之间形成备案审查衔接联动工作机制。所谓备案审查衔接联动机制,是指为了加强党和国家备案工作机构之间的协调配合,推进党和国家备案工作深入开展,在党内法规和规范性文件备案工作机构与国家法规、规章和规范性文件备案工作机构之间建立的备案协作机制。实践中,全国人大常委会立法工作机构已经与中央办公厅、国务院法制工作机构、中央军委办公厅之间建立了备案审查衔接联动机制,在移交审查建议、共商研究意见、共享工作信息、共同培训研讨、协商解决问题等方面逐步建立起常态化工作机制。[67] 2019 年修订的《中国共产党党内法规和规范性文件备案审查规定》第 4 条第 3 款规定:"各级党委应当与同级人大常委会、政府等有关方面建立健全备案审查衔接联动机制。"《法规、司法解释备案审查工作办法》第 7 条规定:"常委会工作机构通过备案审查衔接联动机制,加强与中央办公厅、司法部、中央军委办公厅等有关方面的联系和协作。"

目前,我国备案审查衔接联动机制已经建立并开始运行,但整体来看,备案审查衔接联动机制仍存在一些不足。一方面,审查主体在进行审查时,衔接有余而联动不足。例如,地方性法规的出台,往往有相应的地方政府规章与规范性文件与之配套。法规备案审查体系在对地方性法规进行审查的同时,与规章备案审查体系、规范性文件备案审查体系的联动仍存在欠缺。另一方面,不同备案审查体系在特定问题上的衔接和联动存在一些困难。例如,对党政联合发文进行审查的问题。按照党的组织原则,同级人大常委

〔67〕 参见沈春耀:《全国人民代表大会常务委员会法制工作委员会关于 2018 年备案审查工作情况的报告》,第十三届全国人民代表大会常务委员会第七次会议,2018 年 12 月 24 日。

会党组要受同级党委的领导，地方人大常委会不宜直接对党政联合出台的规范性文件进行审查，党内规范性文件与行政规范性文件仍需要分别按照党内法规和法律法规的规定进行备案审查。[68] 但二者如何进行衔接联动？省级政府出台的规范性文件由省级人大常委会进行备案审查，而按照2019年《中国共产党党内法规和规范性文件备案审查规定》第6条的规定，省、自治区、直辖市党委在履行职责过程中形成的规范性文件应当由中央办公厅进行备案和审查。对二者进行备案审查的主体分处不同的层次和系统，衔接、联动困难。备案审查的体系化运作是新时期备案审查工作的主要特征，当下，关于备案审查的理论研究和实践探索应当基于这一情势展开，并对相关问题进行充分回应。

(二)合宪性审查与合法性审查的程序衔接问题

违宪与违法是两种不同的范畴，二者在主体、侵害的客体、危害程度、组织机构和制裁方式等方面均存在重要区别，[69] 应当予以明确区分。合宪性审查中"宪"专指宪法，合法性审查中的"法"专指宪法以外的其他规范性法律文件。合宪性审查的审查对象，主要是法律。行政法规、地方性法规、自治条例和单行条例等规范性法律文件也可能存在直接违宪的问题，但情形十分少见。截至2023年3月13日十四届全国人大一次会议闭幕，我国已经有现行有效的法律294部，法律的规定几乎涉及政治、经济、文化、社会的各个方面。在中国特色社会主义法律体系已经形成并逐渐完善的前提下，行政法规、地方性法规等规范性法律文件不太可能绕开法律的规定，直接违宪。行政法规、地方性法规等规范性法律文件存在的问题几乎都可以归入违法的范畴，没有必要上升到违宪的高度。在处理立法的合宪性问题时，如果能用合法性审查路径解决，就不用合宪性审查——宪法轻易不出场。[70]

法律是合宪性审查的主要对象，但我国并没有建立起对法律的事后审查。"迄今为止，法律这种更为重要的法的形式，还没有成为法定审查监督

---

〔68〕 参见秦前红、苏绍龙：《党内法规与国家法律衔接和协调的基准与路径——兼论备案审查衔接联动机制》，载《法律科学（西北政法大学学报）》2016年第5期。

〔69〕 参见林广华：《违宪审查制度比较研究》，社会科学文献出版社2004年版，第8－10页。

〔70〕 参见刘连泰：《中国合宪性审查的宪法文本实现》，载《中国社会科学》2019年第5期。

的对象,相应地,对法律进行审查的专门的法律制度亦不存在。”[71]《宪法》第62条规定,全国人民代表大会有权“改变或者撤销全国人民代表大会常务委员会不适当的决定”。能否根据宪法的这一规定认为全国人大有权改变和撤销全国人大常委会制定的违宪的法律?学界对此存在不同认识。有研究者认为答案应当是肯定的,宪法这一条款中的“不适当”包括违宪的情形,“决定”包括全国人大常委会制定的法律。[72] 但也有研究者认为,宪法第62条只提及“决定”,没有提及“法律”,对法律的合宪性审查问题,我国宪法和法律都语焉不详,留下了大量审查“权力真空地带”。[73] 无论对宪法第62条作何种解释,对法律进行合宪性事后审查的程序始终是不明确的。在审查实践中,通常的做法是由宪法和法律委员会在立法审议过程中对法律草案进行合宪性控制,即对法律草案进行事前审查。宪法和法律委员会在审议过程中依据宪法文本修改或者删除法律草案中与宪法相冲突的条文,或者采纳立法者的相关审议意见,修改草案内容,保证草案的合宪性。[74]

行政法规、地方性法规等规范性法律文件直接违反宪法虽然比较困难,但并非不可能。在备案审查的过程中,如果审查主体发现行政法规、地方性法规无法通过合法性审查加以解决,需要通过合宪性审查加以解决时,该如何处理?对于这一问题,我国法律没有明确规定。从《立法法》《法规、司法解释备案审查工作办法》的相关规定来看,合宪性审查与合法性审查在主体、程序等方面甚至存在混同的现象。《法规、司法解释备案审查工作办法》第20条、第36条的规定均可以说明这一点。[75] 由于我国相关法律尚没有对合宪性审查和合法性审查作出明确区分,审查实践出现了“合法性审查吸

---

〔71〕 周旺生:《立法学》(第2版),法律出版社2009年版,第348页。

〔72〕 参见刘连泰:《中国合宪性审查的宪法文本实现》,载《中国社会科学》2019年第5期。

〔73〕 参见封丽霞:《制度与能力:备案审查制度的困境与出路》,载《政治与法律》2018年第12期。

〔74〕 参见邢斌文:《论法律草案审议过程中的合宪性控制》,载《清华法学》2017年第1期。

〔75〕《法规、司法解释备案审查工作办法》第20条规定,宪法和法律委员会、法制工作委员会对法规、司法解释以及其他规范性文件中涉及宪法的问题,应当主动进行合宪性审查研究,提出书面审查意见,并及时反馈制定机关。第36条规定,对法规、司法解释进行审查研究过程中,发现法规、司法解释存在违背宪法规定、宪法原则或宪法精神问题的,应当提出意见。

纳甚或抵消合宪性审查”的趋势。[76]

合宪性审查程序与合法性审查程序相衔接的关键有三：一是区分，二是识别，三是移交。“区分”，即要求审查实践将合宪性审查与合法性审查明确区分开来。对合法性审查和合宪性审查进行明确区分，似乎已经成为学界的共识，但在实践中，我国的备案审查工作对二者的区分不够明显。“识别”，即要求审查主体在合法性审查的过程中能够准确识别出哪些案件属于合法性审查，哪些案件属于合宪性审查。识别的标准主要在于审查主体能否通过适用法律、行政法规等规范性法律文件得出审查结论。如果可以依据法律、行政法规等规范性法律文件得出审查结论的，则应当将之归为合法性审查范畴；如果不能依据法律、行政法规等规范性法律文件得出审查结论，需要依据宪法进行审查的，则应当将之归为合宪性审查范畴。“移交”，即要求审查主体对于属于合宪性审查的案件，应当启动移交程序，将案件移交给宪法和法律委员会。2018 年通过的宪法修正案将“法律委员会”更名为“宪法和法律委员会”，宪法和法律委员会是合宪性审查的主体，应无疑义。但审查主体依据何种程序展开审查工作，尚不明确。合宪性审查的程序不明确，在很大程度上是合法性审查与合宪性审查没有明确区分所导致的。这也是未来我国推进合宪性审查应当着重努力的方向。

四、审查程序在运行方面存在的问题

立法机关赖以维系的价值是民主，行政机关赖以维系的价值是效率，司法机关赖以维系的价值是公正。“与司法权和行政权相比，立法权最大的特点在于其民主性，即立法权的产生和存续要以民主为基础，立法权的运行要以追求民主为根本的价值取向。”[77]立法机关对民主价值的依赖，首先表现在立法机关的组成人员是公民通过民主选举产生的，具有民主正当性；其次还表现在立法是法定立法程序约束下多数人意见的表达。立法是民主的产物，是多数人决定的结果。对立法进行监督即意味着对民主进行监督，推翻立法即意味着推翻多数人的决定。因此，对立法进行监督应当格外慎重，监

[76] 参见林来梵：《合宪性审查的宪法政策论思考》，载《法律科学（西北政法大学学报）》2018 年第 2 期。

[77] 李林：《立法理论与制度》，中国法制出版社 2005 年版，第 305－313 页。

督立法的权力也必须受到监督。公开是监督权力最好的方式。“没有公开性，其他一切制约都无能力。和公开性相比，其他各种制约是小巫见大巫。”[78]

在过去，我国的备案审查程序一般不公开，审查活动基本是以一种“黑箱”的方式进行的。公民等主体向全国人大常委会提出的审查建议，多数没有得到回应。由于没有反馈，审查主体是否收到过审查建议，是否启动过审查程序，是否作出过审查结论，作出了何种审查结论等情况外界无从得知。在纪念“82 宪法”实施 30 周年论坛上，时任全国人大常委会副秘书长乔晓阳将审查违宪地方性法规的工作形容为“鸭子浮水，脚在下面动，上面没有看出来”。[79] 法规审查工作事实上在进行，但信息流转一般只限于立法机关系统内部，难以被外界知悉。不公开问题，包括受理程序不公开、处理过程不公开、处理方式不公开、处理结果不公开、当事人不公开、处理理由不公开等，已经成为我国备案审查制度需要改进的问题中最为突出的一个。[80] 2015 年《立法法》修改，增加规定了反馈公开机制，全国人大专门委员会和全国人大常委会法工委按照“谁审查，谁反馈”的原则，按规定要求向审查建议人反馈意见，并可以适当向社会公开。随着备案审查工作的推进，全国人大常委会近几年陆续披露了一些典型案例，备案审查制度的公开性问题已经有了明显改善。

进一步增强审查程序的公开性，可以考虑从以下两个方面着手：

第一，确立公开为原则，不公开为例外的公开模式。和以往相比，2015 年《立法法》关于审查程序公开问题的规定有了较大进步，但其仍规定“可以”适当向社会公开。依据这一规定，审查活动是否向社会公开，完全取决于审查主体的自由裁量。向社会公开审查活动，意义重大。就公众而言，法具有一般性和反复适用性，规范性法律文件一旦公布，即影响不特定的多数人，受到立法影响的社会公众对审查活动较为关注，公开可以满足社会公众的知情权。公众提出的意见，只有及时予以反馈和公开，才能让公众觉得自

---

〔78〕 王名扬：《美国行政法》（上册）（第 2 版），中国法制出版社 2005 年版，第 430 页。

〔79〕 参见李丽：《违宪审查：树立宪法的最高权威——纪念 82 年宪法实施 30 周年（下）》，载《中国青年报》2012 年 10 月 18 日，第 1 版。

〔80〕 参见胡锦光：《论合宪性审查的“过滤”机制》，载《中国法律评论》2018 年第 1 期。

己的意见受重视，才能调动公众参与审查活动的积极性。就制定机关而言，公开有利于促进制定机关及早纠正违法立法，保证审查制度的实效性，也有利于其他立法主体引以为戒，增强审查制度的权威性。就审查主体而言，公开有利于对审查主体行使审查权进行监督，避免审查权的不当行使。“全国人大常委会法工委，地方人大常委会及其工作机构作出的审查结论或审查意见，理论上可以受到挑战质疑。”[81]公开制度对于促进备案审查制度的规范发展具有积极作用，应当尽快完善。

第二，增强审查程序具体环节公开的力度，尤其是审查结果文书的公开力度。规范的审查结果文书，能够反映我国备案审查活动的规范性和权威性。如果审查结果文书不具有规范性和权威性，备案审查制度很难获得公民和其他国家机关的尊重。内容齐全、说理透彻的审查结果文书，能够提高制定机关对审查结果文书的接受度，树立备案审查制度的权威。规范的审查结果文书，也能够倒逼审查主体慎重对待审查活动。审查结果文书是审查活动、审查过程和审查理由的集中体现和重要载体，是审查机关价值取向和法律素养的综合体现。将审查结果文书向社会公开，会督促审查主体更加认真地对待审查活动，进而有助于提高审查质量。及时公开审查结果文书，是存在宪法审查制度的国家的普遍做法，也是为探索建立具有中国特色的备案审查指导性案例制度奠定基础。

---

〔81〕 李雷：《人大备案审查结论存疑的优化机制探究》，载《法学》2021年第12期。

第五章

法规审查的标准与方法

党的十九大报告提出，要推进合宪性审查工作；推进科学立法、民主立法、依法立法。将“依法立法”与“科学立法、民主立法”相并列的提法，在历届党的代表大会报告中，尚属首次。党的二十大报告也指出，要完善和加强备案审查制度。然而，实践中的备案审查工作却存在诸多不足，审查标准不清、制度刚性不够、审查能力不足等问题比较突出。本章主要对审查标准、审查方法问题进行研究。

第一节对合法性审查、合宪性审查、适当性审查的关系进行研究。本节首先考察了宪法法律文本、日常习惯表述中经常出现的“不适当”“抵触”“不合法”“违反上位法规定”“不一致”“超越权限”等概念之间的逻辑关系。在此基础上，廓清合法性审查、合宪性审查、适当性审查之间的关系。三者之间的关系应当分语境、分情形具体讨论。

第二节和第三节对合法性审查的标准和方法进行研究。合法性审查的标准和方法主要体现为“抵触”的判定标准和方法。本书认为，不同的地方立法类型对应不同的抵触类型，进而有不同的判定标准和方法，应当分门别类地予以讨论。其中，第二节对地方执行性立法的合法性审查标准进行研究。执行性立法既可能只构成直接抵触，不构成间接抵触；也可能同时构成直接抵触和间接抵触。但无论何种情形，严格形式主义的立场必须一以贯之。直接抵触的判定需要以法律规则的构成要素为基石，明晰立法抵触的判定标准。就义务性规则和职权性规则而言，国家法律应当视为统一性标准；就权利性规则和职责性规则而言，国家法律可以视为最低限度的标准。第三节对地方补充性立法的合法性审查标准进行研究。由于处于一种中间状态，地方补充性立法的合法性审查标准不同于地方执行性立法。明确地方补充性立法的权力边界，应当构建一种形式标准和实质标准相统一的合法性审查标准。2021 年修改的《行政处罚法》在一定程度上肯定了地方补充性立法的法律地位，本节对地方补充性立法合法性判断标准的讨论，也将结合《行政处罚法》的修改进行。

第四节对适当性审查的标准与方法进行研究。适当性审查与合法性审查不同。在适当性审查面前，所有的地方立法类型一视同仁，遵循共同的审查标准和方法。适当性审查的实质是审查主体依据一定的方法，对审查对象合理与否作出判断，并进行精致、充分理由论证的过程。审查对象逐一通过目的正当性审查、手段适当性审查、必要性审查和均衡性审查，才能认定为适当。在审查过程中，审查主体应当综合运用价值判断、实证分析和法益衡量等方法。然而，法律文本并没有明确规定全国人大常委会有权以不适当为由改变或者撤销地方性法规。这一状况应当予以改变，并明确全国人大常委会进行适当性审查所应秉持的自制立场，以使全国人大常委会的适当性审查工作规范化、科学化。

第一节 合法性审查、合宪性审查、适当性审查的关系

我国存在合法性审查、合宪性审查、适当性审查三种审查类型。合法性审查是对规范性法律文件是否符合上位法进行的审查；合宪性审查是对规范性法律文件，尤其是“法律”是否符合宪法进行的审查；适当性审查是对规范性法律文件具体内容合理与否进行的审查。三种审查类型的关系问题、界限问题引起了学界的广泛关注。有研究者认为，法规备案审查与合宪性审查的关系以及未来的格局是值得研究的课题，本着合法性审查优先原则，应当先进行合法性审查、适当性审查，如此还无法解决相关问题时，再进行合宪性审查。[1] 还有研究者指出，三者界限的模糊已经严重影响了合宪性审查功能的发挥，在实际操作中，应当遵循先合法性审查、再合宪性审查、最后适当性审查的阶层性审查次序。[2] 本节将对三者之间的关系进行分析，为后续研究奠定基础。

一、合法性审查、合宪性审查、适当性审查对应的情形

合法性审查、合宪性审查、适当性审查，是为了解决规范性文件的不合法、不合宪、不适当等情形而存在的。我国宪法法律文本以及人们的日常习惯表述中，存在“不适当”“抵触”“不合法”“下位法违反上位法规定”“不一致”“超越权限”等概念、表述。廓清这些概念、表述的确切含义，理顺它们彼此之间的关系，有助于理解合法性审查、合宪性审查、适当性审查的关系。

---

〔1〕 参见胡锦光：《论法规备案审查与合宪性审查的关系》，载《华东政法大学学报》2018 年第 4 期。

〔2〕 参见王锴：《合宪性、合法性、适当性审查的区别与联系》，载《中国法学》2019 年第 1 期。

(一)"不适当"与"不合法"的逻辑关系

"不适当"在宪法文本中共出现了7次,均是关于改变或撤销权限的,它们分别是:全国人大有权改变或撤销它的常委会的不适当的决定;国务院有权改变或者撤销各部委发布的不适当的命令、指示和规章,有权改变或者撤销地方各级国家行政机关的不适当的决定和命令;县级以上地方各级人大有权改变或者撤销它的人大常委会的不适当的决定;县级以上地方各级人大常委会有权撤销本级政府不适当的决定和命令,有权撤销下一级人大的不适当的决议;县级以上政府有权改变或撤销所属各工作部门和下级政府的不适当的决定。[3]《宪法》文本中的"不适当"一词,具有比较宽泛的含义,几乎"无所不包",既包含了不公平、不合理的情形,也包含了不合法、抵触的情形。这一用法在2007年《监督法》中得到延续。该法第30条规定,县级以上地方各级人大常委会对下一级人大及其常委会作出的决议、决定和本级政府发布的决定、命令,经审查,"认为有下列不适当的情形之一的,有权予以撤销:(一)超越法定权限,限制或者剥夺公民、法人和其他组织的合法权利,或者增加公民、法人和其他组织的义务的;(二)同法律、法规规定相抵触的……""不适当"一词在2023年《立法法》中出现了6次,[4]均与《宪法》中所使用的"不适当"一词为同义词。可见,在我国《宪法》《监督法》《立法法》的文本中,"不适当"的概念明显包含了"不合法"的概念。

但在实践中,人们更多从狭义上理解"不适当"。在备案审查工作机构编写的著述中,是否适当是指规范性法律文件"是否符合一般社会公众对民主、自由、公平、正义、平等、秩序等法的价值的认知,是否符合实际、合乎理性、宽严适度,能够为一般社会公众所接受和理解"。[5]"不适当"被当作一种与"不合法"相互独立、相互并列的类型。

为了辨明"不适当"的确切含义,可以把"不适当"作广义和狭义的区分。广义上的"不适当",是一个囊括了一切情形的概念,它既包含狭义上的

---

〔3〕 参见《宪法》第62、89、99、104、108条。

〔4〕 参见2023年《立法法》第107、108条。其中,第107条出现1次,第108条出现5次。

〔5〕 参见全国人大常委会法制工作委员会法规备案审查室:《规范性文件备案审查理论与实务》,中国民主法制出版社2020年版,第125页。

“不适当”,也包含“不合法”。狭义上的“不适当”,是与“不合法”相并列的概念,仅指不公平、不合理等情形。

(二)“不合法”的诸多情形及其内在关联

在诸多概念中,与“不合法”密切相关的概念有“超越权限”“下位法违反上位法规定”“违背法定程序”“抵触”等。“不合法”“超越权限”“下位法违反上位法规定”“违背法定程序”“抵触”之间是何种关系?对此,法律没有明确规定,人们的理解也颇为混乱。厘清上述概念之间的关系,需要回归到宪法和法律的文本。

“抵触”在《宪法》文本中出现了6次,均出现在了表达“等级关系”的语境中。这种等级关系可能表现为规范性法律文件之间的效力等级关系。如《宪法》第5条第3款规定,一切法律、行政法规和地方性法规都不得同宪法相抵触。在规范性法律文件之间效力等级关系不明时,这种等级关系还可能表现为制定机关之间的等级关系。如《宪法》第67条第3项规定,全国人大常委会可以对全国人大制定的法律进行部分补充和修改,但是不得同该法律的基本原则相抵触。全国人大制定的基本法律与全国人大常委会制定的法律之间的效力等级的问题,学界一直存在较大的争议。[6] 全国人大常委会是全国人大的常设机关,对全国人大负责并报告工作,在地位上低于全国人大。2023年《立法法》对“抵触”一词的使用,进一步说明了这一点。该法第81条第2款规定,省级人大常委会在批准设区的市的地方性法规时,发现其同省级人民政府规章相抵触的,应当作出处理决定。省级政府规章与设区的市地方性法规的效力等级关系不明确,但二者的制定机关分别属于省级主体和市级主体,在地位上存在行政等级差别。[7]

《宪法》《立法法》文本中的“抵触”,具有十分广泛的含义,应当作广义上的理解。它实际上表达了地位较低的主体制定的规范性法律文件与地位较高的主体制定的规范性法律文件之间不符合的状态。广义上的“抵触”囊

---

〔6〕 参见马英娟:《再论全国人大法律与全国人大常委会法律的位阶判断——从刘家海诉交警部门行政处罚案切入》,载《华东政法大学学报》2013年第4期。

〔7〕 参见郑泰安:《设区的市地方性法规与省级政府规章效力等级辨析——基于讨论规则的视角》,载《法学论坛》2018年第1期。

括了“超越权限”“下位法违反上位法规定”“违背法定程序”等情形。诸多理论研究者都是从广义上理解“抵触”的含义的，如有研究者认为：“合法性审查主要是审查下位法是否抵触上位法。”〔8〕部分立法工作者也是从广义上理解抵触的含义的：“一般认为以下几种情况属于‘抵触’：(1)上位法有明确的规定，与上位法的规定相反的……(4)违反了本法关于立法权限的规定，越权立法的；(5)下位法超出上位法规定的处罚的种类和幅度的。”〔9〕据此，可以得出结论：宪法法律文本中“抵触”的含义十分广泛，基本上可以等同于“不合法”，包括“超越权限”“下位法违反上位法规定”“违背法定程序”等情形。

狭义上“抵触”是指2023年《立法法》第107条所规定的“下位法违反上位法规定”。从字面含义上看，“下位法违反上位法规定”当然涵盖了“超越权限”情形。例如，地方性法规对《立法法》第11条所规定的法律保留事项进行了规定，这当然属于“超越权限”，但也属于“下位法违反上位法规定”，即地方性法规违反了《立法法》这一上位法。但对法律条文进行解释，还需要将该法律条文与其他法律条文联系起来。“由上下文脉络可以确定某段文字应作何解，同样地，法律的意义脉络也有助于个别字句的理解。”〔10〕在体系解释的语境中，“下位法违反上位法规定”“超越权限”是2023年《立法法》第107条中相互并列的“项”。二者是并列关系，所表达的内容也应当是并列关系。“下位法违反上位法规定”不应当涵盖“超越权限”。在备案审查实践中，实务工作者也认为“超越权限”和“下位法违反上位法规定”是两种相互并列的不法类型。〔11〕在此意义上，《立法法》第107条所规定的“下位法违反上位法规定”，实际上是指狭义上的抵触。狭义上的抵触是指下位法与上位法针对同一事项作出规定，下位法与上位法的规定内容不一致，即下位法的规定违背了上位法的原则和条文。凡下位法规定违反上位法条文者，称作直接抵触；下位法规定违反上位法的立法目的、基本原则和精神者，

〔8〕王锴：《合宪性、合法性、适当性审查的区别与联系》，载《中国法学》2019年第1期。

〔9〕乔晓阳主编：《中华人民共和国立法法讲话》（修订版），中国民主法制出版社2008年版，第322页。

〔10〕［德］卡尔·拉伦茨：《法学方法论》，陈爱娥译，商务印书馆2003年版，第204页。

〔11〕参见全国人大常委会法制工作委员会法规备案审查室：《〈法规、司法解释备案审查工作办法〉导读》，中国民主法制出版社2020年版，第103－108页。

称作间接抵触。[12] 所以,狭义上的抵触更关注的是下位法与上位法在立法目的、精神、条文等方面是否相一致的问题。

综上所述,“抵触”一词也可以作广义和狭义的区分。在广义上,“抵触”基本上等同于“不合法”,它包含了“超越权限”“下位法违反上位法规定”“违背法定程序”等情形;在狭义上,“抵触”仅仅是指《立法法》第107条所规定的“下位法违反上位法规定”,不包含“超越权限”“违背法定程序”等情形。

此外,《立法法》文本中还存在“不一致”的概念。《立法法》文本中的“不一致”主要用来指称三种情形:(1)同一机关制定的规范性法律文件之间的不一致。如2023年《立法法》第103条规定,同一机关制定的法律、行政法规、地方性法规、自治条例和单行条例、规章,特别规定与一般规定不一致的,适用特别规定;新的规定与旧的规定不一致的,适用新的规定。(2)效力等级相同的规范性法律文件之间的不一致。如部门规章之间、部门规章与地方政府规章之间对同一事项的规定不一致。(3)效力等级关系不明但行政地位平等的主体制定的规范性法律文件之间的不一致。如地方性法规与部门规章之间对同一事项的规定不一致。[13] 不难发现,《立法法》主要使用“不一致”一词来指称效力等级相同,或者效力等级不明但制定主体行政地位相同的规范性法律文件之间的不符合状态。但在实践中,人们经常用“不一致”来表述下位法与上位法之间不符合的状态。例如,全国人大常委会法工委法规备案审查室在复函中曾载明,《杭州市道路交通安全管理条例》的规定“与行政强制法相关规定的立法原意不尽一致”。[14] 在审查“《某省土地利用总体规划条例》关于预留比例内核减基本农田数量的规定”时,法规备案审查室认为,该条例第13条的规定“存在与法律、行政法规

〔12〕 参见胡建淼:《法律规范之间抵触标准研究》,载《中国法学》2016年第3期。

〔13〕 在《立法法》的逻辑中,设区的市地方性法规经省级人大常委会批准,因此,其等同于是省级人大常委会制定的。“考虑到较大的市制定的地方性法规是经省、自治区人大常委会批准的,因此,其法律效力应当同省、自治区的地方性法规相同。”参见乔晓阳主编:《立法法讲话》,中国民主法制出版社2000年版,第249页。

〔14〕 参见《关于潘洪斌对〈杭州市道路交通安全管理条例〉提出的审查建议的复函》(法工备函〔2016〕6号)。

不一致的问题”。[15] 再如，最高人民法院等国家机关也将“不一致”“抵触”混同使用，最高人民法院的有关司法解释、批复、答复等，大都用“不一致”来表达纵向法规之间的冲突。[16] 笔者认为，实践中人们将“不一致”“抵触”混同使用，并非觉得“不一致”“抵触”没有差别，而是“抵触”一词包含了明显的否定倾向，太过于尖锐，不符合国家机关之间“沟通、协商”的工作方法和“一团和气”的工作氛围。故而，人们用“不一致”作为“抵触”的温和表达。但不应据此混淆“抵触”和“不一致”在宪法法律文本中的规范含义。

（三）“超越权限”的规范含义

“立法权限”在《立法法》文本中是以第二章第一节的标题形式出现的。显然，这一章节并没有穷尽关于立法权限的所有规定。其他关于立法权限的规定，散落在《行政处罚法》《行政许可法》《行政强制法》等法律之中。立法权限是指“一个主权国家中现行全部有关需要通过立法方式加以调整、控制和规范的事项的权力范围，即立法主体行使立法职权的权力限度和内容范围”。[17] 立法权限包含两个方面的内容：一是事项范围；二是权力限度。在事项范围方面，立法主体只能就特定立法事项进行立法。例如，《立法法》第 11 条规定的法律保留事项，[18] 这些事项只能由全国人大及其常委会制定法律；再如，《宪法》第 40 条规定，对公民的通信进行检查，只能出于国家安全或追查刑事犯罪的需要，由公安机关或者检察机关依照法律规定的程序进行检查。就这些事项而言，“法律”以外的其他立法形式，如行政法规、地方性法规等，均不能加以规定。如果法律以外的其他规范性文件对此加以规定，则意味着超越了立法权限。在权力限度方面，权力限度是指规范性法律文件在设置法律责任时，所能达到的极限。例如，《行政处罚法》第 12 条

〔15〕 参见全国人大常委会法制工作委员会法规备案审查室编著：《规范性文件备案审查案例选编》，中国民主法制出版社 2020 年版，第 37 页。

〔16〕 参见胡建淼：《法律规范之间抵触标准研究》，载《中国法学》2016 年第 3 期。

〔17〕 李林：《走向宪政的立法》，法律出版社 2003 年版，第 188 页。

〔18〕 需要指出的是，《立法法》第 11 条规定的事项并不是全部属于“事项范围”，“对公民政治权利的剥夺、限制人身自由的强制措施和处罚”等规定即属于“权力限度”。

第 2 款的规定和《行政强制法》第 11 条第 2 款的规定。[19] 这些规定给行政法规、地方性法规的权力边界作了明确限定。行政法规、地方性法规设置的法律责任如果违反了这些规定，也应当被认定为超越立法权限。按照《立法法》的规定，法律、行政法规、地方性法规、自治条例和单行条例、规章超越立法权限的，由有关机关予以改变或者撤销。

（四）不当、不法情形的体系解释

法教义学的立场要求“将现行实在法秩序作为坚定信奉而不加怀疑”。[20] 经过体系解释，我国宪法法律所规定的不当、不法情形可以形成一个融贯的体系。彼此之间的逻辑关系如图 5－1 所示。

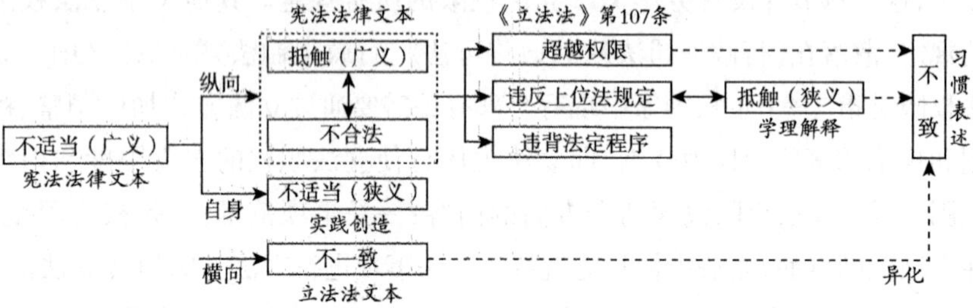

图 5－1　不当、不法的情形及其逻辑关系

注：图中楷体字标明了相邻实体框内概念的来源。

厘清了不当、不法的情形及其逻辑关系，在很大程度上便厘清了合法性审查、合宪性审查、适当性审查的内容。合法性审查主要是审查下位法是否符合上位法的规定，所针对的情形主要是下位法违反上位法规定、超越立法权限、违背法定程序。以地方立法为例，针对地方立法进行的合法性审查主要考虑地方立法是否存在以下情形：第一，地方立法是否与法律、行政法规等上位法规定的具体内容相抵触。第二，地方立法在事项范围方面是否超越立法权限。地方立法的事项范围在《宪法》《立法法》中均有较为明确的

---

〔19〕《行政处罚法》第 12 条第 2 款规定，法律、行政法规对违法行为已经作出行政处罚规定，地方性法规需要作出具体规定的，必须在法律、行政法规规定的给予行政处罚的行为、种类和幅度的范围内规定。《行政强制法》第 11 条第 2 款规定，法律中未设定行政强制措施的，行政法规、地方性法规不得设定行政强制措施。

〔20〕参见白斌：《论法教义学：源流、特征及其功能》，载《环球法律评论》2010 年第 3 期。

规定，地方立法超越事项范围，属于明显的超越立法权限。事项范围维度限制和约束的主要是法规范的构成要件部分。第三，地方立法在权力限度方面是否超越立法权限。在我国，对地方立法权力限度方面的专门限制主要集中在《立法法》《行政强制法》《行政许可法》《行政处罚法》等法律之中。权力限度维度限制和约束的主要是法规范的法律责任部分。第四，地方立法是否违反法定的立法程序。不得违反法定的立法程序是地方立法最基本的要求。

合宪性审查所针对的情形主要是与宪法相抵触（狭义）的情形。就地方立法而言，法律、行政法规等规范性法律文件组成的法律体系虽然门类齐全、结构严密，但并非“密不透风”，在法律、行政法规等规范性法律文件存在缺位、空白之处，地方立法存在直接违宪的可能。由于没有上位法依据，此时不能再对地方立法进行合法性审查，而是需要对地方立法进行合宪性审查。

适当性审查所针对的情形主要是狭义上的不适当情形。就地方立法而言，适当性审查主要关注地方立法的规定是否明显超过必要的限度。

二、合法性审查、合宪性审查、适当性审查关系的具体样态

合法性审查、适当性审查、合宪性审查是三种独立的审查类型，三者之间的关系应当分语境、分情形具体讨论。

（一）合法性审查与合宪性审查的关系

合宪性审查一般只出现在如下三种情形：第一，法律的具体规定、立法目的或原则、精神与宪法不一致。第二，在法律对某一领域完全没有规定的前提下，行政法规的具体规定、立法目的或原则、精神与宪法不一致。第三，在法律、行政法规等上位法对某一领域完全没有规定的前提下，地方性法规等下位法的具体规定、立法目的或原则、精神与宪法不一致。当下，中国特色的社会主义法律体系已经基本形成，地方立法直接违反宪法的情形比较少见。地方立法存在的问题多数可以归于合法性审查的范畴。

在合法性审查与合宪性审查的关系范畴中，凡是依据法律、行政法规等上位法进行审查，能够得出审查结论的，没有必要引用宪法规范进行审查。

在这一意义上，合法性审查是合宪性审查的前提程序和过滤装置。[21] 在"齐玉苓案"中，最高人民法院作出了《关于以侵犯姓名权的手段侵犯宪法保护的公民受教育的基本权利是否应承担民事责任的批复》（法释〔2001〕25号），认为"陈晓琪等以侵犯姓名权的手段，侵犯了齐玉苓依据宪法规定所享有的受教育的基本权利，并造成了具体的损害后果，应承担相应的民事责任"。事实上，山东省高院或其下级法院没有必要请示最高人民法院，最高人民法院也没有必要作出这一批复。[22] 因为1995年《教育法》第81条规定，"侵犯教师、受教育者、学校或者其他教育机构的合法权益，造成损失、损害的，应当依法承担民事责任"。通过适用《教育法》，法院可以妥善解决这一案件中的相关问题。换言之，在这一案件中，宪法规范是没有必要"出场"的。这也是这一批复后来被废止的主要原因。

如果《宪法》对某一特定问题作了明确、具体的规定，法律、行政法规等在贯彻、落实宪法规定时，重复了宪法的规定，则会出现宪法和法律、行政法规规定完全相同的情形。此时，合法性审查与合宪性审查便存在重合之处，即违法即意味着违宪，违宪即意味着违法。例如，《宪法》《电信条例》均规定了公民的通信自由和通信秘密。《宪法》第40条的规定与《电信条例》第65条第1款的规定基本一致。《宪法》第40条规定："中华人民共和国公民的通信自由和通信秘密受法律的保护。除因国家安全或者追查刑事犯罪的需要，由公安机关或者检察机关依照法律规定的程序对通信进行检查外，任何组织或者个人不得以任何理由侵犯公民的通信自由和通信秘密。"《电信条例》第65条第1款规定："电信用户依法使用电信的自由和通信秘密受法律保护。除因国家安全或者追查刑事犯罪的需要，由公安机关、国家安全机关或者人民检察院依照法律规定的程序对电信内容进行检查外，任何组织或者个人不得以任何理由对电信内容进行检查。"《宪法》《电信条例》对通信自由和通信秘密的规定十分明确。首先，对通信进行检查必须是出于国家安全或者追查刑事犯罪的需要；其次，对通信进行检查必须由公安机关、国家安全机关或者检察机关进行。2011年《某省道路交通安全条例》第76条规定，因调查交通事故案件需要，公安机关交通管理部门可以查阅或者复

---

〔21〕 参见胡锦光：《论合宪性审查的"过滤"机制》，载《中国法律评论》2018年第1期。

〔22〕 参见童之伟：《宪法司法适用研究中的几个问题》，载《法学》2001年第11期。

制有关单位记载过往车辆信息的资料，以及车辆维修单位维修记录和交通事故当事人的通讯记录，必要时可以依法提取和封存相关信息、资料。2013年《某区实施〈中华人民共和国道路交通安全法〉办法》第50条也作了同样的规定。《某省道路交通安全条例》和《某区实施〈中华人民共和国道路交通安全法〉办法》均属于地方性法规，却规定因调查交通事故案件的需要，交通管理部门可以查阅或者复制交通事故当事人的通讯记录。两部地方性法规与《宪法》《电信条例》的不一致之处显而易见。对上述两部地方性法规进行的审查应当属于合法性审查还是合宪性审查？在全国人大常委会法工委看来，这一审查方式应当属于合宪性审查。〔23〕但问题在于，《电信条例》是国务院制定的行政法规，它对通信自由和通信秘密也作了较为明确的规定，依据《电信条例》完全可以解决地方立法存在的合法性问题。将对两部地方性法规进行的审查定性为合法性审查也有充足理由。毕竟，行政法规的规定和宪法的规定几乎完全一致，违法与违宪发生了竞合，地方性法规违法的同时也违宪。

再如，有的地方性法规规定，各级各类民族学校应当使用本民族语言文字或者本民族通用的语言文字进行教学；还有的地方性法规规定，经本地教育行政部门同意，有条件的民族学校部分课程可以用汉语言文字授课。全国人大常委会法工委审查后认为，上述规定应予纠正。在全国人大常委会法工委看来，上述案例属于合宪性审查的范畴，在备案审查工作报告中，案例所处部分的标题即为“积极稳妥处理合宪性、涉宪性问题”。〔24〕将这一案例定性为合宪性审查的确有充足理由，《宪法》第19条第5款规定：“国家推广全国通用的普通话。”但是，将这一案例定性为合法性审查也没有问题，因为《国家通用语言文字法》第3条规定：“国家推广普通话，推行规范汉字。”第4条第3款规定：“地方各级人民政府及其有关部门应当采取措施，推广普通话和推行规范汉字。”在这一案例中，违宪与违法发生了竞合。《国家通用语言文字法》的有关规定与《宪法》的规定基本相同。

---

〔23〕 参见全国人大常委会法制工作委员会法规备案审查室：《〈法规、司法解释备案审查工作办法〉导读》，中国民主法制出版社2020年版，第100页。

〔24〕 参见沈春耀：《全国人民代表大会常务委员会法制工作委员会关于2020年备案审查工作情况的报告》，第十三届全国人民代表大会常务委员会第二十五次会议，2021年1月20日。

综上所述，在认识合法性审查与合宪性审查的关系时，应当坚持合法性审查先于合宪性审查，同时，也应当承认二者存在重合之处。

（二）合法性审查与适当性审查的关系

合法性审查与适当性审查是两种相互独立的审查类型，二者之间是一种先后关系。在对审查对象进行合法性审查时，如果认定审查对象存在合法性问题，则不需要再进行适当性审查；只有在审查对象不存在合法性问题时，才需要再进行适当性审查。在这一意义上，合法性审查也是适当性审查的前提条件。当审查对象需要进行适当性审查时，表明审查对象已经不存在合法性问题了。例如，在法律处于空白状态的领域，地方性法规设置的行政处罚只要不超出相应的限额，一般不会存在合法性问题。但如果整部地方性法规规定了大量针对公民的行政处罚，将地方立法变成"处罚法""规制法"，且对公民权利和义务的规定明显不合理，则可能存在适当性问题。再如，地方性法规对相关问题的规定不存在合法性问题，只是由于社会形势发生重大变化，不适合继续施行，则也可能存在适当性问题。

（三）合宪性审查与适当性审查的关系

由于宪法规范比较抽象，合宪性审查与适当性审查既可能是先后关系，也可能是重合关系。就前者而言，如果认定审查对象存在合宪性问题，则不需要再进行适当性审查；只有在审查对象不存在合宪性问题时，才需要再进行适当性审查。此种情形下，合宪性审查与适当性审查的关系，和合法性审查与适当性审查的关系类似。就后者而言，合宪性审查与适当性审查在某些特定情形下也存在重合之处，此时，评价审查对象是否符合宪法的过程可能涉及适当性的判断问题。地方立法对新兴权利的规定即可能面临这一问题。新兴权利是指学界目前致力于研究并论证其合理性的那种尚未实定化的、新兴的事实性权利。[25] 其之所以被称为新兴权利，恰恰是因为它是新兴起的，尚未被实在法加以规定的权利。在新兴权利法定化的过程中，地方立法完全有可能走在国家法律前列。此时，对地方立法的审查可能不会存

---

〔25〕 参见魏治勋：《新兴权利研究述评——以 2012 ~ 2013 年 CSSCI 期刊相关论文为分析对象》，载《理论探索》2014 年第 5 期。

在明确的上位法依据，而可能需要依据宪法进行。然而，地方立法对新兴权利的规定在很大程度上是适当与否的问题，即限制的目的是否具有正当性和合理性，限制手段是否与立法目的成比例等问题。此种情形下，合宪性审查与适当性审查存在一定的重合之处。

总之，合法性审查、合宪性审查、适当性审查之间的关系应当分语境、分情形具体讨论。可以从具体与抽象，合法与合理两个维度来认识三者之间的关系。在"具体—抽象""合法—合理"二元标准构成的坐标体系中，三者之间的关系样态如图 5－2 所示。

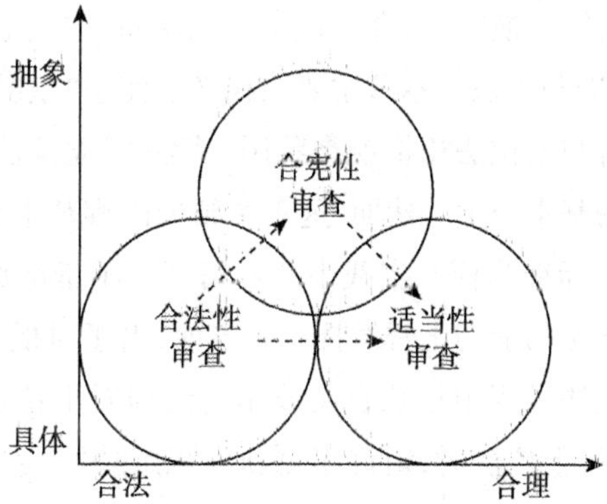

图 5－2　合法性审查、合宪性审查、适当性审查之间的关系

结合图 5－2，二者之间的关系可以在两条具体路径上展开。第一，在存在法律、行政法规等上位法，能够依据上位法得出审查结论时，应当优先进行合法性审查，没有必要进行合宪性审查。进行合法性审查后，如果认为审查对象存在合法性问题的，无须再进行适当性审查；如果认为审查对象不存在合法性问题的，仍需进行适当性审查。第二，在不存在法律、行政法规等上位法，无法依据上位法的规定得出审查结论时，需要进行合宪性审查。此时，合宪性审查与适当性审查，既可能是先后关系，也可能是重合关系。在先后关系的语境中，如果认为审查对象存在合宪性问题的，无须再进行适当性审查；如果认为审查对象不存在合宪性问题的，仍需进行适当性审查。在重合关系的语境中，合宪性审查与适当性审查在某种程度上具有同一性，进行合宪性审查实质上就是进行适当性审查。

第二节 合法性审查的标准与方法Ⅰ：地方执行性立法领域

合法性审查是对地方性法规等规范性法律文件是否符合上位法规范进行的审查。合法性审查包括超越立法权限、下位法违反上位法规定、违背法定程序三类。在广义上，"抵触"基本上可以等同于"不合法"，在狭义上，"抵触"主要是指下位法违反上位法规定。因此，"抵触"的判定问题是合法性审查的核心和关键。换言之，合法性审查的标准与方法，主要体现为"抵触"问题的判定标准与方法。本节主要在狭义上使用"抵触"的概念。

地方立法不得与上位法相抵触是我国《宪法》《立法法》《地方组织法》等法律一贯坚持的基本原则。然而，这一原则的内容却十分模糊，何为不抵触？不抵触的判定标准为何？实践中并不清晰。不抵触原则的模糊不清，直接影响了地方立法功能的正常发挥。一方面，出于对抵触上位法的担忧，地方立法机关在立法过程中往往自觉或不自觉地对上位法照搬照抄，加剧了重复立法；在没有上位法时，对许多创新性规定持"一看中央、二看沿海"的等待和观望的态度，缺乏立法的积极性和主动性。[26] 另一方面，由于不抵触原则缺乏明晰的标准和刚性的限制，地方立法机关在地方利益的驱动下出台了许多事实上与上位法相抵触的规定，损害了法制的统一。

立法抵触问题是立法学研究中的难点，诸多研究者对此进行了研究。[27] 但从现有的研究成果来看，学界对立法抵触问题的研究充满了分歧，并没有形成较为一致的认识。并且，现有研究过分偏重于理论探讨，对成果实践应用的关注不够，相应地，研究成果对实务界的指导功能十分有

---

〔26〕 参见封丽霞：《中央与地方立法关系法治化研究》，北京大学出版社2008年版，第456页。

〔27〕 例如，胡建淼认为，抵触是指纵向法规之间的不一致，并且是导致无效的不一致，只有如此界定立法抵触的含义，才能化解目前立法、司法与学理之间的不协调。参见胡建淼：《法律规范之间抵触标准研究》，载《中国法学》2016年第3期。孙波深入考察了日本的"法律先占"理论，并在借鉴"法律先占"理论的基础上探讨了"不抵触"原则的规范内涵。参见孙波：《地方立法"不抵触"原则探析——兼论日本"法律先占"理论》，载《政治与法律》2013年第6期。袁勇认为，法的违反情形与抵触情形应当进行区分，构成法的违反情形与抵触情形的法规定在性质、种类与内容上均不相同。参见袁勇：《法的违反情形与抵触情形之界分》，载《法制与社会发展》2017年第3期。

限。最高人民法院虽然也对抵触标准作了探索，但为了回避对立法进行司法审查可能带来的不利后果，人民法院在审理案件的过程中发现地方立法与上位法相抵触的，只是“不予适用”，使得最高人民法院的标准很难溢出法院系统从而对地方立法机关产生拘束力。在立法实践中，地方立法机关开始对抵触标准进行自主探索，并用于指导各自的立法活动，开启了“自我编程”的大门。2015 年修正的《立法法》普遍授予设区的市、自治州地方立法权。截至 2016 年 12 月底，在 2015 年《立法法》赋予地方立法权的 273 个设区的市、自治州中，已经有 268 个可以开始制定地方性法规。[28] 可以预见，未来地方性法规的数量将会以每年数千件的速度快速增长。新形势下，加强对立法抵触判定标准与应用方法的研究格外具有意义。

一、抵触类型的应用领域

立法抵触可以分为两类：一类是直接抵触，即下位法的规定与上位法的具体条文规定相冲突；另一类是间接抵触，即下位法的规定与上位法的立法目的、精神实质或基本原则相冲突。[29] 直接抵触和间接抵触有不同的应用领域，结合《立法法》对地方立法的分类，这一问题可以得到更直观的阐述。

按照 2023 年《立法法》第 82 条的规定，地方立法可以分为三类：一是执行性立法；二是自主性立法；三是先行性立法。《立法法》第 82 条第 1 款第 1 项规定，为执行法律、行政法规的规定，需要根据本行政区域的实际情况作具体规定的事项，地方可以制定地方性法规。“规定”一词是这一条款的核心。存在法律、行政法规的“规定”，意味着法律、行政法规已经对相关问题作了安排，地方立法只需要执行即可。与此具有密切联系的是，《立法法》第 82 条第 2 款规定，“除本法第十一条规定的事项外，其他事项国家尚未制定法律或者行政法规的”，地方可以先制定地方性法规。国家尚未“制定”法律或者行政法规，意味着在某一领域尚未有法律、行政法规出台，法律、行政法规对这一领域的规定处于空白状态。《立法法》上述两个条款对地方立法采用的分类标准是一致的，可以将之称为“法律规范的完备程度”标准。按照

---

〔28〕 参见《各地推进赋予设区的市行使地方立法权工作情况表》，载明德公法网 2017 年 1 月 4 日，http://www.calaw.cn/article/default.asp? id=11919。

〔29〕 参见胡建淼：《法律规范之间抵触标准研究》，载《中国法学》2016 年第 3 期。

这一标准,法律、行政法规已经作出明确规定,法律规范十分完备的,地方只能进行执行性立法;相关领域尚未制定法律、行政法规,法律规范处于空白状态的,地方可以进行先行性立法。

《立法法》第82条第1款第2项采用了不同的分类标准。该项规定,属于地方性事务的事项,可以制定地方性法规。在财政学的学科视野中,根据公共产品的特性和受益范围,一般可以将公共产品划分为全国性公共产品、地方性公共产品和混合性公共产品。[30] 全国性公共产品由中央提供,地方性公共产品由地方提供,混合性公共产品则由二者共同提供。据此,国家的事权可以划分为中央事权、地方事权、中央与地方的共同事权。与地方性事务相对应的自然为中央事务、中央与地方的共同事务。可见,《立法法》第82条第1款第2项采用的分类标准是“事务的性质”标准。地方立法机关关于地方性事务的立法为自主性立法。

《立法法》第82条对地方立法进行的分类没有采用统一的标准,而是同时采用了“法律规范的完备程度”标准和“事务的性质”标准。双重标准纵横交织的过程中,形成了地方立法“井”字形的分类图景。(见表5-1)

表5-1 地方立法分类图景

<table>
<tr><th colspan="4">法律规范完备程度</th></tr>
<tr><th rowspan="2">事务性质</th><th rowspan="2">尚未制定法律</th><th colspan="2">已经制定法律</th></tr>
<tr><th>未有具体规定</th><th>已有具体规定</th></tr>
<tr><td>全国性事项</td><td>N/A</td><td>N/A</td><td>N/A</td></tr>
<tr><td>共有事项</td><td>先行性立法</td><td>补充性立法?</td><td>执行性立法</td></tr>
<tr><td>地方性事项</td><td colspan="3">自主性立法</td></tr>
</table>

注:N/A表示相关内容对地方立法不适用。

与地方性事项相对应的是自主性立法,对于该类事项,国家一般不会制定法律,地方立法由此拥有了相对独立的立法空间。与共有事项相对应的是先行性立法和执行性立法,其中,国家尚未制定法律的,地方可以先行立法;国家已经制定法律,且法律作出明文规定的,地方只能进行执行性立法。

---

〔30〕 参见周波:《政府间财力与事权匹配问题研究》,东北财经大学出版社2009年版,第73-74页。

《立法法》并没有对地方立法分类图景中的补充性立法作出明确规定，补充性立法的法律地位由此缺失。补充性立法法律地位的缺失，滋生了诸多困扰。如《立法法》规定，没有法律、行政法规、地方性法规的依据，地方政府规章不得设定减损有关主体的权利或者增加其义务的规范。如何理解“依据”？“依据”是指某个领域有一部法律、行政法规或地方性法规即可，还是必须要有关于某一事项的具体条文规定？两种不同的理解存在巨大差别。如果是前者，该条款限制的是地方政府规章的先行立法权；如果是后者，则该条款限制的是地方政府规章的先行立法权和补充立法权。

不同的地方立法类型对应不同的抵触类型。(1)就先行性立法而言，由于国家尚未制定法律，所以其一般不存在立法抵触的问题。先行性立法在不超越立法权限的前提下，其内容只要符合比例原则的要求，具备适当性即可。(2)就补充性立法而言，由于法律没有具体规定，所以其一般只存在间接抵触的问题。(3)执行性立法可能只存在直接抵触问题，即地方立法与上位法的具体规定相抵触，但并不与上位法的基本原则和精神相抵触。[31] 此时，立法抵触即存在某种悖论，需要明确立法抵触判定的基本立场。(4)执行性立法可能同时存在直接抵触和间接抵触问题，即地方立法同时与上位法的具体规定和上位法的基本精神相抵触。在此情形下，立法抵触的判定需要一套科学的判定标准和方法。

鉴于后两种情形是地方立法抵触中最为常见的情形，本节主要围绕这两种情形展开。另外，需要说明的是，本节对地方立法抵触问题的分析只限于一般地方立法，没有涉及特别地方立法，也没有涉及授权立法。本节也没有讨论自主性立法的抵触问题，自主性立法的抵触判定问题并不具有独立的意义，自主性立法的抵触判定可以参照前述三类地方立法类型来处理。

二、直接抵触中的悖论及其应对

“与上位法的规则相抵触，但与上位法的原则不抵触”是立法抵触判定中存在的一个悖论，但这一情形在实践中并不少见。试举例说明。

---

〔31〕 地方立法“与上位法基本原则和精神相抵触，但不与上位法具体规定相抵触”的情形在理论上是不存在的。

事例一：2017 年 3 月，S 市首部实体性地方性法规《S 市城市市容和环境卫生管理条例》开始施行，该条例第 29 条列举了影响公共环境卫生的行为，并在第 43 条中规定了相应的行政处罚。如“随地便溺，乱倒污水、粪便、垃圾”可以“处一百元以上五百元以下罚款”。而 1994 年 J 省人大常委会通过的《J 省城市市容和环境卫生管理办法》第 30 条第 2 项却规定：“乱倒垃圾、粪便、污水，随地便溺、焚烧树叶或垃圾的，处以 10 元至 50 元罚款。”S 市条例与 J 省条例上述规定的抵触之处显而易见，但该条例却并不与 J 省条例的原则和基本精神相抵触。《J 省城市市容和环境卫生管理办法》出台的目的是加强城市市容环境卫生管理，创建清洁的现代化城市。设定有效的行政处罚措施是实现前述目的的重要方式。J 省条例制定于 20 世纪 90 年代，该条例规定的罚款金额已经明显不适合当下情势，《S 市城市市容和环境卫生管理条例》规定的处罚措施具有现实合理性。[32]

事例二：2001 年国务院制定的《城市房屋拆迁管理条例》第 24 条明确规定，房屋拆迁货币补偿的金额，应当综合考虑被拆迁区房租的位置、用途和面积等因素，“以房地产市场评估价格确定”。而 2005 年 Q 市人大常委会制定的《Q 市城市房屋拆迁管理条例》第 28 条却规定以“拆迁区域新建商品住房销售价格”为基准确定相应的货币补偿金额。行政法规确定的是评估价格标准，而 Q 市地方性法规确定的却是销售价格标准，不难看出，二者之间存在直接抵触。但 Q 市人大常委会制定的地方性法规并不存在间接抵触问题，《城市房屋拆迁管理条例》出台的目的就是“维护拆迁当事人的合法权益”。通常情况下，按照销售价格标准，被拆迁人能够获得更多补偿，更能实现上位法的立法目的。

地方立法“与上位法规则相抵触，但不与上位法原则相抵触”的实质是地方立法形式合法性和实质合理性之间的冲突。形式法治和实质法治的主次地位问题，是第二次世界大战后世界范围内法学研究中最具有论辩性的

---

〔32〕 在调研过程中，J 省人大常委会法工委的有关人员也表示，正是基于现实合理性的考虑，J 省人大常委会才批准了《S 市城市市容和环境卫生管理条例》。

问题之一,并逐渐在我国法学界引起了激烈争论。[33] 形式法治追求逻辑清晰、体系完备、能够自给自足的法律体系,强调每一部法律的制定都应当有上位法或先制定出来的法律作为依据。实质法治则更注重法的实质合理性,更强调以法律之外的价值、善来衡量法律的正当性。在司法裁判中,形式法治更强调依规则裁判,以保证案件的最终裁决是在法律的名义下作出的;实质法治则更强调结果考量,注重裁判结果的可接受性和合理性。这一悖论在社会生活中可能永远无法消解,但我们需要明确应对的基本立场。对地方立法"与上位法规则相抵触,但不与上位法原则相抵触"情形的认定和处理,我们必须恪守严格形式主义的立场。严格形式主义的立场要求:立法抵触与否的判定应当首先遵从具体、明确的上位法规则,如果依据上位法规则即可作出是否抵触的判断,则无须进行实质性的判断;只有在没有上位法规则时,才可以求助于抽象性、概括性的立法目的或原则。

恪守严格形式主义立场的理由在于:

首先,限制公权力是现代法治的基本精神,立法权本身也是一种公权力,没有理由认为,立法权会比行政权更不容易被滥用,立法权同样应当受到法律的严格限制。如果立法活动都不遵守法律,国家的法治便无从谈起。依法立法是法治最低限度的要求。从后果上讲,立法活动如果不具备合法律性,将使得所产出法律、法规的正当性大打折扣,难以获得公众的认同和尊重,进而影响法的实效性。

其次,地方立法活动一旦背离了形式法治的基本要求,完全采用一种实质性的立法模式,可能产生较大的风险。无论实质正义如何界定,它都只能通过具体问题具体分析的方法来实现。问题在于,我们无法保证每一次具体分析的结果都能实现正义。地方立法在追求实质合理性的过程中,许多其他事物,如地方保护主义等,也会趁机进入立法文本中,这无疑会损害国家法制的统一性。事实上,实质性立法模式也无法实现其所追求的法治理想。如果地方立法能够以存在更具实质合理性的方案为由,不遵守上位法

---

〔33〕 关于形式法治和实质法治的讨论,参见黄文艺:《为形式法治理论辩护——兼评〈法治:理念与制度〉》,载《政法论坛》2008 年第 1 期;陈金钊:《魅力法治所衍生的苦恋——对形式法治和实质法治思维方向的反思》,载《河南大学学报(社会科学版)》2012 年第 5 期;沈宏彬:《反对形式法治》,载《法制与社会发展》2017 年第 2 期。

的规定，那么，普通公众是否也能够以存在更具实质合理性的方案为由，不遵守地方立法的规定？正如昂格尔早先指出的那样，实质性的方式反复破坏法律秩序区别于其他法律类型的相对普遍性和自治性，而且，在这样做的过程中，它们还使得以法治为代表的政治理想威信扫地。[34]

最后，上述困境在立法过程中完全可以避免，并非一定要以违法立法的方式才能加以解决。低层级立法主体完全可以先向高层级立法主体建议修改或废止相关条款，然后再出台相应的法规。如事例一中，J省人大常委会完全可以先修改或废止自己制定的法规，然后再批准S市制定的地方性法规。

三、直接抵触的情形与判定标准

直接抵触是指下位法与上位法的具体规定相冲突，因此，法律规则便成为了判定直接抵触的基石。学界对法律规则的构成要素和逻辑结构存在广泛争议，先后发展出"三要素说""二要素说""新三要素说""新二要素说"等多种不同主张。在批判"新三要素说"的基础上，"新二要素说"认为，法律规则的逻辑结构只包括构成要件和法律后果，构成要件在内容上可以包括主体、行为、情景条件，可以指涉行为或者事件，可以指涉规则的事实。[35]本书更倾向于"新二要素说"，并以此为基础建构直接抵触的标准。

（一）与法律规则相抵触的情形

从逻辑上讲，地方立法变动上位法规则构成要件或法律后果的方式有三种：新增规定、减少规定或替换原有内容。但将地方执行性立法与地方补充性立法明确区分开来以后，"新增规定"的方式属于地方补充性立法的范畴。与地方执行性立法密切相关的变动方式是：减少规定、替换原有内容。以上位法规则的类型、法律规则的构成要素和下位法的变动方式为基本要素，可以排列组合得到地方立法与上位法规则关系的16种情形，如表5-2所示。

---

〔34〕 参见［美］R. M. 昂格尔：《现代社会中的法律》，吴玉章、周汉华译，译林出版社2008年版，第166页。

〔35〕 参见雷磊：《法律规则的逻辑结构》，载《法学研究》2013年第1期。

表 5－2　地方立法与上位法规则相抵触的情形

上位法规则的类型	下位法变动方式	构成要件	法律后果	上位法规则的类型	下位法变动方式	构成要件	法律后果
义务性规则	替换	Ⅰ		职权性规则	替换		
	减少	Ⅱ			减少		
权利性规则	替换			职责性规则	替换		
	减少				减少		

注：表 5－2 仅对下文即将作为样例讨论的情形进行了标注，鉴于篇幅，其他情形无法展开讨论，故没有标注。情形Ⅰ的含义是：上位法规则属于义务性规则，地方立法替换上位法规则的部分构成要件。情形Ⅱ的含义是：上位法规则属于义务性规则，地方立法减少上位法规则的部分构成要件。

显然，本书没有必要对这 16 种情形逐一展开分析，事实上也不可能。仅“构成要件”这一个要素的内容就相当广泛，主体、行为、情景条件、时间甚至相应的事件，都可能成为构成要件的组成部分。因此，每一种情形内部还存在诸多子情形。这意味着，企图以列举的方式明确地方立法抵触上位法的各种标准是不可能的。[36] 具体化的研究虽然具有明确、具体的优点，能给立法实践一定的指导，但始终是“只见树木不见森林”，在应对纷繁复杂的情形时，难免捉襟见肘。更为要紧的是，同一情形内部的子情形并不具有一致性，该种子情形可能属于抵触，而另一种子情形却并不属于抵触。我们必须寻找出能够统摄各种情形的“标准”。

（二）抵触情形背后的标准

抵触的判定标准不是凭空建构出来的，而是中央与地方关系在法律领域的反映。例如，日本实行地方自治制度，地方自治团体的事务被划分为自治事项和法定受托事项。对于地方自治事项，地方自治团体不仅可以决定如何办理该事项，何时办理该事项，甚至还可以决定是否办理该事项，国家对此不能进行干涉，也不能以国家法律加以规范。国家与地方公共团体的关系不再是上下主从关系，而是对等合作关系。地方自治团体的自主性反映到立法中，表现为地方立法对中央法令进行补充规制、横出规制和上乘规制并不当然被认定为抵触。中央法令或被解释为“最低限度基准”，即中央

〔36〕 参见周辉：《法律规范抵触的标准》，载《国家检察官学院学报》2016 年第 6 期。

法令只是规定了事项的最低限度，地方条例的规定可以超过这一限度；或被解释为“规制限度法令”，即中央法令已经规定了事项的最高限度，地方条例的规定只能在这一限度范围内作出规定。日本相关理论和实践对我们的启发不在于具体的学说或机制，而是立法抵触标准的建构必须建立在一国特定的中央与地方关系之上。

新中国成立后的30年里，我国中央与地方关系在收权与放权之间循环往复，始终没有理顺。改革开放后，我国中央与地方职权的划分，遵循的是“在中央的统一领导下，充分发挥地方的主动性、积极性的原则”。随着中央不断向地方下放权力，地方意识开始觉醒，独立性逐渐增强，地方在一定程度上具备了与中央“讨价还价”的能力和资本。但在整个过程中，国家强调和维护中央权威的立场没有任何变化。反映到法律领域中，“法制统一”便成了国家法治建设不言而喻的前提。在维护法制统一的基础上，立法抵触的判定应当同时兼顾“保护私权利，限制公权力”的价值取向。在此分析框架下，统摄各种情形的标准主要有以下两条。

第一，就义务性规则和职权性规则而言，国家法律应当视为统一性标准。统一性标准意味着，地方立法只能在上位法规定的范围内作出具体规定，既不能减少，也不能替换上位法的构成要件或者法律后果。缘何是统一性的标准，而不是最低限度的标准或最高限度的标准？其原因在于，如果将其定位为最低限度的标准，地方立法增加规定公民的义务或者增加规定国家机构的职权不符合“保护私权利，限制公权力”的意旨；如果将其定位为最高限度的标准，地方立法减少规定公民的义务或者减少规定国家机构的职权则损害了法制统一。

第二，就权利性规则和职责性规则而言，国家法律可以视为最低限度的标准。最低限度的标准意味着，地方立法可以在国家规定的限度上，增加规定相应的内容。就权利性规则而言，地方立法增加规定公民的权利并不构成抵触；就职责性规则而言，地方立法增加规定国家机关的职责并不构成抵触。这一标准符合“保护私权利，限制公权力”的基本要求，同时也不会对国家的法制统一造成任何损害。但地方立法如果减少公民的权利或者减少国家机关的职责，则会构成抵触。

上述两种标准由于适用领域不同，一般会并行不悖，但在特定情形下，两种标准仍可能发生冲突。如在生产安全、食品安全、药品安全等领域，为了更好地保护公民权利，地方立法对生产商、销售商作了比上位法更加严格的规定。这种冲突表现在两个方面：一方面，地方立法增加规定了主体的义务，可能会损害法制统一；另一方面，作出此类规定的目的却是更好地保护公民的权利。两种标准发生冲突时该如何处理？

"法令先占"理论对这一情形的态度经历了从否定到肯定的转变。为了处理条例与中央法令的关系，日本学界与实务界在20世纪60年代末提出了"法律先占"理论。"此理论的架构在于：对于国家法令明示或默示先占的事项，若无法律明示的委任，即不得制定条例。"[37]换言之，只有在法律没有明文规定或者存在明确授权时，地方条例才可以对某一事项进行规定。在这一标准下，地方自治团体的自治权受到很大程度的限制，不符合地方自治的本旨。20世纪70年代，日本学界开始对法令先占理论进行扬弃和修正，学说上出现将中央法令定位为"最低限度基准"的见解。法令先占理论的修正有其特定的时代背景。当时，随着日本经济的快速发展，环境污染等公害问题相当严重，对居民的生存环境构成了严重威胁，为了有效处理公害问题，保障当地居民的生存权，地方条例有必要制定比中央法令更加严格的规定。此后，该学说获得学界普遍支持，逐渐从环境保护等公害领域扩大到一般行政领域，认为属于地方公共团体的固有事务，中央法令的管制只不过是在全国范围内适用的最低限度基准而已，并无排除条例更为严格管制之意旨。[38] 因此，较中央法令更为严格的条例应当认定为适法。

"法令先占"理论虽然面临诸多批评，但仍产生了广泛的影响。在我国台湾地区，关于这一理论的著名案例当属"自治法规"规定：电子游戏场业者应距离小学、初中、高中、职校、医院1000公尺以上距离，这是否抵触"电子游戏场业者管理条例"第9条第1项之50公尺以上的规定？我国台湾地区"最高法院"2005年和2007年的决议均认为，"电子游戏场业者管理条例"第9条第1项所规定的50公尺以上，应理解为对电子游戏场所设置的最低限制，地方自治团体在地方自治权限范围内规定较高限制的"自治法规"，并

---

〔37〕［日］阿部照哉等编著：《宪法》（上），周宗宪译，中国政法大学出版社2006年版，第467页。

〔38〕参见蔡秀卿：《地方自治法》，台北，三民书局股份有限公司2009年版，第209－210页。

未与之抵触。[39] 受“法令先占”理论的影响,我国理论界和实务界均有观点认为该种情形不属于立法抵触的范畴。[40]

除“法令先占”理论外,“标准”问题也给这一情形的定性带来了较大困难。如在环境保护领域,地方可以制定严于国家的地方环境质量标准。而且,由于“标准”在一定程度上具有规范的属性,体现了对秩序的追求,“标准”与规范呈现相互融合的趋势。[41] 上述两种标准的冲突,本质上是法制统一和“保护私权利,限制公权力”两种价值之间的冲突。我们不能简单地借鉴“法令先占”理论的处理方式,也不能当然地混淆法律规范和标准的界限。在此,我们必须再次强调严格形式主义的立场,坚持法制统一的优先性。因此,上述情形依然属于立法抵触的范畴。

四、直接抵触的判定方法

明晰立法抵触的判定标准后,我们需要一套科学的方法论来运用这一标准。将立法抵触判定的实际过程模型化后,有以下四个步骤。

第一,发现上位法规则。在司法裁判的过程中,法律发现具有双层含义,一是指法官从现行法律体系中找出那些能够适用于眼前案件的法规范的活动;二是指在没有明确的法律规范可以适用的情形下,法官进行造法的活动。[42] 立法抵触判定过程中的法律发现与司法裁判过程中的法律发现有很大的不同,立法抵触判定过程中的法律发现仅仅是指有权机关从现行的法律体系中寻找那些能够作为眼前规则的上位法规则的活动。其特征有二:一是主体的特定性。非正式意义上的立法抵触判定只是一种认知活动,所有的主体都可以进行。在正式意义上,只有法律规定的特定国家机关才能对立法抵触存在与否作出有效力的判定,因此,立法抵触判定过程中的法律发现只能由特定国家机关进行。二是规则范围的特定性。这种特定性包

---

〔39〕 参见林明锵:《国家与地方自治团体之关系》,载《法令月刊》第7期(2016年)。

〔40〕 参见孙波:《地方立法“不抵触”原则探析——兼论日本“法律先占”理论》,载《政治与法律》2013年第6期;姚明伟:《结合地方立法实际对不抵触问题的思考》,载《人大研究》2007年第2期。

〔41〕 参见柳经纬:《标准与法律的融合》,载《政法论坛》2016年第6期。

〔42〕 参见刘治斌:《司法过程中的法律发现及其方法论析》,载《法律科学(西北政法学院学报)》2006年第1期。

含两方面的含义。首先,立法抵触过程中的法律发现寻找的仅仅是制定法,尽管某些非制定法也属于司法裁判过程中法律发现的范围,但其并不属于立法抵触判定过程中法律发现的内容。其次,立法抵触判定过程中,法律发现寻找的是适用于目标规则的上位法规则,目标规则的下位法规则或同位阶的法规则并不属于法律发现的范围。

第二,要素比较。法规则构成要素的比较是立法抵触判定的中心环节。在这一环节中,判定主体需要对不同位阶的法规则要素之间的异同作出实质性判断。首先,判定主体应当准确解析出法规则要素的具体内容。在"新二要素说"的视野下,法律规则在逻辑上包含"构成要件"和"法律后果"两个要素,每一个要素都有不同的具体内容。其次,判定主体应当对上位法规则和下位法规则的具体内容进行分析和对比。在量的方面,需要考虑的问题包括但不限于,下位法规则是否替换了上位法规定的内容;下位法是否减少了上位法规定的履行条件等。在质的方面,需要考虑的问题包括但不限于,上位法规则和下位法规则所使用的概念或术语在内涵、外延上是否一致等。需要注意的是,对具体内容的判断应当是实质性的判断,而不能仅仅局限于文字表述是否相同。[43] 最后,得出要素比较的结论,明确下位法规则是否与上位法规则存在实质性的不同。

要素比较并不是一件容易的事情。在语言学上,法律概念必然存在"开放性结构"的问题,"我们把开放文本,特别是在立法这种传播形式中,视为人类语言的普遍特征;为了使用包含一般化分类语汇的传播形式来传达事实情况,边界的不确定性是我们必须要付出的代价"。[44] 边界的模糊性往往使得相关概念难以比较。另外,地方立法机关在立法过程中,往往会使用技术化手段对相关概念进行处理,这更增加了要素比较的难度。如J省《老年人权益保障条例》在起草过程中拟设置独生子女护理假,后国务院负责假期管理的机构表示假期设置在性质上属于全国统一事项,地方不宜设置自己的假期。于是,正式出台的法规将护理假改为每年累计不超过10天的"护理时间"。

第三,对应情形和标准。如表5-2所示,地方立法抵触上位法的情形

---

〔43〕 参见董皞:《论法律冲突》,商务印书馆2013年版,第143页。

〔44〕 [英]哈特:《法律的概念》(第2版),许家馨、李冠宜译,法律出版社2011年版,第117页。

呈现出多元化的样态。即使根据前一步骤准确判定出下位法规则与上位法规则存在实质性的不同,也不能当然得出结论,认定其与上位法相抵触。我们需要将规则之间的实质性差异放到标准中进行检验,如果相关标准允许这种实质性差异,下位法并不会构成抵触;如果相关标准不允许这种实质性差异,下位法将构成抵触。结合上位法规则的性质和要素比较的结果,可以很轻松地将实质性差异放置到具体的情形列表中,进而对应到相关标准。

第四,得出结论。根据立法抵触的标准,就实质性差异作出判定,得出最终结论。

五、直接抵触判定方法在案例中的运用

在阐明了抵触的判定方法后,便需要处理抵触判定方法的实践运用问题。下文将通过两个案例具体探讨抵触判定方法的运用。

案例一的案情简述如下:

> 2011 年《重庆市著名商标认定和保护条例》(以下简称《重庆市条例》)第 19 条第 1 款规定,著名商标权利人可以在核定使用的商品及其包装、装潢、说明书上和广告宣传、展览等经营活动中,使用"重庆市著名商标"字样。而 2013 年《商标法》第 14 条第 5 款却规定,生产、经营者不得将"驰名商标"字样用于商品、商品包装或者容器上,或者用于广告宣传、展览以及其他商业活动中。《商标法》中并没有"著名商标"的概念,著名商标与驰名商标是否为同一事物?重庆市制定的条例是否抵触《商标法》?由此引发争议。[45]

抵触判定方法的第一个步骤是发现上位法规则,鉴于本案例中上位法已经发现妥当,下文的分析将跳过这一步骤,直接进行要素比较。

首先,要素比较需要准确解析出法律规则要素的具体内容。《重庆市条例》第 19 条第 1 款只表达了法律规则的"构成要件"这一个要素。其具体内容是:在行为主体的资格构成方面,必须是"著名商标权利人",如果一个主体不享有对著名商标的权利,那么该主体不适格。在行为的情景条件方面,

[45] 实践中,审查主体以专项审查的方式对多部"著名商标法规"进行了审查,并将其整体上归为适当性审查的范畴,但这并不妨碍认定个别地方性法规的具体规定存在合法性问题。

权利人只能在“核定使用的商品及其包装、装潢、说明书上”，或者“广告宣传、展览等经营活动中”才能行使自己的权利。在前述条件下，权利人可以使用“重庆市著名商标”字样。2013年《商标法》第14条第5款同样只表达了法律规则的“构成要件”这一个要素。其具体内容是：在行为主体的资格构成方面，必须是“生产、经营者”。在行为的情景条件方面，生产、经营者在“商品、商品包装或者容器上”，或者“广告宣传、展览以及其他商业活动中”负有义务。在前述条件下，生产、经营者不得使用“驰名商标”字样。

其次，应当对《商标法》和《重庆市条例》相关规则的具体内容进行分析和对比。在行为主体的资格构成方面，上位法规定的主体为拥有驰名商标的生产、经营者，下位法规定的主体为著名商标权利人。在行为的情景条件方面，上位法与下位法的规定虽然在具体文字表述上有所差别，但其实质内容没有差别。在行为模式上，二者的规定存在巨大差别。上位法的规定是勿为模式，不得使用“驰名商标”字样，而下位法的规定却是可为模式，权利人可以使用“重庆市著名商标”字样。具体对比情况如表5-3所示。

表5-3　《商标法》与《重庆市条例》有关规则要素具体内容的比较

项目	行为主体的资格构成	行为的情景条件	模式
《商标法》	拥有驰名商标的生产、经营者	1. 商品、商品包装或者容器上 2. 广告宣传、展览以及其他商业活动中	不得使用“驰名商标”字样
《重庆市条例》	著名商标权利人	1. 核定使用的商品及其包装、装潢、说明书上 2. 广告宣传、展览等经营活动中	可以使用“重庆市著名商标”字样
比较结果	需明确“驰名商标”和“著名商标”的异同	实质一致	需明确“驰名商标”和“著名商标”的异同

通过比较，问题的焦点集中在“驰名商标”与“著名商标”的异同问题上。如果认定驰名商标和著名商标为同一事物，则《重庆市条例》可能涉嫌直接抵触；如果认定驰名商标和著名商标并非同一事物，则《重庆市条例》的上述规定可能属于补充性立法的领域，不涉及直接抵触的问题。驰名商标和著名商标是否为同一类事物呢？答案应当是肯定的。《重庆市条例》第

22 条规定了“著名商标”的跨类保护待遇。[46] 众所周知，一个商标只能用于保护一类商品或服务。为了更有效、全面地保护为相关公众所熟知的商标，才有了驰名商标认定制度。商标一旦被认定为驰名商标，就可能会获得注册豁免、跨类保护等特殊待遇。换言之，如果一个商标能够提供跨类保护，那么这个商标便是驰名商标。在跨类保护问题上，《重庆市条例》第 22 条规定使得重庆市著名商标和驰名商标事实上成了同一事物。

最后，得出要素比较的结论。通过上述比较可以发现，著名商标与驰名商标并无实质不同。《重庆市条例》将《商标法》的“不得使用”改为“可以使用”，事实上是替换了上位法的一部分构成要件。

要素比较结束后，接下来需要对应情形和标准，并得出最终结论。《商标法》的上述规定属于义务性规则，《重庆市条例》在变动方式上属于“替换”，根据这两点可以轻松将二者之间的实质性差异对应到表 5－2 中的情形 I：上位法规则属于义务性规则，地方立法替换了上位法规则的部分构成要件。而上位法对义务性规则的规定属于统一性标准。由此，可以得出最终结论，《重庆市条例》第 19 条第 1 款关于著名商标的规定与《商标法》第 14 条第 5 款构成抵触。

案例二的案情简述如下：

> 《自然保护区条例》第 26 条规定，禁止在自然保护区内进行砍伐、放牧、狩猎、捕捞、采药、开垦、烧荒、开矿、采石、挖沙等活动；但是，法律、行政法规另有规定的除外。2016 年《甘肃祁连山条例》第 10 条第 2 款规定：“禁止在保护区内进行狩猎、垦荒、烧荒等活动。法律、法规另有规定的除外。”2017 年 7 月，中共中央办公厅、国务院办公厅就甘肃祁连山国家级自然保护区生态环境问题发出通报。[47] 通报指出，甘肃省在立法层面为破坏生态行为“放水”。《甘肃祁连山条例》历经三次修正，部分规定始终与《自然保护区条

---

〔46〕《重庆市条例》第 22 条规定：“在不相同或者非类似商品上将与他人著名商标相同或者近似的文字、图形作为商品名称、装潢或者作为未注册商标使用，误导公众，致使该著名商标注册人的利益可能受到损害的，著名商标注册人可以请求工商行政管理部门予以制止。”

〔47〕参见《中共中央办公厅、国务院办公厅就甘肃祁连山国家级自然保护区生态环境问题发出通报》，载中华人民共和国中央人民政府网，http://www.gov.cn/xinwen/2017－07/20/content_5212107.htm。

例》不一致。

在本案中,抵触的判定方法可以得到充分运用。

首先,发现上位法规规则。这是相对容易的工作,显而易见,《甘肃祁连山条例》有明确的上位法依据。

其次,进行要素比较。《甘肃祁连山条例》第10条第2款只表达了法律规则的"构成要件"这一个要素。其具体内容是:在行为的情景条件上,《甘肃祁连山条例》的规定是"在保护区内"。在行为模式上,《甘肃祁连山条例》的规定是勿为模式,即禁止从事特定活动。在行为内容上,《甘肃祁连山条例》的规定是"狩猎、垦荒、烧荒"。作为上位法的《自然保护区条例》也只表达了法律规则的"构成要件"这一个要素。在行为的情景条件上,国务院行政法规的规定是"在自然保护区内"。在行为模式上,行政法规的规定是勿为模式,即禁止从事特定活动。在行为内容上,行政法规的规定是"砍伐、放牧、狩猎、捕捞、采药、开垦、烧荒、开矿、采石、挖沙"。通过比较会发现,《甘肃祁连山条例》的规定与上位法的情景条件相同、行为模式相同,区别在于《甘肃祁连山条例》减少了上位法规定的行为内容。

再次,对应情形和标准。《自然保护区条例》的上述规定属于义务性规则,《甘肃祁连山条例》在变动方式上属于"减少",根据这两点可以轻松将二者之间的差异对应到表5-2中的情形Ⅱ:上位法规则属于义务性规则,地方立法减少了上位法规则的部分构成要件。而上位法对义务性规则的规定属于统一性标准。

最后,可以得出结论,《甘肃祁连山条例》第10条第2款的规定与《自然保护区条例》第26条构成抵触。

本节对地方执行性立法的合法性判断标准问题进行了探讨。判定地方立法是否抵触上位法是一项系统性工程。不同的地方立法类型对应不同的抵触判定标准和应用方法。先行性立法一般不存在立法抵触的问题,其内容只要符合比例原则的要求,具备适当性即可;补充性立法只可能存在间接抵触问题,需要结合上位法的立法目的和原则进行价值判断;执行性立法既可能只存在直接抵触问题,也可能同时存在直接抵触和间接抵触问题。在直接抵触的判定过程中,严格形式主义的立场必须一以贯之。直接抵触的判定需要以法律规则为基石,明晰立法抵触的判定标准。这一标准主要有两条:就义务性规则和职权性规则而言,国家法律应当视为统一性标准;就权利性规则和职责性规则而言,国家法律可以视为最低限度的标准。与司法裁判从规则到事实的方法不同,直接抵触判定的方法是从规则到规则。这一方法的具体步骤为发现上位法规则、要素比较、对应情形和标准、得出结论。抵触的判定方法可以在案例中得到检验和运用。

第三节 合法性审查的标准与方法Ⅱ:地方补充性立法领域

2021 年修改的《行政处罚法》第 12 条增加了 1 款,作为第 3 款,规定:"法律、行政法规对违法行为未作出行政处罚规定,地方性法规为实施法律、行政法规,可以补充设定行政处罚。拟补充设定行政处罚的,应当通过听证会、论证会等形式广泛听取意见,并向制定机关作出书面说明。地方性法规报送备案时,应当说明补充设定行政处罚的情况。"该条款明确规定了地方性法规的"补充设定权",第一次明确肯定了地方补充性立法的法律地位。本节对地方补充性立法合法性判断标准的讨论,也将结合《行政处罚法》的修改进行。

《行政处罚法》关于地方立法权限的规定一直都是学界十分关注的问题。学界对这一问题进行了广泛研究。部分研究成果侧重于探讨《行政处罚法》严格限制地方立法权限的合理性及其优化路径;[48]部分研究成果侧重于廓清现有制度框架下地方性法规设定行政处罚的权力边界。[49]这两方面的研究在《立法法》《行政处罚法》修改的过程中进一步得到补强。[50]这些研究具有重要意义,部分研究结论和建议甚至直接体现在了修改后的《行政处罚法》文本之中。但整体而言,目前学界尚未提出一套能够明确行

---

〔48〕 参见丁祖年、路国连:《对进一步优化立法权限配置的思考》,载《法治研究》2015 年第 2 期。

〔49〕 参见苗壮:《地方性法规设定行政处罚的抵触判断》,载《中南大学学报(社会科学版)》2018 年第 4 期。

〔50〕 参见刘莘、陈悦:《"三个行为法"与地方立法权》,载《浙江社会科学》2017 年第 12 期;余凌云:《地方立法能力的适度释放——兼论"行政三法"的相关修改》,载《清华法学》2019 年第 2 期;黄喆:《地方立法设定行政处罚的权限困境与出路》,载《政治与法律》2019 年第 7 期;王太高:《论地方性法规行政处罚设定权的构造及适用》,载《江海学刊》2020 年第 2 期。

政处罚领域地方立法权力边界的成熟理论，并以此指导立法实践。导致这一问题的根源可能在于，学界未针对地方补充性立法和地方执行性立法分别构建类型化的合法性判断标准。在此情势下，应当如何理解和适用《行政处罚法》第12条第3款的规定？地方在何种情形下可以进行补充性立法，在何种情形下不得进行补充性立法？补充性立法和执行性立法的边界不是泾渭分明的，而是存在模糊地带，那么，《行政处罚法》第12条第2款和第3款的界限在哪里？学界现有的关于越权立法、抵触立法的理论储备应当如何完善，才能涵盖地方补充性立法所提出的新情形？本节尝试对这些问题进行探讨。

一、地方补充性立法的规范分析

自1979年《地方组织法》重新赋予地方立法权以来，我国的地方立法蓬勃发展，关于地方立法类型学的研究也日渐深入。当下，人们对地方补充性立法的功能和作用已经有了较为深刻的认识。“地方立法最重要的价值莫过于对中央立法的‘拾遗补缺’和‘填补沟壑’。”[51]“地方立法对于中央立法的互补性，是民主、法治体系不断成熟、健全的标志之一。”[52]全国人大常委会2018年立法工作计划也强调，要“加强地方立法能力建设，发挥地方立法在法治建设中的实施性、补充性、探索性作用”。然而，地方补充性立法的法律地位却十分模糊。《立法法》将地方立法分为执行性立法、自主性立法和先行性立法，并没有提及补充性立法。对于这一问题，本章第二节已有详细讨论，在此不再赘述。

补充性立法这一重要的地方立法类型在《立法法》中没有明确的法律定位，是一个缺憾。2021年《行政处罚法》第12条第3款肯定了行政处罚领域地方补充性立法的法律地位，在一定程度上弥补了这一缺憾。将2023年《立法法》第82条和2021年《行政处罚法》第12条结合起来，会对地方性法规设定行政处罚的表现、权限、类型有更为系统的认识。两部法律的上述条款共同塑造了行政处罚领域中央法与地方法关系的结构（具体情形如表5－4所示）。具言之：第一，某一领域国家尚未制定法律、行政法规的，地

〔51〕 封丽霞：《中央与地方立法关系法治化研究》，北京大学出版社2008年版，第508页。

〔52〕 汤唯等：《地方立法的民主化与科学化构想》，北京大学出版社2002年版，第19页。

方性法规可以行使行政处罚设定权，创制全新的规范，该类立法属于地方先行性立法。第二，法律、行政法规对某一问题已经作了具体规定，地方性法规只能行使行政处罚规定权，对相关问题作出具体规定，该类立法属于地方执行性立法。第三，某一领域国家已经制定法律、行政法规，但法律、行政法规对某一具体问题未作规定或者规定不完备的，地方性法规可以行使行政处罚补充设定权，创制全新的规范或者补充中央法规范的法律后果，该类立法属于地方补充性立法。2021 年《行政处罚法》增加规定了补充性立法的内容，在一定程度上使得行政处罚领域中央法与地方法关系的结构变得完整，层次更加鲜明。第四，行政处罚领域中央法与地方法关系的逻辑结构虽然清晰，但在实践运行中却呈现较为复杂的样态，地方性法规或者是额外补充中央法的构成要件，或者是额外补充中央法的法律后果，这些样态是否超越地方立法权限、是否抵触上位法存在较大争议，需要逐一进行分析。

表 5-4　行政处罚领域中央法与地方法关系的结构

<table>
<tr><th rowspan="2">情形</th><th colspan="6">条目</th></tr>
<tr><th>中央法的构成要件</th><th>中央法的法律后果</th><th>地方立法表现</th><th>地方立法权限</th><th>地方立法类型</th><th>对应条文</th></tr>
<tr><td>不存在中央法</td><td>不存在</td><td>不存在</td><td>创制全新规范</td><td>设定权</td><td>先行立法</td><td>《立法法》第 82 条第 2 款
《行政处罚法》第 12 条第 1 款</td></tr>
<tr><td rowspan="5">已存在中央法</td><td>不存在</td><td>不存在</td><td>创制全新规范</td><td>补充设定权</td><td>独立型补充立法</td><td>无</td></tr>
<tr><td>已存在</td><td>不存在</td><td>补充法律后果</td><td>补充设定权</td><td>关联型补充立法</td><td>《行政处罚法》第 12 条第 3 款</td></tr>
<tr><td>已存在</td><td>已存在</td><td>额外补充构成要件/法律后果</td><td>存疑</td><td>—</td><td>实践难题</td></tr>
<tr><td>已存在</td><td>已存在</td><td>作出具体规定</td><td>规定权</td><td>执行立法</td><td>《立法法》第 82 条第 1 款 1 项
《行政处罚法》第 12 条第 2 款</td></tr>
<tr><td>不存在</td><td>已存在</td><td colspan="4">不存在</td></tr>
</table>

从表5-4可以归纳出,地方补充性立法是指某一领域国家已经制定了法律或者行政法规,但法律、行政法规对某一具体问题没有规定或者规定得不完备,地方立法主体创制全新的法律规范或者补充现有法律规范以填补空白的一种立法类型。依照地方补充性立法与中央法关系的不同,可以将补充性立法区分为独立型补充立法和关联型补充立法。独立型补充立法是指地方立法所要规定的内容在上位法中不存在法律规范与之对应,地方立法所要规定的内容是全新的、独立的。关联型补充立法是指地方立法所要规定的内容在上位法中存在法律规范与之对应,地方立法所要规定的内容依附于上位法规范,只是对上位法规范不完整的部分加以补充。二者的共同之处在于填补上位法的漏洞,区别在于填补的漏洞类型不同。独立型补充立法填补的是"规整漏洞",即依据根本的规整意向,应予规整的问题欠缺适当的规则;关联型补充立法填补的是"规范漏洞",即虽然存在法律规范,但规范本身不圆满。〔53〕《行政处罚法》肯定地方补充性立法,经历了漫长的历史过程,背后有深刻的社会动因。

二、《行政处罚法》对待地方补充性立法态度的转变

对待地方补充性立法的态度,《行政处罚法(修订草案)》一审稿和二审稿存在些许不同。在一审稿中,修订草案规定:"地方性法规为实施法律、行政法规,对法律、行政法规未规定的违法行为可以补充设定行政处罚。"在这一规定中,"违法行为"前有限定词"未规定的",因此,只有对于法律、行政法规未规定的违法行为,地方性法规才可以补充设定行政处罚,这实际上只肯定了独立型补充立法。对于法律、行政法规已经规定了违法行为,但由于多种原因没有规定行政处罚,地方性法规可否补充设定行政处罚的情况,一审稿不置可否。换言之,对于关联型补充立法的地位,一审稿不置可否。在二审稿中,修订草案规定:"法律、行政法规对违法行为未作出行政处罚规定,地方性法规为实施法律、行政法规,可以补充设定行政处罚。"在这一规定中,"违法行为"前没有了限定词,处于"违法行为"之后的是一个表示中立结果的"未作出行政处罚规定"。因此,二审稿的表述使得地方补充性立

---

〔53〕 参见[德]卡尔·拉伦茨:《法学方法论》,陈爱娥译,商务印书馆2003年版,第250-251页。

法只存在一种可能：法律、行政法规已经规定了违法行为但没有规定相应法律后果，地方性法规补充设定了行政处罚。二审稿只肯定了关联型补充立法。此后，这一规定便没有再进行过变动，直至正式出台。

(一)态度变化及其原因

2021 年《行政处罚法》第 12 条第 3 款的规定标志着国家立法机关对待行政处罚领域地方补充性立法态度的正式转变。在过去相当长的一段时期内，国家立法机关对行政处罚领域地方补充性立法基本持否定态度。例如，1996 年，北京市人大常委会法制室向全国人大常委会法工委请示，对于《食品卫生法》中没有规定的行政处罚行为，《北京市实施〈中华人民共和国食品卫生法〉办法》可否作出补充规定？全国人大常委会法工委对此予以否定，认为在这一领域国家已经制定了法律，地方性法规“必须在法律、行政法规规定给予行政处罚的行为、种类和幅度的范围内规定”。[54] 再如，2005 年，某省在制定《文物保护条例》的过程中，拟规定“对未经考古调查、勘探而擅自动工，在施工中发现古文化遗址、古墓葬等不可移动文物灭失、毁损的，处 5 万元以上 50 万元以下罚款”，但《文物保护法》对此并没有规定。为此，该省人大常委会请示全国人大常委会法工委。全国人大常委会法工委最终认为：“法律没有规定的，地方性法规不应对此设定行政处罚。”[55]

由于多种原因，有的中央法可能只规定了法律规范的构成要件，而没有规定法律后果，地方立法能否补充中央法规范的法律后果？在过去，《行政处罚法》等法律对这一问题不置可否，全国人大常委会法工委作出的法律询问答复对这一情形多持否定态度。例如，2000 年《大气污染防治法》第 33 条第 1 款规定：“在用机动车不符合制造当时的在用机动车污染物排放标准的，不得上路行驶。”对违反这一规定的，该法未设定相应的行政处罚。《××市大气污染防治条例》拟对此补充规定相应的行政处罚。但全国人大常委会法工委答复认为，在 2000 年修订《大气污染防治法》时，曾对在用机

[54] 参见全国人大常委会法工委《关于地方性法规对法律中没有规定的行政处罚行为可否作出补充规定问题的答复》，1996 年 4 月 26 日发布。

[55] 全国人大常委会法制工作委员会编：《法律询问答复(2000—2005)》，中国民主法制出版社 2006 年版，第 176 - 177 页。

动车污染物排放不符合标准是否要给予罚款等行政处罚问题作过专门研究，“考虑到引起机动车排放超标的情况比较复杂，并非都是因为车主的违法、过错行为所致，不宜规定对车主给予罚款等行政处罚”。[56] 再如，1999年国务院制定的《娱乐场所管理条例》（已失效）第25条对娱乐场所经营单位及其人员在禁止吸食、注射毒品方面的义务和责任曾作出明确规定，但对不履行责任或发生吸食、注射、贩卖毒品等情形，在罚则中却并未规定行政处罚。某自治区在制定禁毒条例的过程中，拟对娱乐场所经营单位及个人不履行禁毒责任，在娱乐场所内发生吸食、注射或者贩卖毒品等情形设置行政处罚。全国人大常委会法工委认为，地方性法规规定的情形比较复杂，既包括明知他人吸食、注射毒品而容留的，也包括知情不报和确实不知情等情形。“对其他情形是否一律给予行政处罚，尚需研究。”[57]

地方立法主体对待这一问题存在不同认识，赞同者和否定者皆有之。2015年《种子法》第19条规定，其他省、自治区、直辖市属于同一适宜生态区的地域引种农作物品种、林木良种的，引种者应当将引种的品种和区域报所在省级政府农业、林业主管部门备案。但该法并没有对此设定相应的行政处罚。2019年《江苏省种子条例》在执行《种子法》的过程中，也拒绝对此设定行政处罚，理由是《种子法》法律责任一章并未对违反该备案规定的行为设定罚则，地方性法规若设定行政处罚便是与上位法相抵触。[58] 而吉林省人大常委会却并不这样认为，2018年《吉林省农作物种子条例》第62条直接规定不履行备案义务的，“责令改正，并处二千元以上二万元以下罚款”。

国家立法机关对地方性法规补充设定行政处罚的谨慎态度和《行政处罚法》对地方性法规立法权限施加的严格限制一脉相承，均有特定原因。在《行政处罚法》制定之初，我国乱处罚、乱罚款现象较为严重，“主要表现在处罚的随意性，特别是有些地方和部门随意罚款，或一事几次罚、几个部门罚

---

〔56〕 参见全国人大常委会法制工作委员会编：《法律询问答复（2000—2005）》，中国民主法制出版社2006年版，第189页。

〔57〕 全国人大常委会法制工作委员会编：《法律询问答复（2000—2005）》，中国民主法制出版社2006年版，第139－141页。

〔58〕 参见王太高：《论地方性法规行政处罚设定权的构造及适用》，载《江海学刊》2020年第2期。

等,人民群众很有意见"。[59] 基于"重典治乱"的需要,《行政处罚法》对地方立法设定行政处罚的权限作了严格限制。实践表明,《行政处罚法》的严格规定对于改变行政处罚乱象,维护公民、法人和组织的合法权益发挥了重要作用。行政处罚的滥用的确会损害公民、法人和组织的合法权益,但行政处罚本身也是政府加强社会治理的重要手段和工具。随着经济和科学技术的快速发展,新事物、新情形不断涌现,政府治理社会事务的难度不断增大,政府如果不具备与治理难度相适应的规制工具,则会在治理中变得软弱无力。《行政处罚法》严格限定了行政处罚的种类,并且严格限制了地方性法规在设定行政处罚方面的权限,使得地方政府能够使用的行政处罚手段与新时代的社会治理难度不相匹配,削弱了地方政府的规管能力,进而削弱了国家能力。规管能力是国家能力的重要组成部分。"规管的意义就在于改变个人和团体的行为,使他们的行为符合国家制定的规则。尤其是在工业化、城市化、商业化的背景下,信息的不对称和权力的不对称使得国家在规管现代社会当中变得非常重要。"[60] 行政处罚法的相关规定已经与国家治理体系和治理能力现代化的目标不相适应,需要加以改进。

(二)放权引发的忧虑

在我国,似乎每一次向地方放权的举动都会引发人们的担忧。2015 年《立法法》普遍赋予设区的市立法权时,人们便对此颇为忧虑。[61] 但事实上,人们担忧的种种情形并没有出现,设区的市立法权整体上运行平稳,成效显著。[62] 2021 年《行政处罚法》赋予地方性法规补充设定行政处罚的权限,"又可能发生现行处罚法设定前曾经发生过的滥设行政处罚的现象"。[63] 笔者认为,不必为《行政处罚法》扩大地方立法权限而过分忧虑。

---

〔59〕 参见曹志:《关于〈中华人民共和国行政处罚法(草案)〉的说明》,第八届全国人民代表大会第四次会议,1996 年 3 月 12 日。

〔60〕 王绍光:《国家治理与基础性国家能力》,载《华中科技大学学报(社会科学版)》2014 年第 3 期。

〔61〕 参见赵刚:《立法权"下放",地方接得住吗?》,载《人民法院报》2015 年 3 月 12 日,第 1 版。

〔62〕 参见闫然:《立法法修改五周年设区的市地方立法实施情况回顾与展望》,载《中国法律评论》2020 年第 6 期。

〔63〕 参见姜明安:《精雕细刻,打造良法——修改〈行政处罚法〉的十条建议》,载《中国法律评论》2020 年第 5 期。

首先,《行政处罚法》态度的转变并不是一蹴而就的,而是经历了较为漫长的过程,有充分的现实基础。《行政处罚法》接纳地方补充性立法,在一定程度上可以视为对现实状况的一种回应和确认。在过去,虽然《行政处罚法》对地方立法权限施加了严格限制,但地方立法主体在强烈立法需求的催动下,一方面不断呼吁《行政处罚法》等法律放松对地方立法权限的限制,另一方面也不断进行尝试,根据实际需要设定行政处罚。地方性法规在法律、行政法规规定的违法行为之外,规定其他违法行为并设定法律责任的情况比较普遍。[64] 典型的案例是《上海市食品安全条例》。2015 年《食品安全法》第 34 条规定禁止生产、经营超过保质期的食品、食品添加剂,第 54 条规定食品经营者应当及时清理变质或者超过保质期的食品。但对于超过保质期的食品、食品添加剂该如何处置,该法并未作规定。2017 年《上海市食品安全条例》第 29 条第 2 款规定,食品生产经营者应当采取染色、毁形等措施对超过保质期的食品和食品添加剂予以销毁,或者进行无害化处理。该条例第 93 条对此设置了行政处罚。全国人大常委会法工委对上述条款进行审查后认为,该行为属于"地方适应新情况新需要作出的带有创制性的规定,应当允许探索"。[65] 在《行政处罚法》修改之前,国家立法机关对待地方补充性立法的态度实际上已经有所转变。

其次,《行政处罚法》赋予地方性法规补充设定行政处罚的权限,采用的是法治化的放权方式,而非行政化的放权方式。20 世纪 50 年代至 70 年代,我国经历了两次放权与收权的循环,权力下放基本上是以行政化、运动式的方式进行的,中央与地方关系陷入了"一统就死,一放就乱"的怪圈。[66] 改革开放以来,在地方立法权的配置问题上,我国逐渐采用了积极稳妥、逐步下放的工作策略和法制化、规范化的实现路径,[67] 既避免了权力下放的主观随意性,又避免了权力下放所可能导致的秩序混乱。《行政处罚法》赋予地方补充设定行政处罚的权限,是改革开放以来权力下放模式的再次运用。

---

〔64〕 参见丁祖年、路国连:《对进一步优化立法权限配置的思考》,载《法治研究》2015 年第 2 期。

〔65〕 参见沈春耀:《全国人民代表大会常务委员会法制工作委员会关于 2019 年备案审查工作情况的报告》,第十三届全国人大常委会第十五次会议,2019 年 12 月 25 日。

〔66〕 参见刘小兵:《中央与地方关系的法律思考》,载《中国法学》1995 年第 2 期。

〔67〕 参见宋方青、姜孝贤、程庆栋:《我国地方立法权配置的理论与实践研究》,法律出版社 2018 年版,第 84 – 87 页。

最后,在行政处罚领域,地方进行补充性立法受到较为严格的程序限制,并且受到较为严格的监督。按照《行政处罚法》第12条第3款的规定,地方立法机关拟补充设定行政处罚的,应当通过听证会、论证会等形式广泛征求意见,并向制定机关作出书面说明。地方性法规报送备案时,还应当说明补充设定行政处罚的情况。2017年以来,全国人大常委会连续多年对备案审查工作报告进行审议,标志着我国备案审查工作实现常态化。[68] 同时,公民基于维护自身合法利益而向全国人大常委会提出审查建议的情形日渐增多。自上而下和自下而上相结合的法律监督方式可以确保涉及行政处罚问题的地方性法规整体在法治轨道上运行。

2021年《行政处罚法》第12条第3款明确肯定了地方补充性立法,扩大了地方立法权限,提升了国家能力,具有积极意义,但这一规定也面临一个新问题:地方补充性立法的权力边界何在?

三、地方补充性立法的合法性困境:基于案例的呈现

立法实践展现出来的样态表明,地方立法主体对补充性立法的理解颇不相同,对地方法与中央法关系的把握和理解也颇不相同。为了更加清晰地呈现复杂现实样态的全貌,下文将按照法律规则的逻辑结构进行逐一分析。按照"新二要素说",法律规则由构成要件和法律后果组成,构成要件在内容上可以包括规则的主体、行为、情景条件等。[69] 因此,地方立法可能补充中央法规范的构成要件,也可能补充中央法规范的法律后果;可能补充中央法规范构成要件中的主体、行为,也可能补充中央法规范构成要件的情景条件等。

(一)地方立法补充规定行为主体

我国行政法规范层面上对行政处罚对象的规定相当抽象,甚至根本未明文规定。[70] 行政处罚对象问题在行政处罚法中没有引起足够重视。《行政处罚法》第12条只提及行为、种类和幅度,并未提及行政处罚对象。当中

---

〔68〕 参见梁鹰:《2019年备案审查工作情况报告述评》,载《中国法律评论》2020年第1期。

〔69〕 参见雷磊:《法律规则的逻辑结构》,载《法学研究》2013年第1期。

〔70〕 参见陈思融:《论行政处罚对象的法定化》,载《浙江社会科学》2020年第11期。

央法对某一对象作了明确规定时，地方立法可能会对性质相似、领域相近或者具有密切关系的对象作出补充规定。例如，2014 年《安全生产法》第 24 条规定，危险物品的生产、经营、储存单位以及矿山、金属冶炼、建筑施工、道路运输单位的主要负责人和安全生产管理人员，应当考核合格。未按照规定经考核合格的，给予相应的行政处罚。而 2020 年《辽宁省安全生产条例》第 19 条规定，矿山、金属冶炼、船舶修造、建筑施工、道路运输、城市轨道交通运营单位和危险物品的生产、经营、储存单位的主要负责人和安全生产管理人员，均应当考核合格（案例一）。与上位法相比，《辽宁省安全生产条例》补充规定了"船舶修造""城市轨道交通运营单位"等行为主体。

地方立法补充规定行为主体，还存在另一种情形，即中央法对一定规模或者基准的行为主体作了规定，地方立法对未达到中央法规制规模或者基准的行为主体进行补充规定。例如，2018 年《野生动物保护法》第 47 条规定，未取得人工繁育许可证繁育国家重点保护野生动物的，没收野生动物及其制品，并处罚款。但该法并没有规定人工繁育省重点保护野生动物，有重要生态、科学、社会价值的陆生野生动物是否需要取得许可证。2020 年《江西省实施〈中华人民共和国野生动物保护法〉办法》第 35 条规定，省重点保护野生动物和有重要生态、科学、社会价值的陆生野生动物的人工繁育均需要取得人工繁育许可证。[71] 该办法第 53 条对此设定了行政处罚，未取得人工繁育许可证繁育前述对象的，没收野生动物及其制品，并处罚款（案例二）。与上位法相比，江西省的地方性法规补充规定了未达到特定规模或者基准的主体。

（二）地方立法补充规定情景条件

构成要件中的情景条件是指法律行为发生的环境，如法律行为发生的时间、地点等。中央法对法律行为发生的情景条件作了规定，地方立法可能会补充规定其他情景条件。例如，2017 年国务院《城市市容和环境卫生管理

---

〔71〕 地方性法规规定省重点保护野生动物和有重要生态、科学、社会价值的陆生野生动物的人工繁育需要取得人工繁育许可证，是否违反《行政许可法》第 16 条所规定的"不得增设行政许可"？全国人大常委会法工委作出的法律询问答复认为该情形"属于增设了行政许可"。参见全国人大常委会法制工作委员会编：《法律询问答复（2000—2005）》，中国民主法制出版社 2006 年版，第 104 页。

条例》第10条规定，在城市人民政府规定的街道的临街建筑物的阳台和窗外，不得堆放、吊挂有碍市容的物品。否则，有关部门除责令其纠正违法行为、采取补救措施外，可以并处警告、罚款。而2018年《洛阳市城市市容和环境卫生管理条例》第16条则规定，在城市主要街道临街建筑物的阳台、平台、外走廊和窗外，不得违反规定吊挂或者堆放有碍市容的物品。2019年《萍乡市城市市容和环境卫生管理条例》第13条则规定，在主要街道和重点区域建(构)筑物的屋顶、门窗、阳台、平台、观景台、外走廊等处不得堆放、吊挂、晾晒有碍市容的物品(案例三)。与行政法规的规定相比，洛阳市的条例增加规定了"平台""外走廊"等违法行为发生的情景条件。萍乡市的条例增加规定了"屋顶""平台""观景台""外走廊"等违法行为发生的情景条件。再如，2010年《水土保持法》第20条规定，禁止在25度以上陡坡地开垦种植农作物，该法第49条对此设定了行政处罚。而2018年《河北省实施〈中华人民共和国水土保持法〉办法》第15条规定，禁止在25度以上的陡坡地和大中型水库周边汇水区域20度以上的陡坡地开垦种植农作物。2018年《湖南省实施〈中华人民共和国水土保持法〉办法》第11条规定，禁止在25度以上的陡坡地或者20度以上的风化花岗岩、紫色砂页岩、红砂岩、泥质页岩坡地开垦种植农作物(案例四)。与上位法相比，河北省的地方性法规增加规定了"大中型水库周边汇水区域20度以上的陡坡地"等违法行为发生的情景条件。湖南省的地方性法规增加规定了"20度以上的风化花岗岩、紫色砂页岩、红砂岩、泥质页岩坡地"等违法行为发生的情景条件。

(三)地方立法补充规定违法行为

地方立法补充规定违法行为是指中央法对违法行为作了规定，地方立法对性质类似的行为作出补充规定。例如，2013年《渔业法》第30条规定，禁止制造、销售、使用禁用的渔具。该法第38条对此设定了行政处罚。2019年《J省实施〈中华人民共和国渔业法〉办法》第39条第2款规定，禁止制造、维修、销售、随船携带、使用禁用的渔具以及不符合规格标准的渔具(案例五)。与上位法的规定相比，J省的地方性法规增加规定了"维修""随船携带"的行为。再如，2009年《森林法》第44条第2款规定，在幼林地和特种用途林内砍柴、放牧致使森林、林木受到毁坏的，依法赔偿损失。而

2018年《辽宁省实施〈中华人民共和国森林法〉办法》第45条第1款第6项则规定，在新植未成林地、幼林地、特种用途林内和封山育林区内砍柴、放牧、放蚕，致使森林、林木受到毁坏的，依法赔偿损失（案例六）。与上位法相比，辽宁省的地方立法不仅补充了上位法没有规定的“新植未成林地”“封山育林区”等情景条件，而且补充规定了上位法没有规定的“放蚕”行为。

实践中更为常见的情形是，法律、行政法规列举了数种违法行为，然后以“等”“其他……”等表述兜底，地方据此进行补充性立法。例如，2017年国务院《自然保护区条例》第26条规定，禁止在自然保护区内进行砍伐、放牧、狩猎、捕捞、采药、开垦、烧荒、开矿、采石、挖沙等活动。2019年《昆明市轿子山国家级自然保护区条例》第12条在此基础上增加了“禁止葬坟”的规定；2018年《海南省自然保护区条例》第35条在此基础上增加了“禁止挖土”的规定；2018年《吉林向海国家级自然保护区管理条例》第15条在此基础上增加了禁止取土、采挖泥炭，禁止采挖野生植物，禁止私建、滥建建筑物或者构筑物等规定（案例七）。

（四）地方立法额外补充规定法律后果

地方立法额外补充规定法律后果是指中央法对法律后果作了规定，地方立法在中央法规定的法律后果之外，再额外规定更多的法律后果。如2009年《电力法》第68条规定，在依法划定的电力设施保护区内进行作业，危及电力设施安全的，由电力管理部门责令停止作业、恢复原状并赔偿损失。2014年《天津市电力设施保护条例》第30条却在此基础上补充规定：“拒不停止作业、恢复原状的，对个人处以五百元以上三千元以下的罚款，对单位处以五千元以上一万元以下罚款。”（案例八）上位法规定的法律后果是“责令停止作业、恢复原状并赔偿损失”，2014年《天津市电力设施保护条例》在此基础上进一步补充了对个人和单位予以罚款的行政处罚。

当然，并不是所有地方立法补充上位法的情形的合法性都难以作出判断。上位法对某一事项已经作出明确规定，地方立法新增权利的主体、权利的内容，并不会存在合法性问题。如2006年《义务教育法》第2条第3款规定，实施义务教育，不收学费、杂费。而2011年《重庆市义务教育条例》第2条第2款则规定实施义务教育不收学费、杂费、择校费、借读费，以及国家和本市规定以外的任何费用。与上位法相比，重庆市人大常委会制定的条例增加规定了权利的内容。2015年《老年人权益保障法》第59条规定，农村老年人不承担兴办公益事业的筹劳义务。而2016年《安徽省实施〈中华人民共和国老年人权益保障法〉办法》第55条第2款则规定，农村特困老年人经法定程序，可以减免筹资任务。下位法的权利性条款并没有妨碍上位法的实现，该种情形不存在合法性问题。上位法对某一事项已经作了明确规定，地方立法新增管理机构的职责内容，也不会存在合法性问题。如2002年《安全生产法》第55条规定有关部门对涉及安全生产的事项进行审查、验收，不得收取费用，不得要求接受审查、验收的单位购买其指定品牌或指定单位的产品。2005年《河北省安全生产条例》第41条则在此基础上增加规定，“不得借审查、验收强行要求被审查、验收的生产经营单位参加法律、法规规定之外的学习、培训”。

四、地方补充性立法合法性判断中的立场分歧

地方立法补充中央法的诸多情形是否合法，人们存在不同认识。概言之，主要存在“领域说”“事项说”“行为说”三种不同主张。“领域说”认为，某一领域制定出台了法律或者行政法规，即意味着法律、行政法规对违法行为“已经作出行政处罚规定”。法律或者行政法规一经出台，便对相应领域进行了“先占”，中央法因此排斥地方法的介入和补充。该领域内的某些事项、行为，虽然没有明确规定在法律、行政法规的条文中，但其仍处于法律先占的领域，地方法不能对此类事项、行为进行补充立法。在理解法律、行政法规时，应当坚持一种“面”的思维。只有某一领域尚未制定出台法律、行政法规时，地方立法才能规定违法行为并设定相应的行政处罚。某一领域一旦制定出台了法律、行政法规，地方立法便只能在法律、行政法规规定的行为、种类和幅度范围内作出具体规定。在“领域说”的视野中，只有地方先行性立法是被允许的，独立型补充立法、关联型补充立法以及前述的诸多案例情形，均属于不被允许的范畴。在过去，国家立法机关基本信奉这一主张。[72] 本节第二部分提及的法律询问答复对待补充性立法的否定态度，也

〔72〕 参见应松年、张晓莹：《〈行政处罚法〉二十四年：回望与前瞻》，载《国家检察官学院学报》2020年第5期。

足以说明这一点。

"领域说"遭到了学界的批评,"事项说"更受推崇。[73] "事项说"认为,应当以"特定事项"作为廓清行政处罚领域中央法与地方法关系的基准。"法律、行政法规对违法行为已经作出行政处罚规定"的具体含义是,法律、行政法规的具体规范对"某类特定事项"中的违法行为已经作出行政处罚规定。法律、行政法规具体规范所规定的特定事项以外的其他事项,中央法并不排斥地方法的介入,地方立法可以进行补充立法。对于法律、行政法规具体规范所规定的特定事项,地方立法只能在法律、行政法规规定的行为、种类和幅度范围内作出规定。在理解法律、行政法规的规定时,应当坚持一种"线"的思维。在"事项说"的视野中,先行性立法、独立型补充立法是被允许的,关联型补充立法以及前述的诸多案例情形则有待讨论。

"行为说"的主张可以具体化为两项要义:第一,理解"法律、行政法规对违法行为已经作出行政处罚规定"的关键在于如何界定"违法行为",违法行为是设定行政处罚的基础。第二,法律、行政法规的规定应当严格限定在其字面含义。只有法律、行政法规的条文对具体行为作了明文规定,才能说法律、行政法规对违法行为"已经作出行政处罚规定"。只要相应的违法行为没有明确出现在法律、行政法规的条文中,即可理解为法律、行政法规未作出规定,地方便可以进行补充立法。在理解法律、行政法规的规定时,应当坚持一种"点"的思维。在"行为说"的视野中,不仅先行性立法、独立型补充立法是被允许的,而且关联型补充立法以及前述的诸多案例情形均是被允许的。部分地方立法主体在对待补充性立法时信奉这一主张。如有观点主张,"与法律、行政法规规定的某种处罚行为的性质相同、危害后果等同甚至更为严重的行为",地方立法可以补充设定行政处罚。[74]

"领域说""事项说""行为说"对"作出行政处罚规定"的解释只能在一定程度上起到明确立法权限的作用,实质效果有限。

首先,上述学说和主张并不是从事物的本质出发,进而对事物存在的合法性作出科学判断,而是立基于不同的立场作出判断,颇有立场决定观点之

---

〔73〕 参见李文海:《地方政府规章设定行政许可的"上位法"限制——以最高人民法院发布的指导案例5号裁判要点1为分析对象》,载《政治与法律》2013年第2期。

〔74〕 参见姚明伟:《结合地方立法实际对不抵触问题的思考》,载《人大研究》2007年第2期。

嫌。"领域说"立基于维护中央立法的立场，对地方立法权限秉持严格限制的态度，而"事项说"立基于维护地方立法的立场，为地方因地制宜地行使立法权留下了更大空间。[75] "行为说"较"事项说"更进一步，维护地方立法的色彩更为浓厚。上述三种学说立基于不同立场，代表了不同主体的主观诉求，难以将之作为合法性判断的客观标准。

其次，上述学说划定的边界十分模糊。"领域说""事项说""行为说"的区别不过在于具体化的程度。[76] 但究竟该具体到何种程度？并没有固定的标准。如在案例六中，"领域说"认为国家已经出台了《森林法》，对森林管理这一领域作了规定，因此，地方立法不得补充设定任何新的行政处罚。而"事项说"认为，《森林法》第44条第2款对"毁坏林木"这一特定事项作了规定，地方立法在涉及"毁坏林木"这一特定事项时，应当在法律规定的行为、种类和幅度范围内作出规定，不得补充设定关于"放蚕"行为的行政处罚。在涉及其他事项时，如林木的开发利用，可以补充设定行政处罚。"行为说"则主张《森林法》第44条第2款只明确禁止了"砍柴""放牧"这两种行为，对于这两种行为，地方立法需要作出具体规定的，只能在法律规定的给予行政处罚的行为、种类和幅度范围内规定。此两种行为以外的其他毁坏林木的行为，如放蚕行为，地方可以进行补充立法。上述三种观点的不同只不过是程度上的区别而已。

最后，上述学说虽然存在立场分歧，但相关主张和辩护方式均是一种形式化的方式。判断地方补充性立法合法与否，需要对法律中的概念、用语进行细致比较，需要辨析下位法与上位法规定的主体、行为和情景条件等要素的异同。正如本章第二节所展示的那样，这一方法更多的是判断地方执行性立法合法性的方法。基于此，上述学说对某一情形要么持完全肯定态度，要么持完全否定态度，这固然方便作出判断，但也无法适应千差万别的情形。明确地方补充性立法的权力边界，需要重新构建新的合法性判断标准。

---

〔75〕 参见唐明良、卢群星：《论地方性法规的行政许可设定权——对〈行政许可法〉第十五条第一款的解读及其他》，载《重庆大学学报（社会科学版）》2005年第4期。

〔76〕 参见金自宁：《地方立法行政许可设定权之法律解释：基于鲁潍案的分析》，载《中国法学》2017年第1期。

五、地方补充性立法的权力边界

（一）模糊地带及其成因

构建新的合法性判断标准，需要对现状有清醒认识。实践中，地方补充性立法与执行性立法之间的边界不是泾渭分明的，而是存在一定的模糊地带，有时补充性立法与执行性立法难以完全区分清楚。[77] 产生模糊地带的主要原因有二：

第一，调整内容的近似性。中央法与地方法调整内容的近似性为模糊地带的存在创造了客观条件。调整内容的近似性可以从三个方面加以具体说明：一是事物领域相同。地方立法补充规定的事物与中央法规定的事物属于同一领域，地方基于实际需要对此加以规定。此类立法属于补充性立法还是执行性立法，较难作出判断，其合法性也较难进行判断。一方面，地方对此类情形进行补充立法可能涉嫌违反《行政处罚法》第 12 条的规定；另一方面，地方却存在对此类情形加以规定的迫切需要。案例一、案例二均属于此种情形。如案例一中，地方立法补充规定的“船舶修造”“城市轨道交通运营单位”与中央法规定的“危险物品的生产、经营、储存单位”等行为主体均属于生产安全领域重要的责任主体。二是事务性质相似。地方立法补充规定的事务与中央法规定的事务在性质上十分相似，以至于较难判断其立法类型和合法性。案例三、案例四、案例六均属于此种情形。如案例三中，地方立法补充规定的情景条件与行政法规规定的情景条件在性质上均属于可能影响市容市貌的场景；案例六中，地方立法补充规定的行为与中央法规定的行为在性质上均是毁坏林木的行为。三是事务之间存在密切联系，难以直接切割。地方立法补充规定的内容与中央法规定的内容，具有时间上的先后关系，或者是具有逻辑联系的各个环节。如案例五中，中央法规定禁止制造、销售、使用禁用的渔具，地方立法补充规定禁止维修、随船携带渔具。制造、销售、使用与维修、随船携带是具有逻辑联系的各个环节。

第二，立法语言的开放性。人类使用语言来表达法律必须要付出代价，

---

〔77〕 参见俞祺：《重复、细化还是创制：中国地方立法与上位法关系考察》，载《政治与法律》2017年第9期。

这种代价便是法律的确定性。“每当我们把特定的具体情况涵摄于抽象的规则时，总是会同时出现确定性的核心以及值得怀疑的边缘。这使得所有的规则都有模糊的边缘，或者说‘开放性结构’。”〔78〕由于中央法的表述比较模糊，地方立法在执行中央法时，便不得不进行“法律解释”，形成了我国较为独特的地方立法解释中央法的现象。地方立法“解释”中央法的情形，属于补充性立法还是执行性立法，较难判断，解释结果合法与否也较难判断。这似乎侵犯了全国人大常委会的法律解释权，但这一情形却具有存在的现实必要性。案例七即属于此种情形。对于此种情形，乔晓阳认为，由全国人大常委会作出法律解释加以解决比由地方突破法律规定自行解决更符合法制原则。〔79〕但问题在于，我国立法机关的立法解释活动不活跃。1954年至2000年，以全国人大常委会名义作出的立法解释仅有20件左右。〔80〕期望通过立法解释的方式来解决这一问题不太现实。

（二）补充性立法合法性判断的标准

模糊地带中的地方立法同时具有执行性和补充性的特征。形式化的标准固然适用于执行性立法，但它无法单独解决这一地带中地方立法的合法性判断问题。在补充性立法与执行性立法的模糊地带，合法性的判断应当是形式标准和实质标准的统一。形式标准是指地方补充性立法不能明显超出中央法的文义射程。案例八是这一要求的反面典型。地方立法在中央法规定的法律后果之外，额外补充规定法律后果，超出了《行政处罚法》第12条第2款明确规定的行政处罚的“种类”，应当认定为违法。在大概符合形式合法性标准要求的前提下，地方立法补充中央法的情形合法与否，应当结合立法目的、地方实际情况等实质因素综合作出判断。

首先，地方补充性立法不能违背中央法的立法目的。耶林曾言，目的是全部法律的创造者。每条法律规则的产生都源自一种目的，即一种实际的

---

〔78〕［英］哈特：《法律的概念》（第2版），许家馨、李冠宜译，法律出版社2011年版，第112页。

〔79〕参见乔晓阳：《如何把握行政处罚法有关规定与地方立法权限的关系》，载《法制日报》2017年9月12日，第9版。

〔80〕参见林彦：《法律询问答复制度的去留》，载《华东政法大学学报》2015年第1期。

动机。[81] 地方立法能否补充中央法规范需要结合立法目的具体情形具体分析。“欲判断是否确有此类漏洞存在，须以法律本身的观点、法律的根本规整意向、借此追求的目的以及立法者的‘计划’为准。”[82] 只有立法者意图规定但却没有规定的事项、行为、领域，才能被视为法律漏洞；立法者有意不加以规定的事项、行为、领域，不能称为法律漏洞。立法者的意图和目的不同，合法性判断结论便会不同。在案例六中，如果立法者对所有毁坏森林的行为进行了通盘考虑，认为只有砍柴、放牧行为对森林、林木的破坏性较大，需要加以规制，而其他毁坏森林、林木的行为影响较小，无须加以规制时，地方立法便不能补充规定其他违法行为。如果立法者对所有毁坏森林的行为进行了通盘考虑，认为砍柴、放牧行为在全国具有普遍性，需要进行统一规制，而其他违法行为则可以由地方自主决定是否需要进行规制时，地方立法便可以补充规定其他违法行为。《行政处罚法》第 12 条的不足之处之一便在于它没有考虑国家立法的不同宗旨和目的。[83] 地方立法只有在不违背中央法的立法目的时，才可以对中央法进行补充。

其次，地方进行补充性立法，必须要有充足的理由。在面对地方差异性时，中央统一立法难免会顾此失彼。在中央法无法满足地方对特殊问题的规则需求时，应当允许地方进行补充立法。在案例四中，《水土保持法》禁止在 25 度以上陡坡地开垦种植农作物。但各个地方的地势、水文条件各不相同，地方在执行法律的过程中，如果发现在大中型水库周边汇水区域 20 度以上的陡坡地或者在 20 度以上的风化花岗岩、紫色砂页岩、红砂岩、泥质页岩坡地开垦种植农作物，特别容易导致水土流失的，地方便可以对相关问题作出补充规定。此时地方进行补充立法便有充足理由。在案例二中，《城市市容和环境卫生管理条例》规定，在城市人民政府规定的街道的临街建筑物的阳台和窗外，不得堆放、吊挂有碍市容的物品。地方立法在执行行政法规的过程中，如果仅仅是为了追求城市的“整齐划一”和“面子工程”，便补充规定更多的情景条件，那么，地方进行补充性立法的理由便大打折扣。在案

---

〔81〕 参见［美］E. 博登海默：《法理学：法律哲学与法律方法》（修订版），邓正来译，中国政法大学出版社 2004 年版，第 114 页。

〔82〕 ［德］卡尔・拉伦茨：《法学方法论》，陈爱娥译，商务印书馆 2003 年版，第 251 页。

〔83〕 参见李洪雷：《论我国行政处罚制度的完善——兼评〈中华人民共和国行政处罚法（修订草案）〉》，载《法商研究》2020 年第 6 期。

例五中,《渔业法》规定禁止制造、销售、使用禁用的渔具。地方立法在执行法律的过程中,如果仅仅是为了执法方便、取证方便,便规定无论当事人是否使用禁用渔具,只要随船携带便可以予以处罚,则地方补充性立法便不具有充足的理由。

最后,地方补充性立法所规定的内容应当符合比例原则的要求。比例原则要求公权力必须在限制基本权利的目的和限制基本权利的手段之间进行衡量,不能不择手段地追求目的的实现。[84] 地方补充性立法符合中央法的立法目的、具有充足的理由的,只能在一定程度上证成其合法性。地方补充性立法所设定的行政处罚手段,必须符合比例原则的要求,逐一经过"适当性""必要性""均衡性"三个阶段的检验。在适当性阶段,地方补充性立法所设定的行政处罚措施,应当有助于目的的实现。在必要性阶段,地方补充性立法所设定的行政处罚措施应当是所有能够实现目的的手段中最温和、对公民权利造成损害最小的手段。在均衡性阶段,地方补充性立法所设定的行政处罚措施应当与立法取得实际收益成比例。

虽然《行政处罚法》第 12 条第 3 款只肯定了关联型补充立法,但在行政处罚领域,地方立法在执行法律、行政法规的过程中,有关规定补充中央法规范的构成要件的,不能简单地一概认定其违法。补充性立法合法与否,需要按步骤具体情况具体分析。地方补充性立法的诸多情形,只有通过上述各个步骤的检验,才能认定为合法。地方补充性立法只有满足这些条件,立法结果才可以合法化。

本节主要结合《行政处罚法》的修改探讨了地方补充性立法的合法性判断标准问题。《立法法》是"管法的法",但它并没有明确规定地方补充性立法的法律地位。2021 年《行政处罚法》第一次以法律的形式肯定了地方补充性立法的法律地位,这是对现实状况的回应和确认,也是国家立法机关对待地方补充性立法态度的一次"自我革新"。《行政处罚法》肯定地方补充性立法,完善了行政处罚领域中央法与地方法关系的结构,扩大了地方立法权限,提升了国家能力,具有积极意义。在肯定《行政处罚法》上述条款积极意义的同时,也应当看到地方补充性立法所面临的合法性困境。这一困境

---

〔84〕 参见张翔:《财产权的社会义务》,载《中国社会科学》2012 年第 9 期。

在诸多现实情形中有鲜明体现。地方立法在补充规定中央法的主体、行为、情景条件、法律后果等方面多有探索和尝试，这些探索和尝试合法与否，充满了争议。“领域说”“事项说”“行为说”试图廓清“作出行政处罚规定”的规范含义，进而解决这一问题。但这三种学说只能在一定程度上起到明确地方立法权限的作用，实际效果有限，因为其本身是一种形式化的标准。形式化的标准适用于地方执行性立法，但不能完全适用于地方补充性立法。明确补充性立法的权力边界，应当构建一种形式标准和实质标准相统一的合法性判断标准。

第四节 适当性审查的标准与方法

本节主要聚焦地方性法规的适当性审查问题，并以此为切入点对法规备案审查工作中存在的问题进行不同程度的探讨。理顺适当性审查的展开逻辑和应用方法，有助于加强审查能力建设，适当性审查过程中充分的理由论证，也有利于弥补制度刚性不足的问题。与合法性审查问题在理论界和实务界的“显赫”地位相比，适当性审查没有引起人们的足够关注和研究。现有的研究成果多数集中在对比例原则、立法事实等基础性理论或概念的研究上，[85]或者对德、美、日等国家合宪性审查理论和实务的分析介绍上。[86] 这些成果为后续的研究奠定了基础。

本节首先阐明了“说理”是适当性审查的本质，只有基于理由论证的适当性审查才会有权威。“说理”需要按照一定的逻辑展开，基于特定的方法进行才能达致结果，这实际上是比例原则的应用过程和方法。结合全国人大常委会公布的审查案例，这一过程和方法可以得到更清晰的阐释。适当性审查虽然重要，但要慎重进行，审查权限和程序要有明确的法律依据，审查行为要秉持自制的立场，以便在确保地方的执行性和维护地方的自主性之间谋求一种平衡。

---

〔85〕 如蒋红珍：《论适当性原则——引入立法事实的类型化审查强度理论》，载《中国法学》2010年第3期；陈鹏：《合宪性审查中的立法事实认定》，载《法学家》2016年第6期。

〔86〕 如凌维慈：《宪法诉讼中的立法事实审查——以美国法为例》，载《浙江社会科学》2006年第6期。

一、适当性审查的实质是说理

在宪法的框架内，我国《地方组织法》《立法法》《监督法》共同确立了规范性文件适当性监督的体系。如本章第一节所言，“不适当”可以作广义和狭义的区分。宪法法律文本中的“不适当”是广义上的概念，“不适当”的含义既包含违法情形，也包含不合理、不公平的情形。在狭义上，“不适当”仅指不公平、不合理。“我们对自己智力工作中想当作工具用的那些术语，可以随意界定。唯一的问题是它们是否符合我们打算达到的理论目的。”〔87〕本节主要在狭义上使用“不适当”的概念。据此，适当性审查是指对规范性文件的公平性、合理性进行的审查，它是与合法性审查相并列的一种审查类型。

适当性审查的实质是审查主体依据一定的方法，对审查对象合理与否作出判断，并进行精致、充分理由论证的过程。合法性审查有上位法规则这一“标杆”作为参照，客观性相对较强，与之相比，适当性审查则具有较大的主观性。因此，适当性审查需要考虑的因素更多，裁量权更大，也更需要深厚的专业素养和高超的法律技艺。

在适当性审查的过程中进行充分说理，具有重要意义。

首先，充分说理有利于建立和维护审查主体的权威。党的十九大报告指出，要维护国家法制统一、尊严、权威。国家法制的权威，首先表现为最高国家权力机关的权威。权威是一种诱导自愿服从合法性权力的力量。实现法制权威具体有三种模式：约定俗成的权威、理性权威和齐步权威。〔88〕在适当性审查中，审查主体的权威应当是一种“理性权威”，一种基于理由论证而达致的权威。要想被监督的主体对审查结论心悦诚服，审查主体必须给出充分的理由。如果审查主体仅想凭借手中的权力进行压服，不仅会使得裁决结果的正当性大打折扣，甚至可能会激化彼此之间的矛盾。

其次，充分说理有利于破解审查决定“执行难”的问题。在过去，对于全国人大常委会提出的审查意见，地方立法主体并不当然接受，甚至不予理睬。1993 年到 1998 年，全国人大有关专门委员会审查出与法律不一致的地

---

〔87〕［奥］凯尔森：《法与国家的一般理论》，沈宗灵译，商务印书馆 2013 年版，第 31 页。

〔88〕参见季卫东：《论法制的权威》，载《中国法学》2013 年第 1 期。

方性法规90多件,除少数作了修改外,大部分未作修改。[89] 地方人大及其常委会的态度之所以如此"强硬",原因是多方面的。在相当长的时间内,审查程序通常只运行到将全国人大有关专门委员会的意见函告制定机关为止。[90] 地方人大常委会可以接受有关专门委员会的审查意见,也可以不接受,地方人大常委会不接受审查意见,拒绝对地方性法规进行修改的,最终也不了了之。《立法法》规定的改变、撤销制度从来没有在实践中运行过,对地方立法主体没有威慑力。此外,审查主体在审查过程中不注重"说理"也是导致这一问题的重要原因。例如,在"中国建筑业协会建议审查地方审计条例'以审计结果作为建设工程竣工结算依据'的规定案"中,全国人大常委会法工委法规备案审查室的复函十分简单。在核心理由部分,该文书仅写道"……限制了民事权利,超越了地方立法权限,应当予以纠正"。但问题在于,为何限制了主体的权利便超越了立法权限?其规范依据和背后的法理基础是什么?其内在逻辑为何?答复文书并没有详尽阐明理由。这样的答复文书很难让当事人及相关主体信服。法规审查没有让地方立法主体"心服口服",审查决定自然会面临"执行难"的问题。

审查结论的理由论证需要按照一定的逻辑顺序展开,这实际上也是适当性审查的内容,比例原则为此提供了理论引导。

二、适当性审查的内容:比例原则的层级展开

(一)作为理论基础的比例原则

比例原则是公法中的"帝王原则",这一原则的应用领域越来越广,[91] 也正在被世界上越来越多的国家所接纳。经典意义上的比例原则由三个具体的子原则构成:适当性原则、必要性原则和均衡性原则。其中,适当性原则要求手段必须能够有助于目的之达成;必要性原则要求在可供选择的数个手段之间,选择造成损害最小的手段;均衡性原则要求手段所造成的损害

---

〔89〕 参见乔晓阳主编:《中华人民共和国立法法讲话》(修订版),中国民主法制出版社2008年版,第313页。

〔90〕 参见陈道英:《全国人大常委会法规备案审查制度研究》,载《政治与法律》2012年第7期。

〔91〕 比例原则的应用已经超出了公法领域,逐渐延伸到私法领域。参见郑晓剑:《比例原则在民法上的适用及展开》,载《中国法学》2016年第2期。

应当与所能实现的收益相称。

比例原则是一种关涉内部手段与外部目的关系的原则，本身并不关涉外部目的。阿奎那早就指出，“善”可以分为两种类型：目的性的善和工具性的善。[92] 目的性的善是一种绝对的善、真正的善，而工具性的善却只是一种相对的善。只要手段有利于实现目的，便是一种相对的善。以偷盗者为例，偷盗者的偷盗技艺越高超，越有利于实现偷盗的目的，偷盗本身虽然不是一种目的性的善，但高超的偷盗手段对于偷盗者而言却是一种工具性的善。以此观之，比例原则只能保证手段符合目的，实现相对意义上的善，而无法保证实现绝对意义上的善。这使得比例原则保障公民权利，限制国家权力的功能大打折扣。近年来，一些国内外研究者已经愈发意识到了目的正当性的重要性，主张将目的正当性也纳入比例原则的范畴。[93]

在内部，比例原则的三个子原则应当以何种顺序展开？传统理论认为，比例原则的三个子原则应当按照适当性原则、必要性原则、均衡性原则顺次展开。首先进行适当性判断，判断手段是否有助于实现目的；如果手段有助于实现目的，则进行必要性判断，判断这一手段是不是造成损害最小的手段；如果手段符合必要性原则，则进行均衡性判断，判断这一手段所造成的损害和所取得的收益是否均衡，在此基础上最终决定手段正当与否。有观点认为，比例原则传统的应用顺序过于僵硬，且导致均衡性原则流于形式，无法真正实现多元价值衡量审查的功能，比例原则应当按照适当性原则、均衡性原则、必要性原则的展开逻辑予以适用，且三个子原则之间应当有流转往返、重复适用的机制。[94] 笔者认为，如果比例原则适用于事前的手段选择，这种调整是有益的，但如果比例原则适用于事后的审查工作，由于手段早已选定，比例原则传统的应用顺序依然是可行的。将这一原则引入法规适当性审查当中，审查流程如图 5－3 所示。

---

〔92〕 参见［意］圣多马斯·阿奎那：《神学大全》（第6册），刘俊余译，高雄、台南，中华道明会、碧岳学社2008年版，第21页。

〔93〕 参见刘权：《目的正当性与比例原则的重构》，载《中国法学》2014年第4期。

〔94〕 参见蒋红珍：《比例原则阶层秩序理论之重构——以“牛肉制品进销禁令”为验证适例》，载《上海交通大学学报（哲学社会科学版）》2010年第4期。

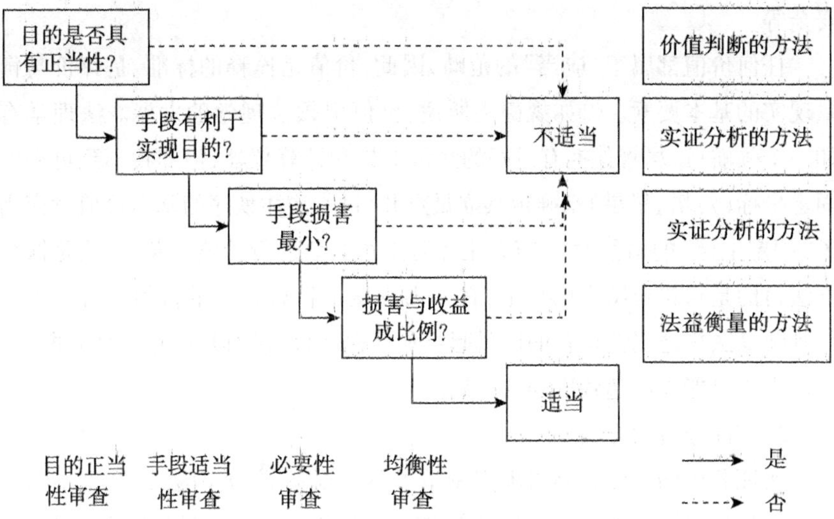

图5－3　法规适当性审查中比例原则的展开

(二)适当性审查的基本方法

在目的正当性审查、手段适当性审查、必要性审查和均衡性审查环节，审查主体的工作任务、使用的方法各不相同。在目的正当性审查环节，审查主体的主要任务是审查立法目的正当与否，主要采用价值判断的方法；在手段适当性审查和必要性审查环节，审查主体着力于发现和认定立法事实，主要采用实证分析的方法；在均衡性审查环节，审查主体侧重于不同利益之间的比较，主要采用法益衡量的方法。

1. 价值判断的方法

在哲学上，人们认识事物本质时总是不可避免地需要面对"价值"这一基本概念。"价值"这个概念所肯定的内容，是指客体的存在、属性和合乎规律的变化与主体尺度相一致、相符合或相接近的性质和程度。[95] 价值关系是表征主体与客体之间需求与满足需求的对应关系。凡是能够满足主体需要的事物，就被认为是有价值的，反之，不能满足主体需要的事物，就被认为是无价值的。事物既包括实体的，如财富，也可以是精神的，如自由、公平、

[95]　参见李德顺：《价值论——一种主体性的研究》(第3版)，中国人民大学出版社2013年版，第53页。

安全等。

任何价值都属于“应当”的范畴，因此，价值是诠释的标准，是评价与衡量现实的基本要素。恰如魏德士所说，价值引领法理学的发展。法理学有如一个领航员，尽管他拥有极好的测量工具和计算仪器，但却找不到可靠的固定坐标（灯塔、星星）来确定其立足点和目标，法律秩序的基本价值就充当了“固定坐标”的角色。[96] 审查主体对审查对象进行价值判断，实质是探究立法目的是否符合特定的价值，在多大程度上符合特定的价值。目的正当性判断是法规适当性审查的逻辑起点和前提条件，没有目的正当性判断，适当性审查可能无法达致准确的结果。

2. 实证分析的方法

实证分析的方法和立法事实密不可分。据考证，美国法上“立法事实”的概念是肯尼斯·卡尔普·戴维斯（Kenneth Culp Davis）最先提出来的。[97] 他在《行政过程中证据问题的探讨》一文中，对判决事实和立法事实作了区分。判决事实是指关于案件当事人的事实，如当事人做了什么、情况如何、背景条件如何等；立法事实是指支持法律或者政策制定的事实。[98] 简言之，立法事实是指为立法手段的选择和确立提供支撑和证明的各种事实，包括但不限于专业的调查报告、统计数据、鉴定结论等。在手段适当性审查的过程中，审查主体应当着重考察：（1）是否存在立法事实；（2）在证明程度上，立法事实是否足以支持和证明“立法手段有利于实现目的”。如果这两个问题的答案均是肯定的，审查主体应当认定立法手段满足适当性审查的要求，允许其进入必要性审查环节；如果其中一个问题的答案是否定的，审查主体应当认定立法手段不适当。必要性审查的过程也基本如此。

需要指出的是，审查主体在审查过程中不仅需要考察“制定”法规时的立法事实，还需要考察“审查”法规时的立法事实。二者不一致时，立法事实认定的时间节点应当以审查时为准，而非以制定时为准。即使在制定法规时存在立法事实，并且立法事实足以支持立法手段，但在审查时，新的立法

---

〔96〕 参见［德］伯恩·魏德士：《法理学》，丁小春、吴越译，法律出版社2013年版，第405页。

〔97〕 参见凌维慈：《宪法诉讼中的立法事实审查——以美国法为例》，载《浙江社会科学》2006年第6期。

〔98〕 See Kenneth Culp Davis, *An Approach to Problems of Evidence in the Administrative Process*, 55 Harvard Law Review 364（1942）.

事实证明立法手段客观上没有实现立法目的的，也应当认定地方性法规不适当。

就我国的立法实践而言，审查主体在审查过程中注重发现和认定立法事实具有特别的意义。长期以来，我国存在经验立法的传统。20 世纪 80 年代，彭真多次强调经验立法的重要性。“至少是有科学的而不是主观制造的典型经验，才能定成法，成熟一个搞一个，能制定部分的先制定出一部分；不太成熟的，可以先搞大纲、草案。”[99]“经过实践检验，有了经验，有多少经验，我们就立多少法。如果经验已经证明了，还没有搞出来，说明立法工作没跟上。经验还没有，那就只好继续调查研究。”[100]在改革时期，社会关系处于不稳定的状态，社会关系如何发展一时之间也看不清楚，不好预测，求助于经验，将经过实践检验的经验以立法的形式固定下来便成了立法工作的主要方式，可以说，经验主义的立法思想是改革时期不得已的选择。[101]但毋庸讳言，经验主义的立法模式也存在弊端。在这一模式下，支持立法决策的事实主要是经验，而不是社会学、经济学、统计学等社会科学知识的科学测算和理性分析。立法决策的经验性有余而科学性不足，加之社会形势的快速变迁，经验主义的立法非常容易存在不适当的问题。

3. 法益衡量的方法

在多元的社会中，法益之间的冲突在所难免，各种法益也不存在一种类似于化学元素周期表的位阶秩序，在法益之间发生冲突时，只能进行衡量。在司法裁判中，法益衡量需要综合考虑当事人的具体利益、群体利益、制度利益和社会公共利益后，才能作出最终判断。[102]在法规审查的语境中，审查主体也应当按照利益的四个层次结构进行衡量。当然，在具体的审查案件中，利益的四个层次结构可能不会同时出现。以地方性法规过度设置行政罚款为例。按照《行政处罚法》的规定，地方性法规有权设定“罚款”种类的行政处罚。但实践中，有的地方立法主体将过去依靠行政手段推动工作的方式直接变成法规，并设置了严格的罚款措施，这虽然不存在合法性的问

---

〔99〕 彭真：《论新时期的社会主义民主与法制建设》，中央文献出版社 1989 年版，第 139 页。

〔100〕 彭真：《论新时期的社会主义民主与法制建设》，中央文献出版社 1989 年版，第 266－267 页。

〔101〕 参见刘松山：《当代中国处理立法与改革关系的策略》，载《法学》2014 年第 1 期。

〔102〕 参见梁上上：《利益衡量论》（第 2 版），法律出版社 2016 年版，第 146－160 页。

题,却可能存在适当性的问题。《某市城市生活垃圾管理办法》(草案修改稿)仅有34个条文,却对各类规制对象的35种行为规定了罚款处罚。首先,过度设置行政罚款损害了规制对象群体的利益,对生产垃圾的单位或者个人、管理责任人、垃圾分类收集单位、运输单位和处置单位的罚款举措无疑会损害相关主体的财产权。其次,过度设置行政罚款也损害了行政处罚制度的制度利益。行政处罚制度的初衷是保障法律规则的强制力,没有强制力的法律规则是"一把不燃烧的火,一缕不发亮的光"。[103] 但行政罚款作为一种"必要的恶",应当受到严格控制。地方性法规在设置行政罚款时应当秉持谦抑原则,不滥用这一权力,否则就背离了行政处罚制度的初衷。最后,行政罚款的设置有利于实现一定的公共利益,基于行政罚款所建立起的垃圾处置秩序,可以美化城市市容,保护生态环境。综上所述,过度设置罚款既损害了特定群体的利益,也损害了行政处罚制度的制度利益,仅在一定程度上追求了社会的公共利益,其所造成的损害已经和所要追求的利益显失均衡,应当被认定为不适当。

利益衡量的过程必定带有衡量者的价值判断,这使得利益衡量方法在很大程度上带有主观随意性,但利益衡量并非单纯的法感,不是一种无法作合理掌握的过程,在某种程度上其仍须遵守若干可具体指称的原则。[104] 如在通常情况下,生命权要优先于财产权予以考虑。使用好法益衡量的方法,对于地方性法规适当性审查具有重要意义。

三、比例原则在案例中的应用

在全国人大常委会法工委公布的案例中,"108名研究生建议审查重庆等地著名商标法规案"(本章以下简称案例Ⅰ)和"4名劳动法专家建议审查地方计生条例有关'超生就开除'的规定案"(本章以下简称案例Ⅱ)属于适当性审查的范畴。下文将以这两个案例为中心,分析适当性审查中比例原则的展开逻辑。

---

[103] [美]E.博登海默:《法理学:法律哲学与法律方法》(修订版),邓正来译,中国政法大学出版社2004年版,第115页。

[104] 参见[德]卡尔·拉伦茨:《法学方法论》,陈爱娥译,商务印书馆2003年版,第286页。

案例Ⅰ的案情简述如下：

长期以来，我国31个省、自治区、直辖市和15个计划单列市中，除个别地方外，都分别以各种形式规定了著名商标制度。其中，地方性法规11部，省级地方政府规章18件，设区的市级地方政府规章7件，地方政府及地方政府规范性文件9件。2017年4月，来自20多所高校的108位知识产权专业研究生联名致信全国人大常委会法工委，建议对重庆市等地的涉及著名商标的地方性法规进行审查。收到审查建议后，全国人大常委会法工委启动了对著名商标地方立法的审查工作。法工委审查后认为，有关著名商标制度的地方性法规，应当予以清理，适时废止。[105]

在此案中，适当性审查是针对一系列法规而言的。就目的正当性而言，地方著名商标法规的制定目的是“规范著名商标认定行为，保护著名商标持有人的权益”。不难发现，目的正当性审查的核心在于对“著名商标”的认识。著名商标制度，是指由地方政府有关部门综合考虑多种情况加以认定，著名商标持有人因而可以获得一定的奖励、扶持或者保护待遇的制度。如2011年《重庆市条例》规定，著名商标由市工商行政管理部门组织的著名商标评审委员会认定，著名商标权利人可以排他性地使用著名商标，其他人冒用著名商标的，工商行政管理部门可以责令停止使用，甚至有权没收相关商品。著名商标权利人还可以使用著名商标进行商业宣传。著名商标的认定，实质上是政府利用自己的公信力、信誉为个别企业背书，使得行政权力介入微观的经济事务，扭曲了政府与市场的关系，政府对个别企业的奖励、扶持和保护，也使得同类企业之间无法进行公平竞争，违背了市场公平竞争的基本原则。[106] 可见，地方著名商标法规的制定目的并不符合自由竞争、公平等价值，因而并不具有正当性。对于这一不具有目的正当性的行为，地方政府和企业却乐意为之。就企业而言，企业品牌被政府认证为著名商标，不仅可以提升品牌的声誉，而且在与其他同类企业竞争时，可以自动获得一

---

〔105〕 参见全国人大常委会法制工作委员会法规备案审查室编著：《规范性文件备案审查案例选编》，中国民主法制出版社2020年版，第51－53页。

〔106〕 参见张茅：《提高认识澄清误区，积极实施商标品牌战略》，载《人民日报》2017年6月27日，第10版。

定的优势。就地方政府而言,本地有多少家著名商标企业,是地方政府标榜政绩、进行宣传的"翔实"材料和数据。地方制定的著名商标法规没有通过目的正当性环节的审查,存在适当性问题。

案例Ⅱ的案情简述如下:

> 在执行计划生育政策的过程中,不少地方将相应的法律责任和就业联系起来,规定国家工作人员超生的,开除公职;企业职工超生的,解除劳动合同。2016 年以来,云南省等 7 个省份修正的人口与计划生育条例仍在不同程度上坚持这一规定。2017 年 5 月,4 名劳动法专家致信全国人大常委会法工委,建议对云南省等 7 省份人口与计划生育条例的上述规定进行审查。收到审查建议后,全国人大常委会法工委启动审查程序并于 9 月作出审查意见,认为地方人口与计划生育条例中有关企业对其超生职工给予开除或者解除聘用合同的规定,已与变化了的情况不再适应,需要进行调整。[107]

有观点认为,地方制定的人口与计划生育条例与《劳动合同法》第 39 条相抵触,存在合法性问题。[108] 其理由是:《劳动合同法》第 39 条列举了 6 种用人单位可以即时单方解除劳动合同的情形,但这 6 种情形中并没有包含超生情形,地方人口与计划生育条例属于增设上位法没有规定的义务内容。但问题在于,2015 年《人口与计划生育法》第 42 条规定,超生人员,是国家工作人员的,还应当依法给予行政处分;其他人员还应当由其所在单位或者组织给予纪律处分。一方面,"纪律处分"的概念十分宽泛,如《中国共产党章程》第 41 条规定,对党员的纪律处分有五种:警告、严重警告、撤销党内职务、留党察看、开除党籍。《公务员法》第 62 条规定,处分分为:警告、记过、记大过、降级、撤职、开除。地方人口与计划生育条例规定的"开除"或"辞退"完全可以囊括在"纪律处分"的语义范围内。地方人口与计划生育条例的相关规定实际上是对 2015 年《人口与计划生育法》第 42 条的具体化,具

---

〔107〕 参见全国人大常委会法制工作委员会法规备案审查室编著:《规范性文件备案审查案例选编》,中国民主法制出版社 2020 年版,第 47 - 51 页。

〔108〕 在 4 位劳动法专家提出的审查建议中,排在第一位的理由便是地方人口与计划生育条例与《劳动合同法》相抵触。

有法律依据。另一方面，与《劳动合同法》相比，2015 年修正的《人口与计划生育法》是特别法、新法，按照《立法法》“特别法优于一般法，新法优于旧法”的规定，在涉及人口与计划生育问题时，应当优先适用《人口与计划生育法》。由此可知，地方人口与计划生育条例的相关规定具有一定的法律依据。因此，全国人大常委会法工委对地方人口与计划生育条例的审查不属于合法性审查的范畴，而属于适当性审查的范畴。

地方人口与计划生育条例中“超生就开除”的规定存在适当性问题。就目的正当性而言，地方人口与计划生育条例中规定“超生就开除”的目的是执行国家的计划生育基本国策，实现人口与经济、社会、资源、环境协调可持续发展，其并不以限制公民的基本权利为根本目的。立法目的具有正当性。就手段适当性而言，“超生就开除”的规定有助于立法目的之达成。恰如在审查过程中有的省份提出的意见那样，在长期执行这一规定的过程中，超生“双开”处理达成了一定的社会共识，“超生就开除”的做法基本上人尽皆知。这一经验性的立法事实支持了“超生就开除”这一手段“有利于实现目的”。因此，这一规定也不存在手段适当性问题。至此，“超生就开除”规定跌跌撞撞地闯过了目的正当性审查和手段适当性审查，接下来将接受必要性审查。“超生就开除”的规定是不是造成损害最小的手段？

确定某一手段是不是造成损害最小的手段，需要综合考虑多种因素。[109] 这些因素包括但不限于手段的可行性、执行手段需要的成本、手段带来的社会效果、手段对于目的的达成程度、手段对公民权利的限制程度等。除了“开除”外，“纪律处分”这一口袋概念里还有警告、记过等多种手段，这些手段也有助于达成立法目的。以“警告”和“开除”的比较为例。在过去，国家实行严格的独生子女政策，目的是严格控制人口数量。与“警告”相比，“开除”这一手段具有更强的社会威慑力，更有利于达成立法目的，因此，即使“开除”这一手段对公民的就业权施加了严格限制，也应当认定这一手段是造成最小损害的手段（见表 5－5）。2015 年，党的十八届五中全会提出，要全面实施一对夫妇生育两个孩子政策。此时，国家对计划生育的态度已经较为温和，在此背景下，地方人口与计划生育条例中“超生就开除”的规

〔109〕 参见许玉镇：《比例原则的法理研究——私人权益控制政府权力的法律维度》，中国社会科学出版社 2009 年版，第 62－68 页。

定不再具有“目的达成程度”方面的优势，自然也不再是造成损害最小的手段。综上所述，地方人口与计划生育条例中“超生就开除”的规定不满足必要性审查的基本要求，存在适当性问题。

表 5－5　部分影响最小损害手段选择的因素

手段	因素				
	可行性	行政成本	社会效果	目的达成程度	对权利的限制程度
开除	高	低	威慑力强	强	对权利限制性强
警告	高	低	威慑力弱	弱	对权利限制性弱

虽然案例Ⅰ和案例Ⅱ均属于适当性审查的范畴，但二者存在的问题却并不相同。案例Ⅰ中地方著名商标法规的立法目的不具有正当性；而案例Ⅱ中地方人口与计划生育条例则是立法所规定的手段，不满足必要性审查的基本要求。

从现有的审查实践来看，全国人大常委会法工委对审查方法的运行较为娴熟。以最为直观的实证分析方法为例。在案例Ⅰ中，全国人大常委会法工委组成调查组，前往黑龙江省、湖南省、重庆市等地进行实地调研，寻找和认定立法事实。在案例Ⅱ中，全国人大常委会法工委不仅要求被审查主体说明情况，调查制定法规时的立法事实；还征求了原国家卫生和计划生育委员会、人力资源和社会保障部、原国务院法制办公室、中华全国总工会、中华全国妇女联合会和全国人大有关专门委员会的意见，调查审查法规时的立法事实。实证分析的方法对于判断审查对象是否符合手段适当性原则、必要性原则具有重要意义。

四、适当性审查的基本立场

（一）被忽略的适当性审查

经过梳理《宪法》《立法法》《监督法》《地方组织法》的有关规定，[110] 设区的市层级以上的规范性文件适当性监督体系如图 5－4 所示。

---

〔110〕 参见《宪法》第 62、67、89、99、104 条；《立法法》第 107、108 条；《监督法》第 30 条；《地方组织法》第 11、50、73 条。

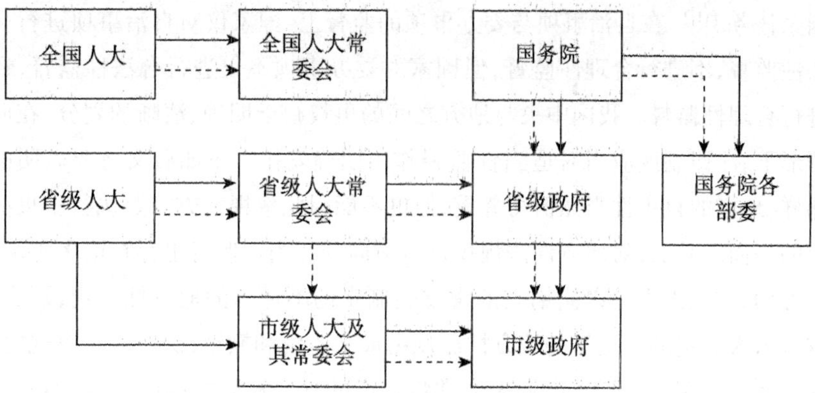

图 5－4　规范性文件适当性监督体系

在图 5－4 中，实线表示宪法法律明文规定审查主体有权以“不适当”为由撤销箭头指向主体制定的律、法规或者规章；虚线表示宪法法律明文规定审查主体有权以“不适当”为由撤销箭头指向主体制定的决议、决定或者命令等规范性文件。相邻主体之间如果没有实线或者虚线勾连，则表示宪法法律没有明文规定审查主体可以“不适当”为由行使撤销权。在权力机关系统内部，法律、地方性法规的适当性监督主要表现为横向监督，即人大对人大常委会的监督。省级人大之所以可以对设区的市人大及其常委会制定的地方性法规进行适当性监督，是因为省级人大常委会批准权的缘故。决议、决定的适当性监督表现为横向监督和纵向监督并存，上级人大常委会有权以不适当为由撤销下一级人大及其常委会制定的决议、决定。在行政机关系统内部，无论是规章，还是决定、命令，针对它们的监督均表现为横向监督和纵向监督并存，当然，中央层面和地方层面存在不同。

通过上述分析可以看出，《立法法》没有明确规定全国人大常委会可以“不适当”为由撤销地方性法规。《立法法》的这一制度设计似乎不妥。首先，即使是在实行地方自治的国家，中央也没有完全放弃对地方的适当性监督权。在实行地方自治的国家，中央与地方之间的事权一般划分为自治事项和委办事项。其中，委办事项是指地方自治团体受法律委托所担负起的国家任务。[111] 在自治事项与委办事项的监督上，国家仅对自治事项进行合法性监督，不进行合理性监督；但国家对委办事项不仅进行合法性监督，还进行合理性监督。我国中央与地方之间的事权缺乏明确、清晰的划分，在此情形下，法律制度应当对适当性监督作出明确安排。正如后文将要表明的那样，地方的自主性当然值得尊重，但也不能因此忽视地方需要执行中央决定的一面。其次，对地方性法规仅进行横向的适当性监督也存在诸多弊端。一方面，省级人大可以撤销它的常委会制定的不适当的地方性法规，那么，省级人大制定的不适当的地方性法规由谁来监督和撤销，法律并没有规定，徒留制度漏洞。尽管省级人大经常将自己的立法权束之高阁，一般不制定地方性法规，但并不能否认地方人大制定的地方性法规不会存在适当性问题。另一方面，横向的适当性监督也很难真正发挥监督作用。省级人大对省级人大常委会的监督力度有待提升。

在"4 名劳动法专家建议审查地方计生条例有关'超生就开除'的规定案"中，全国人大常委会法工委法规备案审查室有关负责人曾明确表示该案属于适当性监督，[112] 但诚如前述，《立法法》等法律并没有明确规定全国人大常委会有权以不适当为由改变或者撤销地方性法规。

（二）审查行为的自制立场

上文已经表明，《立法法》等法律没有明确规定全国人大常委会有权以不适当为由改变或者撤销地方性法规，不甚妥当，但是，全国人大常委会也不能对地方性法规进行过度审查。与合法性审查相比，审查主体在适当性审查中拥有更大的自由裁量权，如果这一权力被不当行使或者被滥用，则可能会导致一个"超级地方立法主体"的出现。在此情形下，法规的适当性审查应当秉持何种立场？法规适当性审查坚守的底线又在何处？在多数国家，审查机关基于对立法机关的尊重，对立法进行审查时，一般会秉持自制的立场。在我国，全国人大及其常委会在适当性审查中也应当秉持这种自

---

〔111〕 参见林文清：《地方自治与自治立法权》，新北，扬智文化事业股份有限公司 2004 年版，第 85－86 页。

〔112〕 参见邢丙银：《全国人大常委会审查地方计生条例：建议修改超生就辞退规定》，载澎湃新闻网 2017 年 10 月 27 日，http://www.thepaper.cn/newsDetail_forward_1839411。

制的立场。[113] 理由在于：首先，改革开放以来，为了充分调动地方的积极性，中央不断向地方下放权力。党的十九大报告进一步提出，要赋予省级及以下政府更多自主权。经过多年的权力下放，地方已经具有了相当的自主性。在性质上，地方人大及其常委会是民主选举产生的国家机构，代表本行政区域内的人民在本地区内行使国家权力，地方人大及其常委会制定的地方性法规具有民主正当性的基础。因此，审查主体应当充分尊重地方立法主体的适当性判断。相反，如果审查主体不保持谦抑，恣意行使法规审查权，则容易损害地方权力机关的自主性。在此情势下，法规审查的性质也将从“监督地方”异化为“替地方做主”。

其次，地方性知识的存在也要求审查主体保持克制。在吉尔兹看来，法律其实是一种地方性的知识，这种地方性不仅是就地方、时间、阶级与各种问题而言的，而且是就情调而言的——事情发生经过自有地方特性并与当地人对事物之想象能力相联系。[114] 地方权力机关中的代表多是本行政区域范围内的居民，容易准确感知和把握地方性知识，地方性法规因此带有深刻的“地方”烙印和痕迹。地方主体才是自身利益的最佳判断者，应当推定地方立法主体在制定地方性法规时，审慎地考虑了支持法规规定的所有立法事实。法规审查主体作为一个“外来者”，往往很难真切地感知地方所特有的地方性知识，基于此，审查主体不适宜过度干涉地方权力机关的适当性判断。

（三）适当性监督：一种平衡的艺术

法规的适当性审查是一种平衡的艺术。一方面，地方制定的不合理的地方性法规应当得到监督和纠正，中央需要对地方性法规进行适当性监督；另一方面，基于地方的自主性，中央对地方性法规进行的适当性监督又需要掌握尺度，不能过度。这根本上是由地方主体同时具有执行性和自主性的双重属性所决定的。实现这一平衡，需要妥善处理原则与例外的关系。审查主体应当秉持自制的立场和原则，让出活动场地，让地方主体来作出政策

---

〔113〕 参见陈鹏：《合宪性审查中的立法事实认定》，载《法学家》2016 年第 6 期。

〔114〕 参见［美］克利福德·吉尔兹：《地方性知识——阐释人类学论文集》（第 2 版），王海龙、张家瑄译，中央编译出版社 2004 年版，第 273 页。

性的判断并对这一判断予以充分尊重,只有在例外情形发生时,审查主体才应当进行适当性审查。这四种例外情形分述如下。

第一,在中央与地方的关系上,地方性法规打折扣执行中央的政策和命令,搞“上有政策,下有对策”。“上有政策、下有对策”是作为政策执行者的地方政府基于自身利益得失的考虑而与作为政策制定者的中央政府进行的一种博弈过程。[115] 地方基于自身利益最大化的考虑,只要不执行中央的政策有利可图,就会采取各种手段阻挠中央政策在本地的实施。不可否认的是,“上有政策,下有对策”的大多数情形可以被合法性审查所覆盖,但合理性审查也不可或缺。党的十八大报告指出,决不允许“上有政策、下有对策”,决不允许有令不行、有禁不止。在地方性法规不构成立法抵触的情形下,审查主体应当以适当性审查的方式对问题法规进行监督和纠正。

第二,在地方政府间的关系上,地方性法规推行地方保护主义,片面地维护本地区的利益,损害其他地方主体的利益或国家的整体利益。20 世纪 50 年代至 70 年代,中央与地方之间的两轮放权与收权改革,为后续改革提供了最初的权力和资源结构,这个结构是以“细胞式”结构为特征的。[116] 此后,中国的地方政府开始像一个个细胞一样毗邻而立。改革开放以来,特别是 20 世纪 90 年代初开始建设市场经济以来,地方开始成为具有较大自主权的利益主体,地方与地方之间也展开了激烈的竞争,这容易导致地方保护主义行为。地方保护主义立法是地方追逐本地利益和将地方利益置于国家利益之上的观念和行为的集中表现形式。[117] 例如,《陕西省保健用品卫生监督管理办法》(已失效)第 10 条规定,本省行政区域外的保健用品首次进入本省的,经营者必须经省卫生行政部门审核并发给证书后方可销售。再如,某某市人民政府办公室于 2018 年制发了《关于推进仿制药供应保障及使用的实施意见》(某政办〔2018〕78 号),该文件规定“对地产仿制药要优先采购和适用”。地方保护主义立法既可能存在合法性问题,也可能不存在合法性问题,而只存在适当性问题。党的十九大报告指出,要清理废除妨碍统

---

〔115〕 参见丁煌、定明捷:《“上有政策、下有对策”——案例分析与博弈启示》,载《武汉大学学报(哲学社会科学版)》2004 年第 6 期。

〔116〕 参见郑永年:《中国的“行为联邦制”:中央—地方关系的变革与动力》,邱道隆译,东方出版社 2013 年版,第 73 - 74 页。

〔117〕 参见封丽霞:《中央与地方立法关系法治化研究》,北京大学出版社 2008 年版,第 475 页。

一市场和公平竞争的各种规定和做法。党的二十大报告也指出,要构建全国统一大市场,深化要素市场化改革,建设高标准市场体系。审查主体应当及时纠正一些地方主体通过地方立法侵犯别的地方主体的利益,阻碍统一市场形成的行为,维护不同地方主体之间公平竞争的环境。

第三,在政府与市场的关系上,地方性法规为政府过分干预微观经济事务提供法规依据,扭曲政府与市场的关系。长期以来,我国政府对微观经济事务管得过多、过死,限制了市场的活力和社会的创造力。党的十八大以来,我国深入推进"放管服"改革,在多方面取得了重大成效。这一改革举措的目的就是要处理好国家与市场的关系,让市场在资源配置中起决定性的作用。"简政放权实质是政府的自身革命,自我削权限权就像割自己的肉,更为困难。"[118]简政放权意味着,凡是市场能够有效解决的问题,政府就不应该进行干预,只有在市场依靠自身能力无法有效解决时,政府才应当承担起监管的职责。在此情势下,地方性法规再为政府过分干预微观经济事务提供法规依据,则明显不合时宜。案例Ⅰ中的地方著名商标制度即属于此类。

第四,在政府与个人的关系上,地方性法规不适当减损公民的权利,增设公民的义务。权力最终源于权利,正是公民行使选举权才产生了民选政府。政府对公民个人权利、义务关系的规制,自然要接受合法性原则和合理性原则的双重拘束。如果地方性法规不适当地损害了公民的合法权益,理应得到监督和纠正。前述案例中地方制定的人口与计划生育条例对公民就业权的不适当限制即属于此类。

审查主体对地方性法规的适当性审查,应当坚守上述底线。只要地方性法规没有明显超越上述底线,审查主体就应当充分尊重地方性法规的自主决定权,作出"适当"的判断。

本节主要探讨了对地方性法规进行适当性审查的问题。与合法性审查问题在理论界和实务界的"显赫"地位相比,适当性审查并没有引起人们的过多关注和研究。适当性审查的实质是审查主体依据一定的方法,对审查对象合理与否作出判断,并进行精致、充分理由论证的过程。适当性审查进

---

〔118〕 李克强:《简政放权 放管结合 优化服务》,载《中国行政管理》2015 年第 6 期。

行充分说理,有利于建立和维护审查主体的权威,有利于破解审查决定“执行难”的问题。审查对象逐一通过目的正当性审查、手段适当性审查、必要性审查和均衡性审查,才能认定为适当。在审查过程中,审查主体应当综合运用价值判断、实证分析和法益衡量等方法。“108 名研究生建议审查重庆等地著名商标法规案”和“4 名劳动法专家建议审查地方计生条例有关‘超生就开除’的规定案”生动地展示了审查主体是如何展开适当性审查的。然而,《立法法》等法律文本并没有明确规定全国人大常委会有权以不适当为由改变或者撤销地方性法规。这一状况应当予以改变,并明确全国人大常委会进行适当性审查所应秉持的自制立场,从而使得全国人大常委会的适当性审查工作规范化、科学化。

第六章

审查结果的类型与效力

本章对审查主体作出的审查结果的类型和效力进行研究。第一节关注审查结果的类型。审查结果的类型可以有效标识审查对象存在的问题,也是灵活处理审查结果溯及力的有效方式。本节首先梳理了全国人大常委会审查地方性法规的案例所表现出来的结果类型,在此基础上,探讨了我国审查结果的类型及其存在的问题。第二节对审查决定的法律效力问题进行研究。备案审查工作面临的新形势客观上要求明确审查决定的法律效力。实务界以"双轨制"的方式发展完善审查决定的法律效力,应当予以关注并加以理论化。科学地构建我国的审查决定效力制度,需要妥善处理审查方式与审查决定法律效力的关系、审查主体的资格与审查决定法律效力的关系、维护法的安定性与保护个人权利的关系。全国人大专门委员会、全国人大常委会法工委通过协商实现的审查,仅具有柔性的约束力;全国人大常委会通过强制实现的审查,才具有刚性的约束力。审查决定的法律效力应当以不具有溯及力为原则,具有溯及力为例外。

第一节　审查结果的类型及其存在的问题

一、审查结果的类型及其法律意义

在德国,审查结果的类型与法律效力是宪法审查中的重大问题。《德国联邦宪法法院法》第78条规定,联邦宪法法院如果认为各邦制定的法律与基本法、其他联邦法相抵触,或者联邦法与基本法相抵触,应当宣告其无效。为了避免无效宣告对法的安定性造成巨大冲击,德国联邦宪法法院在实践中发展出了多种介于合宪和违宪之间的判决类型,如单纯的违宪宣告、警告性裁判、合宪性解释等。在美国和英国,法院并没有发展出多种审查结果类型。美国或者英国也没有将审查结果的类型与审查结果的溯及力紧密关联起来。法院可以根据实际情况另行决定审查结果是否具有溯及力。2008年之前,法国只存在事前审查,审查结果的类型不足以成为宪法审查中的重大问题,审查结果的法律效力问题也无从谈起。2008年以后,法国的合宪性审查变为事前审查与事后审查并存的方式,审查结果的类型和效力问题便成为宪法审查中的重大问题。宪法委员会作出的裁决类型主要有三类:合宪裁决、违宪裁决和合宪保留裁决。合宪保留裁决是合宪裁决和违宪裁决的中间形态，宪法委员会并不直接宣告法律违宪，而是在符合保留说明的情况下，法律才真正合宪。[1]

可见，在部分国家，审查结果的类型是宪法审查中的重大问题。审查结果的类型是指审查机关在审查完毕后，可以作出的审查结果的种类。审查结果的类型的法律意义有二：第一，审查结果的类型可以有效标识审查对象存在的问题。下位法与上位法的关系颇为复杂，二者之间的关系并非仅有“符合”或者“不符合”这两种截然对立的形态。在合法、违法之间，还存在广泛的中间状态。如果再考虑法律法规的实施状况，情况更是如此。由法律规定或者通过实践创设的审查结果的类型，可以准确揭示审查对象存在的问题。类型化的审查结果具有简单明了、科学有效传达审查对象存在的问题的作用。第二，审查结果的类型是灵活处理审查结果溯及力的有效方式。审查结果的溯及力问题是合宪性审查、合法性审查中颇为复杂的问题。有的法律、法规早已施行多年，行政机关、司法机关可能依据这一法律或者法规作出了大量的行政行为、司法判决。如果这一法律或者法规被宣告自始无效，那么，依据这一法律或者法规作出的行政行为、司法判决均应当恢复至最初状态。宣告法律法规自始无效可能会给法的安定性造成巨大冲击。在这一情势下，审查机关通过创设不同的审查结果类型来回避审查结果的溯及力问题，从而可以灵活应对合宪性审查、合法性审查所可能带来的社会影响。

二、我国实践中的审查结果类型：基于对案例的统计

对于审查结果的类型问题，我国宪法和相关法律没有作出明确规定。近年来，全国人大常委会在审查行政法规、地方性法规和司法解释的过程中产生了相当数量的案例。通过统计这些案例中审查主体作出的审查结果，可以大概掌握实践中审查主体创设审查结果类型的基本情况。总体而言，审查主体作出的审查结果类型也颇为多样，具体情况如表6－1所示。[2]

---

〔1〕 参见林淡秋：《守护宪法的新模式：法国的合宪性先决机制》，载《华东政法大学学报》2018年第6期。

〔2〕 数据来源于全国人大常委会法制工作委员会法规备案审查室编著：《规范性文件备案审查案例选编》，中国民主法制出版社2020年版。其中第9号案例未披露审查结果，第21号案例未作出审查决定，均予以排除。专项审查中的审查结果选取其典型类型参与统计。

表 6-1　部分案例的审查结果类型

类型	编号	审查对象	处理结果
合法	13	《某市食品安全条例》关于经营许可、过期食品和食品添加剂处理、运输服务经营者备案的规定	与法律不构成抵触
	28	《某市推进国际航运中心建设条例》关于在邮轮口岸设立进境和出境双向便利的免税购物商店的规定	不存在与法律、行政法规抵触的问题
	29	《某省物业管理条例》关于业主大会选择自行管理专项维修资金的规定	与物权法不构成抵触
合法但存在瑕疵	10	地方人大常委会具有法规性质的决议未按规定报送备案的问题	未超出行政处罚法规定的权限范围，但程序上存在瑕疵
	11	《某省村务公开条例》关于村民反映村务公开问题相关程序的规定	与法律不相抵触，但存在立法瑕疵
	15	《某市水库水质保护条例》关于违法行为"按日连续处罚"的兜底规定	文字表述有歧义，存在立法瑕疵
	17	《某经济特区食品安全监督条例》关于职业打假的规定	不存在超越经济特区立法权限、违反上位法基本原则问题，但仍然较为笼统简单，覆盖了其他情形
	20	地方性法规关于老年人护理假的规定	不存在与法律相抵触问题，但是否应当制定统一政策需要研究
	26	《某省人口与计划生育条例》关于夫妻产假护理假期间工资福利待遇的规定	不存在与上位法抵触的问题，但其合理性、执行性和操作性需不断完善
	27	《某市拆除违法建筑若干规定》关于违法建筑拆除程序的规定	符合行政强制法的规定，但容易造成公众误解
附条件合法	14	《某市城市管理条例》等法规关于对供水供电供气企业违反政府决定提供服务行为予以处罚的规定	如果不涉及居民生活，与行政强制法的规定不抵触。但在具体操作上恐怕有一定难度，处理不好难免会涉及居民生活

续表

类型	编号	审查对象	处理结果
不合法	12	《某省实施〈中华人民共和国全国人民代表大会和地方各级人民代表大会代表法〉办法》关于主任会议许可对代表采取限制人身自由强制措施的规定	不符合代表法的规定，应当予以纠正
	16	专项审查道路交通安全领域地方性法规	侵犯了公民的通信自由和通信秘密
	18	《某省土地利用总体规划条例》关于预留比例内核减基本农田数量的规定	存在与法律、行政法规不一致的问题，也不符合中央有关文件规定
	19	《某省人大常委会关于促进农作物秸秆综合利用和禁止露天焚烧的决定》关于行政处罚的规定	与行政处罚法的规定相抵触
	22	专项审查生态环境保护领域地方性法规	与行政法规规定明显抵触
	25	《某市道路交通管理条例》关于"先予扣留机动车行驶证"的规定	违背了行政强制法的有关规定
	30	《某市道路交通安全管理条例》关于"扣留非机动车并托运回原籍"的规定	与行政强制法的规定不一致
	31	《某省城乡规划条例》关于住宅转为经营性用房须经城乡规划主管部门审批的规定	与行政许可法和中小企业促进法相抵触
	32	地方性法规中以审计结果作为政府投资建设项目竣工结算依据的规定	限制了民事权利，超越了地方立法权限
	33	专项审查地方人大常委会关于加强检察机关诉讼活动法律监督工作的决议决定	超越立法权限
	34	专项审查地方性法规中关于乡镇人民代表大会主席团的规定	与地方组织法的规定相抵触
不适当	23	地方人口与计划生育法规关于"超生即辞退"的规定	与已经变化了的情况不相适应，需要进行调整
	24	专项审查有关著名商标的地方性法规	与全面深化改革的目标和要求不符，继续保留弊大于利

通过表6-1可以看出，实践中全国人大常委会法工委作出的审查结果类型多样。这些审查结果可以大致归为如下五种类型。

第一种类型：全国人大常委会法工委认为审查对象不存在合法性问题，直接肯定了审查对象的合法性。在表6-1的案例13、案例28、案例29中，全国人大常委会法工委均直接认定审查对象不与法律、行政法规相抵触。

第二种类型：全国人大常委会法工委虽然肯定审查对象具有合法性，但同时指出审查对象存在瑕疵。审查对象存在的瑕疵具有以下四种表现。

一是审查对象在立法程序方面存在瑕疵。如案例10中，某省人大常委会制定的《关于加强老年人保健产品等消费领域消费者权益保护工作的决议》对商业预付卡的发行、兑付、退卡等事项作了规范，同时对经营者违反规定的行为设定了相应行政处罚。但这一具有立法性质的决议并未向全国人大常委会进行备案。全国人大常委会法工委法规备案审查室认为，该省人大常委会制定的决议虽然未超出行政处罚法规定的权限范围，但有立法权的地方人大及其常委会拟作出的决议决定，如果含有行为规范和法律后果的内容，应当作为地方性法规，依照《立法法》关于地方性法规立法权限和程序的规定制定并报送备案。[3] 该省人大常委会在决议通过后，没有按照规定程序进行备案，存在程序瑕疵。但这一情形属于比较轻微的程序瑕疵，审查对象存在实质性程序瑕疵的情形，实践中尚未有案例出现。

二是审查对象在立法技术方面存在瑕疵。立法技术瑕疵具体表现为两种情形：一种情形是文义表达存在歧义，容易让人误解。如案例15中，《某市水库水质保护条例》有关"法律、法规规定的其他违法行为"的规定，从字面上可以理解为任何一种涉水库的拒不停止或者改正的违法行为均可按日连续处罚。按照制定机关所说的立法原意，审查对象表述为"法律、法规规定的其他按日连续处罚的违法行为"较为准确。[4] 另一种情形是文义表述不存在歧义，但规定较为简单，省略了重要内容，容易使人误解。如案例11中，审查对象只规定，村民对于村务公开的内容、时间等有异议的，可以口头

〔3〕 参见全国人大常委会法制工作委员会法规备案审查室：《〈法规、司法解释备案审查工作办法〉导读》，中国民主法制出版社2020年版，第20页。

〔4〕 参见全国人大常委会法制工作委员会法规备案审查室：《〈法规、司法解释备案审查工作办法〉导读》，中国民主法制出版社2020年版，第31页。

或者以书面形式向村务监督委员会反映，而未规定“可直接向乡镇政府或者县级政府及其主管部门反映”，容易让人误解为是对村民向乡镇政府或者县级政府及其主管部门反映问题增加了前置程序。[5] 如案例27中，审查对象规定的内容没有反映出行政强制法规定的催告、当事人陈述和申辩、申请复议和提起诉讼等法定期限内不得强制拆除等内容，容易让公众误解审查对象的规定与行政强制法规定不符。[6]

三是审查对象在实质内容方面存在瑕疵。如案例17中，《某经济特区食品安全监督条例》关于职业打假的规定，虽然全国人大常委会法工委认定审查对象不超越立法权限，不违背法律的基本原则，但在实质内容方面，相关规定过于简单，覆盖了一些不属于敲诈勒索的投诉、举报行为，不利于打击假冒伪劣。[7]

四是审查对象在立法时机或者立法的可行性、必要性方面存在瑕疵。如在案例20中，部分地方性法规规定了老年人护理假，全国人大常委会法工委虽然认定审查对象不存在与法律相抵触问题，但老年人护理假“是否应当制定统一的政策需要研究”。[8]

上述四种情形经过归纳、总结和升华后，体现在了《法规、司法解释备案审查工作办法》之中。《法规、司法解释备案审查工作办法》第45条规定，审查对象不存在合法性问题和适当性问题，但存在其他倾向性问题或者可能造成理解歧义、执行不当等问题的，可以函告制定机关予以提醒，或者提出有关意见建议。这一规定在某种程度上可以视为审查主体创设新的审查结果类型的一种尝试。

第三种类型：全国人大常委会法工委不直接肯定或者直接否定审查对象的合法性，而是言明审查对象具有合法性的具体情形或具体条件。如案

---

〔5〕 参见全国人大常委会法制工作委员会法规备案审查室：《〈法规、司法解释备案审查工作办法〉导读》，中国民主法制出版社2020年版，第21－22页。

〔6〕 参见全国人大常委会法制工作委员会法规备案审查室：《〈法规、司法解释备案审查工作办法〉导读》，中国民主法制出版社2020年版，第59－60页。

〔7〕 参见全国人大常委会法制工作委员会法规备案审查室：《〈法规、司法解释备案审查工作办法〉导读》，中国民主法制出版社2020年版，第35页。

〔8〕 参见全国人大常委会法制工作委员会法规备案审查室：《〈法规、司法解释备案审查工作办法〉导读》，中国民主法制出版社2020年版，第42页。

例 14 中，全国人大常委会法工委认为审查对象只有在不涉及居民生活时，才与行政强制法的规定不抵触，但许多违法建设的场所、设施或者住房一般与居民原有生活所需的供水、供电、供气系统具有较强的关联性，甚至共用一套系统，如何保证居民生活需要不受影响，在具体操作上恐怕具有一定难度，处理不好难免会涉及居民生活。[9]

第四种类型：全国人大常委会法工委直接认定审查对象不具有合法性。不具有合法性的审查结果具体可以分为超越立法权限、与上位法相抵触两种类型。违背法定程序虽然也是一种独立的不法类型，但实践中尚未有地方性法规因为违背法定程序而被认定为不合法。如案例 33 中，有两部设区的市地方性法规对检察机关监督工作作了规定，地方性法规的一些内容涉及检察机关的职权和国家的诉讼制度，超越了立法权限。[10] 如案例 12 中，有的地方性法规规定人大常委会闭会期间可以由主任会议许可对人大代表进行逮捕。审查机关审查后认为，该规定不符合代表法的规定，应当予以纠正。上述案例要么属于“超越立法权限”，要么属于“与上位法相抵触”。

第五种类型：全国人大常委会法工委认定审查对象不符合当下的实际情况，制定机关负有修改或者废止审查对象的义务。如在案例 23 中，全国人大常委会法工委认为地方人口与计划生育条例中有关企业对其超生职工给予开除或者解除聘用合同的规定，已与变化了的情况不相适应，需要进行调整。[11]

三、我国审查结果类型化存在的问题

上述审查结果的类型是在对实践案例进行总结的基础上提炼出来的。除了谱系两端已经定型了的合法、不合法类型外，处于合法、不合法中间状态的审查结果类型是否已经定型化？将审查结果塑造为这些类型是否科学？审查结果的类型和审查结果的效力之间具有何种关联？这些问题仍有

---

〔9〕 参见全国人大常委会法制工作委员会法规备案审查室：《〈法规、司法解释备案审查工作办法〉导读》，中国民主法制出版社 2020 年版，第 29 页。

〔10〕 参见全国人大常委会法制工作委员会法规备案审查室：《〈法规、司法解释备案审查工作办法〉导读》，中国民主法制出版社 2020 年版，第 73 页。

〔11〕 参见全国人大常委会法制工作委员会法规备案审查室：《〈法规、司法解释备案审查工作办法〉导读》，中国民主法制出版社 2020 年版，第 50 页。

待研究。

（一）审查结果的类型尚未定型化

理论界和实务界已经意识到了审查结果类型的重要性。实践中，全国人大常委会法工委对审查实践经验进行了总结，列明了七种审查结果的类型：（1）与宪法或者法律相抵触；（2）未根据上位法变化及时进行修改；（3）不适应现实情况需作出废止或者调整；（4）不违反法律的立法原则和精神，带有创制性可允许探索；（5）符合宪法法律规定；（6）不能认为同宪法法律相抵触；（7）条文存在理解上的歧义，实施中应当注意。[12] 但这是否意味着审查主体以后作出的审查结果只能有这几种类型？显然不是。上述总结和列举可能只是一种示例性列举，只是揭示当下审查主体已经作出了这样几种不同的审查结果类型。我国的审查结果到底该有哪些类型，目前仍然是十分不明确的问题。此外，审查结果的类型名称也没有"定型化"。例如，全国人大常委会法工委总结出的上述类型，"符合宪法法律规定"和"不能认为同宪法法律相抵触"均标识合法的结果，但为何将二者并列为两种不同的类型？二者之间是否存在实质的差别？答案不甚明了。再如，表6－1中全国人大常委会法工委认定为不合法的案例，审查结果有时表述为"不符合法律规定"，有时表述为"与法律不一致"，有时表述为"与法律相抵触"，有时表述为"违背了法律有关规定"，但这些表述是否只是表述存在不同，还是内容存在本质差别？答案也不甚清晰。备案审查中审查结果的类型名称表现得颇为混乱。

（二）各种审查结果类型的区别及其谱系定位不明确

如表6－1所示，在全国人大常委会法工委审查地方性法规的案例中，合法性审查的审查结果至少可以区分为四种类型：完全合法、合法但存在瑕疵、附条件合法、不合法。完全合法、不合法两种类型分居谱系的两端，分别有相应的法律依据。但在合法、不合法之间仍存在广阔的区域，这一片广阔的区域应当如何划分？是否只能区分出合法但存在瑕疵、附条件合法两种

[12] 参见全国人大常委会法制工作委员会法规备案审查室：《〈法规、司法解释备案审查工作办法〉导读》，中国民主法制出版社2020年版，第73页。

类型？如果答案是肯定的，其依据和合理性何在？不同的情形是否关联不同的法律后果或者法律责任？对于完全合法、合法但存在瑕疵、附条件合法、不合法，制定机关是否负有不同的作为义务？这些问题均没有明确的答案。审查结果区分为这四种类型，更像是无意识行动的结果，而非理性构建或者科学规划的产物。实际上，合法或者不合法只是审查结果类型的两端，在这两端之间，还存在大量的中间状态。不同的审查结果类型之间应当具有足够的区分度，彼此之间保持一定的距离，并在两端之间合理分布。如此这般才既能科学标识审查结果的不同，又能有效涵盖实践中出现的多种情况。换言之，审查结果的类型应当存在较为明显层次的谱系。但目前，审查结果到底该区分为哪些类型，我国理论界和实务界尚没有提出明确的方案。

（三）审查结果类型与审查结果法律效力的关系不明确

在某种意义上，审查结果的类型是为了处理审查结果的溯及力而发展出来的。为了处理宪法、法律僵化规定审查结果有溯及力或者无溯及力所可能导致的不利后果，审查机关在实务中发展出更多的审查结果类型，以便灵活处理审查结果的溯及力问题。但在我国，全国人大常委会法工委、全国人大专门委员会进行的审查，一般只是由制定机关自行修改。审查结果的溯及力问题，在全国人大常委会法工委、全国人大专门委员会进行的审查中尚没有明确的地位。只有全国人大常委会作出的撤销决定，才可能面临是否具有溯及力的问题。2021年度的备案审查工作报告指出，要“坚决纠正同宪法、法律规定相抵触的规范性文件，必要时依法启动全国人大常委会撤销纠正程序”。但我国实践中尚未出现过规范性文件被全国人大常委会撤销的先例，审查结果的法律效力问题并不明确。在审查结果的法律效力尚未明确的语境中，廓清审查结果的类型与审查结果的法律效力关系问题缺乏现实基础。

当下，我国的备案审查工作尚处于初级阶段，对诸多问题的探索和尝试尚在进行之中。审查实践虽然已经产出了相当数量的案例，但案例的数量难以称得上丰富，案例的披露信息难以称得上完备，案例的历史难以称得上悠久。《法规、司法解释备案审查工作办法》的制度化规定，只是既有经验的总结和创新规定的初步尝试。在审查实践产出的案例不断重复和检验审查结果的类型后,应当对其进行归纳和概括,并在法律制度层面将其定型化。

第二节 全国人大常委会审查决定的法律效力

近年来,我国的备案审查工作在公开性、实效性问题上有了较大改善。在公开性方面,《立法法》规定,审查主体应当将审查、研究情况向提出审查建议的国家机关、社会团体、企业事业组织以及公民反馈,并可以向社会公开。在实效性方面,地方人大常委会普遍提高了对法规备案审查工作的重视程度,多数地方人大常委会能够及时按照审查决定修改存在问题的地方性法规。但对审查决定的法律效力问题,推进程度不够明显。一方面,系统地对审查决定的法律效力进行考察和研究,本身便是制度发展的需要,也是推进合宪性审查工作的应有之义。没有审查效力规定的审查制度只是色厉内荏的"纸老虎",在实践中难以充分发挥作用。[13] 另一方面,随着审查活动和审查决定的逐步公开化,当事人基于审查决定维护自身合法权益的现象逐渐增多,这一情势也"倒逼"相关法律要尽快明确审查决定的法律效力。全国人大常委会法工委监督纠正2008年《杭州市道路交通安全管理条例》(以下简称《杭州市条例》)有关规定的案例(本章以下简称案例Ⅰ)和监督纠正《婚姻法司法解释(二)》第24条的案例(本章以下简称案例Ⅱ)便是鲜明的例子。

一、两个案例及其提出的问题

案例Ⅰ:2015年10月10日,潘某某驾驶车牌号为南浔C2×××× 的电动车途经杭州市环城北路莫干山路口处时,被执法人员发现。执法人员认为,潘某某驾驶电动车在禁止通行的道路上

---

〔13〕 参见秦前红、黄明涛:《行政法规的违宪审查研究》,载《中南民族大学学报(人文社会科学版)》2010年第1期。

行驶，违反了《杭州市条例》第48条第1款的规定，[14]便扣留了电动车。潘某某对此不服，向杭州市拱墅区人民法院提起诉讼，要求认定被告作出的扣留非机动车的行政强制措施违法，返还非机动车并赔偿因被扣留非机动车而产生的误工费、交通费。法院审理后认为，《杭州市条例》规定扣留车辆的行政强制措施并未违反上位法规定，被告采取扣留车辆的行政强制措施，事实清楚，依据合法，驳回原告的诉讼请求。[15] 一审判决后，原告不服，向杭州市中级人民法院提起上诉。二审法院审理后认为，原审法院认定事实清楚、适用法律正确，审判程序合法，驳回上诉，维持原判。[16] 上诉人潘某某于是向浙江省高级人民法院申请再审，同时，潘某某致函全国人大常委会法工委，提交了《请求撤销〈杭州市道路交通安全管理条例〉第48条违反〈行政强制法〉设立的行政强制措施的申请》。2016年9月，浙江省高级人民法院作出裁定，认为执法人员对潘某某作出扣留车辆的行政强制措施，符合《杭州市条例》的规定，于是驳回了再审申请。[17] 2016年12月，全国人大常委会法工委法规备案审查室复函潘某某，认为《杭州市条例》第70条（修订前第48条）的规定与行政强制法相关规定的立法原意不尽一致。在收到全国人大常委会法工委的复函后，潘某某于2017年2月向杭州市检察院提起监督申请。2017年6月，杭州市第十三届人大常委会第三次会议按照全国人大常委会法工委法规备案审查室的意见对《杭州市条例》的相关规定进行了修改。2017年12月，杭州市检察院却作出了不予监督申请决定书。

---

〔14〕《杭州市条例》（2008）第48条第1款规定："驾驶燃油助动车、正三轮摩托车、营运人力三轮车和公安机关交通管理部门规定的其他车辆在禁止通行的道路上行驶的，公安机关交通管理部门除可以扣留车辆，依照后款规定处理外，对驾驶人处二十元以上五十元以下罚款。"第2款规定："被扣留的车辆，由市、区、县（市）人民政府收购、置换或者托运回原籍。托运的相关费用由车辆所有人承担。"

〔15〕参见浙江省杭州市拱墅区人民法院行政判决书，（2015）杭拱行初字第94号。

〔16〕参见浙江省杭州市中级人民法院行政判决书，（2016）浙01行终45号。

〔17〕参见浙江省高级人民法院行政裁定书，（2016）浙行申384号。

案例Ⅱ:2004 年《婚姻法司法解释(二)》第 24 条出台以来,[18]引发了人们的关注和质疑。质疑之处在于,第 24 条就夫妻共同债务的认定以“婚内标准”取代了《婚姻法》(已失效)第 41 条确立的“共同生活标准”,扩大了夫妻共同债务的认定范围。[19] 根据公民的审查建议,全国人大常委会法工委对 2004 年《婚姻法司法解释(二)》第 24 条进行了审查,认为该司法解释应当予以修改、完善。在此背景下,2018 年 1 月,最高人民法院发布的《关于审理涉及夫妻债务纠纷案件适用法律有关问题的解释》(以下简称“新解释”)确立了“共债共签”制度,否定了第 24 条的内容。随后,最高人民法院又下发了《关于办理涉夫妻债务纠纷案件有关工作的通知》,这一文件要求:正在审理的一审、二审案件,应当适用“新解释”的规定;已经终审的案件,甄别时应当严格把握认定事实不清、适用法律错误、结果明显不公的标准。比如,对夫妻一方与债权人恶意串通坑害另一方,另一方在毫不知情的情况下无端背负巨额债务的案件等,应当依法予以纠正。[20]

案例Ⅰ和案例Ⅱ虽然涉及的领域不同,但案例Ⅰ和案例Ⅱ同时暴露出了审查决定的法律效力问题:全国人大常委会法工委作出的审查处理结果对相应的行政行为、司法判决是否具有效力?具有何种效力?依据事后被认定为违法的地方性法规、司法解释作出的行政行为、司法判决是否应当予以纠正?在地方性法规、司法解释施行期间,公民个人受到侵害的权利是否应当予以补救?这些问题均值得从学理上加以探讨。

随着备案审查工作的展开,全国人大常委会的备案审查工作受到了理

---

〔18〕《婚姻法司法解释(二)》(2004)第 24 条规定:“债权人就婚姻关系存续期间夫妻一方以个人名义所负债务主张权利的,应当按夫妻共同债务处理。但夫妻一方能够证明债权人与债务人明确约定为个人债务,或者能够证明属于婚姻法第十九条第三款规定情形的除外。”

〔19〕参见叶名怡:《〈婚姻法解释(二)〉第 24 条废除论——基于相关统计数据的实证分析》,载《法学》2017 年第 6 期。

〔20〕参见最高人民法院《关于办理涉夫妻债务纠纷案件有关工作的通知》(法明传〔2018〕71 号)。

论界的持续关注。理论界对法规备案审查与合宪性审查的关系,[21]备案审查的体系建设,[22]备案审查制度存在的问题与完善的进路,[23]备案审查的方式等问题进行研究,[24]但多数成果没有深入探讨审查决定的法律效力问题。因此,本节聚焦于审查决定的法律效力问题,试图弥补先前研究当中的缺憾。本节所称的"审查决定",既指称全国人大专门委员会、全国人大常委会工作机构要求制定机关修改问题法规的意见,也指称全国人大常委会依法撤销违法法规的决议。基于论述的方便,本节将主要围绕地方性法规、司法解释来展开分析。行政法规、自治条例和单行条例的相关问题基本同理。

二、审查决定法律效力制度的双轨制发展

我国的司法实践和立法实践在不同的轨道上采取不同的态度对待审查决定的法律效力。概言之,司法实践倾向于认为全国人大常委会法工委作出的审查决定不具有法律效力,而立法实践却尝试赋予全国人大常委会作出的审查决定相应的法律效力。

(一)司法实践与"无效力说"

司法机关在司法实践中基本回避了审查决定的法律效力问题,这在案例Ⅰ和案例Ⅱ中均有鲜明体现。在案例Ⅰ中,《杭州市条例》的相关规定被认定为违法后,法院并未对已经终审的案件进行纠正,杭州市检察院也拒绝对此予以监督。杭州市检察院的处理意见颇具代表性。该院认为,潘某某驾驶南浔牌照电动自行车驶入限行区域,拱墅交警大队作出扣留车辆的行政强制措施,符合当时该条例的规定,该条例现虽已修改,但本案行政处罚作出的时间及本案诉讼的时间均在该条例修改之前,修改后的该条例对本

〔21〕 如胡锦光:《论法规备案审查与合宪性审查的关系》,载《华东政法大学学报》2018 年第 4 期。

〔22〕 如秦前红、李雷:《人大如何在多元备案审查体系中保持主导性》,载《政法论丛》2018 年第 3 期。

〔23〕 如封丽霞:《制度与能力:备案审查制度的困境与出路》,载《政治与法律》2018 年第 12 期。

〔24〕 如李松锋:《"沟通"与"协商"是符合国情的备案审查方式》,载《法学》2019 年第 3 期。

案无溯及力。[25] 杭州市检察院作出不予监督的理由没有正面提及全国人大常委会法工委作出的审查决定,完全回避了审查决定的效力问题。在杭州市检察院看来,新修改的《杭州市条例》属于新法,按照“法不溯及既往”的规则,新法不能溯及既往地适用于新法产生之前的情形,这足以成为不予监督的理由。

在案例Ⅱ中,最高人民法院虽然下发通知要求相关法院对已经终审的案件进行纠正,但要求应当“严格把关,仔细甄别”,表现得十分谨慎。最高人民法院要求纠错的举动,更多的是基于自身职权的自觉行为,而非审查决定效力拘束的结果。从已有的案例来看,地方法院根据审查决定和最高人民法院的文件精神主动纠错的积极性并不高。不少再审申请者在申请理由中提出,法院应当基于“新解释”重新审理案件,但该请求多数被法院驳回。例如,在“孙某某与高某某、王某某民间借贷纠纷案”中,法院认为,本案一审判决作出于“新解释”公布之前,故本案原审判决依据当时有效的《婚姻法司法解释(二)》第24条的规定,认定案涉借款债务为夫妻共同债务,判令孙某某承担还款责任,在适用法律方面并无不当,故对再审申请人孙某某提出的原审适用法律错误的主张,不予支持。[26]

在案例Ⅰ和案例Ⅱ中,实务部门的论证思路和处理方式基本相同。多数实务部门认为审查决定不具有法律效力,将其直接忽略,通过适用“法不溯及既往”的规则来处理相关案件。其内在逻辑是:相关的行政行为、司法判决在作出时均有相应的法律依据,法律依据在当时是合法的,是具有法律效力的,尽管法律依据在后来被修改或者废止,但根据《立法法》“法律、行政法规、地方性法规、自治条例和单行条例、规章不溯及既往”的规定,适用原有法律依据并无问题。

实务部门不认可审查决定的法律效力有强烈的现实动因。首先,我国相关法律没有明确规定审查决定的法律效力。迄今为止,全国人大常委会也没有出台正式的决议、决定对此加以明确,使得实务部门不能径行基于审查决定来纠正相关案件。其次,在我国的审查实践中,存在问题的地方性法

〔25〕 参见邢丙银:《公民潘洪斌:他的一封信推动一部地方法规修改》,载澎湃新闻网2017年12月22日,https://www.thepaper.cn/newsDetail_forward_1916351。

〔26〕 参见辽宁省丹东市宽甸满族自治县人民法院民事判决书,(2018)辽0624民再9号。

规、司法解释通常由制定机关自行修改。新规定出台后,旧规定便予以废止。新法和旧法之间的无缝衔接,使得法院可以从容地适用“法不溯及既往”的规则来处理相关案件。最后,长期以来,我国法院存在“案多人少”的客观压力,法院轻易同意对相关案件进行再审无异于自找麻烦——对案件进行再审意味着可能要对双方当事人之间的权利义务进行重新分配,这会触动胜诉一方当事人的既得利益,胜诉一方当事人往往对此难以接受,法院使当事人服判息诉的压力比较大。因此,法院对认可审查决定法律效力的态度比较消极。

(二)立法实践与“无溯及力说”

与司法实践的否定态度相比,全国人大常委会法工委却有意完善审查决定的法律效力。立法机关努力在另一条轨道上发展审查决定的法律效力制度,提出了“无溯及力说”。在《法规、司法解释备案审查工作办法》的讨论稿中,审查决定被赋予了法律上的效力,即不溯及既往的效力。行政法规、地方性法规被全国人大常委会依法撤销的,自撤销的议案通过之日起失效;全国人大常委会依照《监督法》第33条通过关于要求最高人民法院或者最高人民检察院修改、废止司法解释的议案的,司法解释自议案通过之日起停止施行。[27] 部分实务工作者也认为,中国法律虽然缺乏对审查纠正溯及力的明确规定,但可以从宪法、法律中推导出法不溯及既往原则,审查实践也应该按照这一原则来掌握。[28] 有意思的是,正式出台的《法规、司法解释备案审查工作办法》却将前述规定删除。可能的原因是,审查决定的法律效力问题应当由更高层级的规范性文件来加以规定。备案审查在本质上是一种解决国家机关之间立法权限纠纷的方式。尽管审查程序在一定条件下可以由社会团体、企业事业组织以及公民等主体发起,但在审查的过程中,这部分主体应当是以第三方当事人的身份参与的。备案审查中的真正当事人是中央立法机关和其他的立法主体。对审查决定效力问题的规定,涉及国家机关彼此之间关系和立法权限的调整和安排,是十分重要的宪法性问题,

---

〔27〕 参见朱宁宁:《聚焦规范性文件备案审查关键问题》,载《法制日报》2018年10月16日,第10版。

〔28〕 参见梁鹰:《备案审查制度若干问题探讨》,载《地方立法研究》2019年第6期。

应当由宪法或者宪法性法律加以规定。“工作办法”作为一份规范性文件,显然无法承担这一任务。

但作为一种尝试和探索,全国人大常委会法工委的努力值得称赞。“无溯及力说”有两项要义:(1)审查决定向未来生效,不具有溯及既往的效力;(2)被撤销的法规“一律”嗣后无效,这是绝对的,不存在任何例外。这一处理方式存在一定程度的不足,主要表现为它过于僵化,无法应对和处理一些严重的情形。当地方立法严重侵犯公民权利或者严重抵触中央法律,需要追溯处理时,绝对的嗣后无效模式可能会使得审查机关的审查工作比较被动。因为在这一模式下,追溯处理的做法没有法律依据。换言之,在特定的情况下,绝对的嗣后无效模式可能会阻碍审查目的的实现。然而,有关立法主体出现严重违法立法问题并非不可想象。当下,违法立法的成本较低,有关立法主体出现严重违法立法具有一定的可能性。一方面,通过地方性法规的是地方人大常委会,其是由民主选举产生的集体组织,除了法工委的个别工作人员外,并不能对其进行追责;另一方面,违法立法也基本不存在赔偿责任。制定机关将问题法规修改或者废止后,审查程序终止,制定机关无须对违法立法已经造成的损失给予赔偿。

三、法律效力制度构建面临的三个难题

然而,完善全国人大常委会审查决定的法律效力制度并非易事。问题的关键在于,这一制度该如何完善,才能既有效推进备案审查工作,同时又符合中国的实际情况,充分尊重现有的制度存量。在笔者看来,完善这一制度,至少需要处理好以下三对关系。

(一)如何处理审查方式与审查决定法律效力的关系

2000 年《立法法》第 91 条规定,审查主体向制定机关提出书面审查意见后,制定机关应当在两个月内决定其是否同意对地方性法规等进行修改;审查主体认为存在抵触情形,而制定机关不予修改的,审查主体可以向委员长会议提出予以撤销的议案、建议。可见,2000 年《立法法》确立了“先协商,后强制”的审查方式。据此,实现审查便存在两种方式:“通过协商实现的审查”和“通过强制实现的审查”。“通过协商实现的审查”是“通过强制

实现的审查”的前置程序，只有“通过协商实现的审查”无法实现既定目的时，才进行“通过强制实现的审查”。二者在审查主体、审查方式、法律后果等方面存在较大差异。在审查主体方面，在通过协商实现的审查中，审查主体是全国人大专门委员会、全国人大常委会法工委；而在通过强制实现的审查中，审查主体是全国人大常委会。在审查方式方面，在通过协商实现的审查中，审查主体主要通过沟通、协商的方式进行审查，而在通过强制实现的审查中，审查主体主要通过表决议案的方式进行审查。在法律后果方面，前者发挥作用的方式主要是审查主体发函通知法规制定机关，由法规制定机关自行对违法法规加以修改或废止；而在后者中，全国人大常委会可以直接撤销违法的地方性法规等规范性法律文件。

2015年《立法法》继续秉持“先协商，后强制”的立法思路，并对备案审查程序进行了完善。该法第100条在2000年《立法法》第91条的基础上，增加了1款，作为第2款。该条款规定，对于审查主体向制定机关提出的意见，如果制定机关按照所提意见对地方性法规进行了修改或者废除的，审查终止。与2000年《立法法》相比，2015年《立法法》进一步完善了通过协商进行审查的方式，巩固了“通过协商实现的审查”这一审查方式的地位。2023年《立法法》整体上维持了2015年《立法法》的上述规定，仅对若干细节进行了完善。

备案审查过程中的沟通、协商方式符合中国处理国家机关之间关系的传统，体现了党的领导下各部门分工合作的政治理念，是符合国情的备案审查方式。〔29〕在中央与地方关系的处理上，中国历来提倡“商量办事”。“我们要提倡同地方商量办事的作风。党中央办事，总是同地方商量，不同地方商量从来不冒下命令。在这方面，希望中央各部好好注意，凡是同地方有关的事情，都要先同地方商量，商量好了再下命令。”〔30〕“商量办事”原则作为“不成文宪法”的重要内容，渗透到国家机关的运作中，变成了国家机关处理彼此间关系的一般性原则。〔31〕因此，中国国家机关之间关系的处理，多是

〔29〕 参见李松锋：《“沟通”与“协商”是符合国情的备案审查方式》，载《法学》2019年第3期。

〔30〕 中共中央文献研究室编：《毛泽东文集》（第7卷），人民出版社1999年版，第31－32页。

〔31〕 参见强世功：《中国宪法中的不成文宪法——理解中国宪法的新视角》，载《开放时代》2009年第12期。

采用沟通、协商的方式,而不是对抗的方式。备案审查程序中的沟通和协商,是这一传统在备案审查领域的体现和应用。

与沟通、协商方式密切相连的是"自行修改"。审查主体在审查的过程中,会征求并充分考虑制定机关的意见。在审查主体和制定机关互动过程中,多数制定机关会接受审查主体的意见,同意自行对问题法规、司法解释进行修改。即使制定机关坚持自己意见的,审查主体也会努力说服制定机关接受自己的意见,而不会直接向委员长会议提出予以撤销的议案、建议。最终的审查结论,往往是审查主体和制定机关达成共识的结果。在双方达成共识后,制定机关即按照审查主体的意见对问题法规进行修改。"沟通""协商""自行修改"在逻辑上环环相扣,形成了一个闭环,没有给审查决定发挥法律效力留下一席之地。这一过程是一套非正式化的、柔性的权力运作过程,而审查决定一旦具有法律效力,便是正式化的、刚性的权力运行方式,二者在一定程度上显得格格不入。因此,中国审查决定法律效力的制度构建,应当处理好审查方式与审查决定效力的关系。

(二)如何处理审查主体的资格与审查决定法律效力的关系

在审查主体方面,中国《立法法》规定的审查主体有三类,分别是全国人大常委会、全国人大专门委员会和全国人大常委会法工委。在通过强制实现的审查中,审查主体是全国人大常委会。依据《立法法》第 108 条第 2 项的规定,全国人大常委会有权撤销同宪法、法律和行政法规相抵触的地方性法规。因此,讨论全国人大常委会作出的审查决定的效力,既具有理论正当性,也具有现实必要性。在通过协商实现的审查中,审查主体是全国人大专门委员会、全国人大常委会法工委。全国人大专门委员会作为全国人大的常设工作机构,其组成人员均是人大代表,且由全国人大全体会议表决产生,其作为审查主体的正当性地位自不待言。但实践中,由全国人大常委会和全国人大专门委员会作出的审查案例屈指可数。迄今为止,全国人大常委会还没有公开撤销过一件违法的行政法规、地方性法规、自治条例和单行条例。

现实生活中的审查案例几乎均是由全国人大常委会法工委作出的。全国人大常委会法工委在性质上仅仅是全国人大常委会的工作机构。"工作机构可以认为是一种半职能性机构，它可以行使一定的法律职权，但不可以以独立名义发布执行性的文件、指示、命令，它是为职能机构提供服务的。"[32] 实践中，实际进行法规审查工作的是全国人大常委会法工委法规备案审查室。法规备案审查室是全国人大常委会法工委下设的一个局级单位，在性质上仅具有辅助机关的性质，本身不适宜作为审查机关。[33] 工作机构、办事机构作出的审查决定可能会对法规制定机关产生重要影响，甚至具有事实上的约束力，但很难将这种事实上的效力上升到法律层面，使之具有法律上的效力。具有法律效力的文书，应当是适格主体作出的。

将全国人大常委会法工委作为法定的审查主体是2015年《立法法》新增加的内容。有观点可能认为，全国人大常委会法工委作为审查主体的地位已经得到《立法法》的确认和肯定，由全国人大常委会法工委进行审查并无多大问题。但从理论上讲，具有合法律性并不意味着具有正当性。合法律性不能构成一种独立的正当性，仅仅是正当性的一种重要指数。[34] 立法者在制定《立法法》的过程中也已经认识到了这一问题，并对其作了专门规定。2015年《立法法》第100条规定，全国人大专门委员会可以作出"审查意见"，而全国人大常委会法工委可以作出"研究意见"。之所以对审查意见和研究意见作出区分，就是因为全国人大常委会法工委的地位不同于全国人大专门委员会。"由于常委会工作机构不是专门委员会，因此不能提出审查意见，只能提出研究意见。"[35] 全国人大常委会法工委自身民主正当性所引发的问题，在立法过程和法律询问答复中均有所体现，[36] 全国人大常委会法工委作为审查主体是这一问题的再次展现。

综上所述，全国人大常委会法工委由于其机构性质，难以成为法规审查

---

〔32〕 蔡定剑：《中国人民代表大会制度》（第4版），法律出版社2003年版，第476页。

〔33〕 参见林来梵：《合宪性审查的宪法政策论思考》，载《法律科学（西北政法大学学报）》2018年第2期。

〔34〕 参见[法]让-马克·夸克：《合法性与政治》，佟心平、王远飞译，中央编译出版社2008年版，第27页。

〔35〕 武增主编：《中华人民共和国立法法解读》，中国法制出版社2015年版，第353页。

〔36〕 对这一问题的研究，参见卢群星：《隐性立法者：中国立法工作者的作用及其正当性难题》，载《浙江大学学报（人文社会科学版）》2013年第2期；褚宸舸：《论答复法律询问的效力——兼论全国人大常委会法工委的机构属性》，载《政治与法律》2014年第4期；刘怡达：《隐性立法解释："法律释义"的功能及其正当性难题》，载《政治与法律》2017年第8期。

的适格主体。构建中国审查决定的法律效力制度，需要对审查主体的资格进行适当变动。

（三）如何处理维护法的安定性与保护个人权利的关系

价值是制度的指引，是评价与衡量现实的基本要素。一个国家具体该采用何种效力理论，在很大程度上取决于一个国家的法律价值观念。[37] 维护法的安定性和救济受害者的权利均是审查决定法律效力制度应当追求的价值，均有存在的必要性。

法的安定性具有两种含义：一是通过法律达成的安定性，即通过法律维持的社会秩序的安定性；二是法律本身的安定性，亦即其认知可能性、操作可能性与实践可能性的安定性。[38] 伴随着法律的实施，法律本身的安定性会逐渐扩散开来，转化为社会秩序的安定性。维护法的安定性的重要性不言而喻。“法律规则的存在比它的正义性和合目的性更重要；正义和合目的性是法律的第二大任务，而第一大任务是所有人共同认可的法的安定性，也就是秩序与安宁。”[39] 此外，现实生活中强调维护法的安定性也可能是迫不得已的选择。从“成本—收益”的角度看，并不是所有的错误都值得纠正，当纠正错误所带来的损害比错误本身造成的损害还要严重时，纠错的行为本身可能就是错误的。事实上，有些错误也可能根本无法纠正。地方人口与计划生育条例中“超生就开除”的规定已经被全国人大常委会法工委认定为不适当，但这一规定已经施行多年，实践中产生的案例不计其数。纠正这些错误可能使得安定的社会秩序重新被扰乱，并滋生诸多棘手问题。如果当事人已经去世，相关的权利是否可以继承？如果当时开除职工的企业已经破产，相关义务由谁承担？让备案审查制度承载过重的负担，可能会影响审查工作的顺利推进。

救济受害者的权利也是应当考虑的价值因素。实践中的部分案例是公民在自身涉及有关案件，穷尽法律手段的情形下，向全国人大常委会寻求法律救济，提出审查建议的。如果审查决定不具有溯及力，当事人便只能自行

---

〔37〕 参见陈运生：《违宪法律的效力》，载《法学研究》2007 年第 5 期。

〔38〕 参见［德］阿图尔·考夫曼：《法律哲学》，刘幸义等译，法律出版社 2011 年版，第 274 页。

〔39〕 ［德］古斯塔夫·拉德布鲁赫：《法哲学》，王朴译，法律出版社 2013 年版，第 82 页。

承担违法立法所造成的损害。备案审查制度如果不能救济受害者的权利，会在一定程度上削弱自身存在的正当性基础。中国的合宪性审查机制，应当在实现保障客观法秩序功能的同时，积极实现其保障主观权利的功能。[40] 强调救济受害者的权利，一定程度上也是由中国地方立法的现状所决定的。2015 年《立法法》赋予所有设区的市地方立法权，中国享有地方立法权的主体在原有 31 个省、自治区、直辖市和 49 个较大的市基础上，又增加了 274 个，包括 240 个设区的市、30 个自治州和 4 个未设区的市。截至 2018 年 11 月底，中国现行有效的省级地方性法规 6083 件，设区的市地方性法规 3519 件，自治条例和单行条例 995 件，经济特区法规 335 件，共 10932 件。[41] 随着地方立法主体的扩容，地方性法规的数量还将快速增长。由于地方性法规数量多，增长速度快，存在抵触立法、越权立法情形，侵犯公民权利，损害公共利益的地方性法规并不在少数。例如，在生态环保法规清理工作中，31 个省、自治区、直辖市清理发现存在与上位法规定不一致等问题需要研究处理的法规共 1029 件。[42] 地方立法中问题法规的数量可见一斑。

维护法的安定性和救济受害者的权利在特定情形下可能会存在紧张关系。一味地维护法的安定性，便无法救济被侵害的公民权利，实现正义；相反，一味地强调保障公民权利和实现绝对正义，可能会使得已经稳定的社会秩序重新被扰乱，付出高昂的代价。科学地构建中国的审查决定效力制度，应当妥善处理维护法的安定性和救济受害者权利之间的紧张关系。笔者认为，应当将维护法的安定性作为决定审查决定效力的首要价值因素，同时兼顾救济受害者的权利。基于此，中国审查决定的效力制度应当以不具有溯及力为原则，具有溯及力为例外。具体言之，审查决定原则上不具有溯及力，违法的地方性法规等规范性法律文件原则上嗣后无效；只有在例外情形中，审查决定才具有溯及力，违法的地方性法规等规范性法律文件才自始无效。哪些情形属于例外情形，应当综合考虑违法立法的目的、损害程度、补

[40] 参见王蔚：《客观法秩序与主观利益之协调——我国合宪性审查机制之完善》，载《中国法律评论》2018 年第 1 期。

[41] 参见沈春耀：《全国人民代表大会常务委员会法制工作委员会关于 2018 年备案审查工作情况的报告》，第十三届全国人民代表大会常务委员会第七次会议，2018 年 12 月 24 日。

[42] 参见沈春耀：《全国人民代表大会常务委员会法制工作委员会关于 2018 年备案审查工作情况的报告》，第十三届全国人民代表大会常务委员会第七次会议，2018 年 12 月 24 日。

救的可能性、对不相关人员的影响等因素加以确定。例如,故意的违法立法可以被认定为自始无效。《立法法》等法律已经明确地方性法规等规范性法律文件不得与法律、行政法规相抵触,因此,任何有意的违法立法均不能容忍。再如,重大的违法立法也可以被认定为自始无效。在重大的违法立法情形中,制定机关主观上既不存在故意,也不存在过失,但相关规定却在客观上与法律相抵触,并造成了严重的后果,如违法立法严重降低了国家标准;违法立法严重损害了公民的基本权利等。对于此种情形,可以认定地方立法自始无效。鉴于自始无效的巨大冲击力,自始无效的认定应当特别慎重。

四、通过协商实现的审查及其效力

中国审查决定法律效力制度的构建和完善,应当在尊重司法实践和立法实践的基础上进行,并充分运用好现有的制度存量。如前所述,实务界已经在两条不同的轨道上践行和发展审查决定的法律效力制度。所谓"双轨制",是指不同的审查主体通过不同的审查方式作出的审查处理结果应当具有不同的效力。具体言之,全国人大专门委员会、全国人大常委会法工委通过协商实现的审查,仅具有柔性的约束力;全国人大常委会通过强制实现的审查,才具有刚性的约束力。

柔性的约束力是一种事实上的效力,而不是法律上的效力。此种效力的本源,来自审查主体和制定机关通过沟通、协商所达成的共识。审查主体和制定机关达成共识后,制定机关即负有遵守和履行这一共识的义务。制定机关应当积极对存在问题的地方性法规进行修改。但制定机关对共识的遵守和履行,仰赖于其自我约束。如果制定机关在履行共识的过程中"反悔",拖延对问题法规作出修改的,审查主体也没有直接的法律手段对其进行约束。从近几年的实践情况来看,制定机关会遵守和履行共识,对问题法规进行修改,其他因素对审查决定事实约束力的支持和保障在其中发挥了重要作用。首先,按照《立法法》第112条第3款的规定,制定机关不按照审查决定对问题法规进行修改或者废止的,审查主体应当向委员长会议提出予以撤销的议案、建议。尽管这一条款尚未实施过,但它对制定机关具有足够的威慑力。其次,审查主体具有作为中央国家机关组成部分的优越地位,也在一定程度上促进了制定机关按照审查决定的要求对问题法规进行修改。最后,备案审查的大环境为制定机关履行审查决定提供了环境基础。国家正在大力推进合宪性审查工作,在此情势下,理性的地方立法机关不会对审查主体的审查决定置之不理。总之,柔性的约束力虽然是一种事实上的效力,但也具有比较强的拘束力。

即使通过协商实现的审查所产生的效力只是一种事实上的效力,其与审查决定相关联的法律文书的作出主体也必须适格。推进合宪性审查工作需要全国人大常委会法工委发挥重要作用,但由于全国人大常委会法工委工作机构的性质,其本身不宜作为作出审查决定文书的主体。实践中,可以考虑由全国人大常委会法工委进行实际的审查工作,但相关文书由全国人大专门委员会审议后,以专门委员会的名义对外作出。如此一来,既保证了备案审查工作的效率,也保证了备案审查工作的正当性。

在通过协商实现的审查中,审查主体可以作出三种类型的审查决定文书:一是确认合法的文书。经过审查,全国人大专门委员会认为审查对象符合宪法、法律规定的,可以作出确认审查对象具有合法性的法律文书。二是发出提醒的文书。审查主体认为审查对象不存在合法性问题,但在立法技术、执法等方面存在不当的,可以向制定机关发出提醒。《法规、司法解释备案审查工作办法》第 45 条规定,审查对象不存在合法性问题和适当性问题,但存在其他倾向性问题或者可能造成理解歧义、执行不当等问题的,可以函告制定机关予以提醒,或者提出有关意见建议。三是认定不合法的文书。审查主体认为审查对象超越立法权限、与上位法相抵触或者违背立法程序的,可以作出不具有合法性的法律文书。但这三种类型的审查决定文书对制定机关不具有硬性的约束力,对执法、司法实践也不具有硬性的约束力。在通过协商实现的审查中,只有对审查决定的效力作如此安排,才能和沟通、协商的审查方式完美契合。在通过协商实现的审查中,审查决定也不能直接指明审查对象是嗣后无效还是自始无效。因为审查决定一旦明确这一点,便会破坏"沟通/协商—自行修改"的逻辑闭环。嗣后无效或者自始无效会使得"自行纠错"的方式没有了意义。

制定机关对违法的规范性法律文件予以修改或者废止,只是在未来面向上修正了规范性法律文件本身存在的瑕疵,违法立法在历史面向上所造成的损失是否应当加以补救、如何加以补救的问题皆仰赖于制定机关的自由裁量。

五、通过强制实现的审查及其法律效力

在通过协商实现的审查中，审查主体作出的审查决定仅具有柔性的约束力。与此不同，全国人大常委会作出的审查决定具有刚性的约束力。全国人大常委会作出的审查决定是和撤销权联系在一起的。对于提请撤销的决议，全国人大常委会可以决定撤销，也可以决定不撤销。“不撤销”即意味着审查对象具有合法性，所以全国人大常委会可以作出合法性确认。“撤销”则需要进一步讨论撤销决定的法律效力。撤销决定既可以具有溯及力也可以不具有溯及力，但应当以不具有溯及力为原则，只有在极个别的例外情形下，撤销决定才具有溯及力。

审查决定的效力对诉讼案件的约束力比较复杂。具有溯及力和不具有溯及力，已经处理完毕的诉讼案件与尚未处理完毕的诉讼案件相互交织，需要分情况加以分析（见表6－2）。鉴于篇幅，下文将以行政诉讼案件为中心展开分析。

表6－2　审查决定效力对诉讼案件的影响

无效类型	案件类型	
	尚未处理完毕的诉讼案件	已经处理完毕的诉讼案件
嗣后无效	情形Ⅰ	情形Ⅱ
自始无效		情形Ⅲ

（一）尚未处理完毕的诉讼案件

法的溯及既往，可以分为真正的溯及既往和不真正的溯及既往。不真正的溯及既往，是指新法对于现在仍在进行的、尚未终结的事实关系以及法律关系向将来发生作用时，即有不真正的溯及效力存在。[43] 通常认为，这一情形并不违反法不溯及既往原则，属于合法的范畴。审查决定也同样如

〔43〕 参见陈清秀：《法理学》，台北，元照出版有限公司2017年版，第118页。

此。审查决定出台后，对于正在审理的案件，法院应当立即肯定审查决定的效力，停止适用被认定为违法的地方性法规等规范性法律文件（情形Ⅰ）。具言之，在尚未处理完毕的行政诉讼案件中，如果审查决定认定地方性法规等规范性法律文件违法，法院应当撤销行政机关的行政行为。其理由在于，《行政诉讼法》第70条第2项规定，行政行为“适用法律、法规错误的”，人民法院应当判决撤销或者部分撤销，并可以判决被告重新作出行政行为。行政机关作出行政行为时适用了违法的下位法，违反了“上位法优于下位法”的适用规则，属于“适用法律、法规错误”，法院应当判决撤销相应的行政行为。

（二）已经处理完毕的诉讼案件

在已经处理完毕的诉讼案件中，审查决定是否具有溯及力决定违法法规是自始无效还是嗣后无效，进而决定终审案件是否需要重新处理。如果违法法规被认定为嗣后无效，那么，已经处理完毕的诉讼案件无须重新处理（情形Ⅱ）。在嗣后无效的模式中，法院的判决生效后，审查决定才认定地方性法规违法的，审查决定不能作为再审的依据，也不能作为检察院提出抗诉或检察建议的依据。《行政诉讼法》第91条规定了诸多申请再审的事由，但与法规审查密切相关的事由为该条第4项规定的“原判决、裁定适用法律、法规确有错误”。既然审查决定认定违法的地方性法规嗣后无效，而非自始无效，那么，违法法规在审查决定生效以前均是“有效”的。法院在判决时适用了“有效”的地方性法规，不存在适用法律、法规方面的错误。

如果违法法规被认定为自始无效，那么，已经处理完毕的诉讼案件则需要重新处理（情形Ⅲ）。此时，审查决定可以作为再审的依据，也可以作为检察院提出抗诉或检察建议的依据。其内在的逻辑是：违法的地方性法规自始无效，意味着地方性法规自抵触事实出现时起便失去了效力。一审或者二审的法官在选择法律依据时，没有选择适用上位法，而是适用了自始无效的地方性法规，属于《行政诉讼法》第91条第4项规定的“适用法律、法规错误”。因此，在自始无效的情形下，已经处理完毕的案件应当重新处理。

情形Ⅲ的逻辑推理，立基于地方性法规已经被“宣布”为违法的时间节点上，具有后来者的视角优势，这对“审判时”的法官有失公允。一方面，我国法院没有审查法律、地方性法规,并宣布法律、地方性法规违宪或者违法的权力。“河南种子案”之所以引起轩然大波,根源就在于法官在判决中直接宣布《河南省农作物种子管理条例》作为法律阶位较低的地方性法规,其与《种子法》相冲突的条款自然无效。实践中,法官在审理案件的过程中发现下位法与上位法相抵触的,多是便宜行事,灵活处理,在裁判文书中不引用与上位法相抵触的下位法,即所谓的“自行判决”“谨慎表述”。[44] 另一方面,法院具有适用地方性法规的法定义务。我国《行政诉讼法》第 63 条规定第 1 款:“人民法院审理行政案件,以法律和行政法规、地方性法规为依据。地方性法规适用于本行政区域内发生的行政案件。”在此情形下,法官在审判时适用地方性法规也无可厚非,因为这只是法官在履行自己的法定义务。地方性法规被认定为违法且自始无效后,再追溯认定法官的判决“适用法律、法规错误”,是对法官的苛责。但诚如前文所述,地方性法规被认定为自始无效主要限于例外的情形,为了在这些情形中救济受害人的权利,让法院在一定程度上承担立法性错误的后果也是无奈之举。

党的十九大报告提出,要“加强宪法实施和监督,推进合宪性审查工作,维护宪法权威”。合宪性审查与合法性审查具有密切的关系。明确审查决定的法律效力,是推进合法性审查工作的重要内容。新形势下,有必要正式提出审查决定的法律效力问题,并予以认真研究。司法实践和立法实践在不同的轨道上践行和发展审查决定的法律效力制度,这值得关注和尊重。完善我国审查决定的法律效力制度,需要妥善处理审查方式与审查决定法律效力的关系、审查主体的资格与审查决定法律效力的关系、维护法的安定性与保护个人权利的关系。

本节认为,我国审查决定的法律效力制度应当坚持“双轨制”的发展模式。全国人大专门委员会、全国人大常委会法工委通过协商实现的审查,仅具有柔性的约束力;全国人大常委会通过强制实现的审查,才具有刚性的约束力。这一方式既可以契合中国现有的实际情况,具有可行性,又可以推进备案审查工作,实现审查决定的法律效力制度规范化、科学化。柔性的约束力是一种事实上的效力。审查决定的文书一经作出,制定机关即负有积极

---

〔44〕 参见彭亚楠:《“自行判决”、“谨慎表述”——对某中级法院法官处理法规冲突案件的实证调查》,载《法学》2007 年第 3 期。

作为的义务。此种效力的本源，来自审查主体和制定机关通过沟通、协商所达成的共识。刚性的约束力与全国人大常委会的撤销权密切相连，并可以和中国现有的诉讼制度相契合。在正在审理的案件中，法院应当立即肯定审查决定的效力，停止适用被认定为违法的地方性法规等规范性法律文件。面对已经处理完毕的诉讼案件，如果违法的地方性法规等规范性法律文件被认定为嗣后无效，已经处理完毕的诉讼案件无须重新处理；如果违法的地方性法规等规范性法律文件被认定为自始无效，已经处理完毕的诉讼案件应当予以纠正。

第七章

审查能力的改进与提升

本章对审查能力的改进与提升进行研究。第一节意图揭示国家能力、立法能力和审查能力的内在关联。在国家能力理论的视野中,立法能力是指立法机关在立法过程中通过与其他主体互动而自主地实现自己意志和目标的力量。立法能力的强弱表现为法律文本所表达的内容与立法机关希望实现的目标之间距离的远近。立法能力理论包括国家与社会的关系模型、国家机构间的关系模型两个理论框架。在国家能力理论的视野中,审查能力是审查机关在审查过程中通过与其他主体互动而自主地实现自身意志和目标的力量。在理论层面,立法能力与审查能力存在分野,但在我国的制度和实践中,加强立法能力、审查能力建设在很大程度上具有同一性。基于此,第二节从共性层面探讨提升审查能力的对策。在共性层面,加强审查能力建设,不过是加强立法能力建设的"范围限缩"。本节通过设计立法能力评估指标体系,考察了我国立法能力建设的现状,并在此基础上提出了提升立法能力的对策和建议。当然,这些对策和建议同样可以提升审查能力。第三节从个性层面探讨提升审查能力的针对性对策。这些对策包括提高对备案审查工作重要性的认识;提高备案审查的信息化水平;充分发挥法院在法规审查中的作用;等等。

第一节 国家能力理论视野中的立法能力与审查能力

本节尝试在国家能力理论的视野中研究立法能力和审查能力,阐明立法能力和审查能力的本质,揭示立法能力、审查能力建设的理论要求和应然逻辑,以期对我国立法能力和审查能力的建设有所助益。

一、作为分析工具的国家能力理论

早期的研究者虽然没有明确使用国家能力的概念,但已然注意到国家能力对于国家的重要意义。如亨廷顿曾指出,各国之间最重要的政治分野,不在于他们政府的形式,而在于它们政府的有效程度。[1] 此后,国家学派对国家能力进行了系统研究。斯考克波认为,国家自主是指国家能够确立、

〔1〕 参见[美]塞缪尔·P. 亨廷顿:《变化社会中的政治秩序》,王冠华等译,上海人民出版社2008年版,第1页。

追求并实现自己的目标,而非仅仅追求和反映社会集团、阶级、社团的目标;国家能力是国家在遭遇强势社会集团的反对,或者面临不利社会经济环境的情况下实现自己目标的能力。[2] 米格代尔将国家与社会的关系塑造为"大杂烩"模型。在这一大杂烩中,国家仅仅是众多主体之一。国家与种族、组织、村庄等群体、组织竞争的过程中,国家领导人通过国家的计划、政策和行动来实现其改造社会的目标的能力,便为国家能力。[3]

不同研究者基于不同的立场、从不同角度来界定"国家能力",这一概念已经出现了概念过载的现象。对这一概念进行理解和使用,需要秉持一定的还原主义和功能主义立场,剥离这一概念中被添加的多余成分,强调这一概念中的"力量"和"目标指向性",基于此,国家能力是指国家通过与其他行为主体的互动关系而实现自身目标、意志的能力。[4] 本书亦在这一意义上使用这一概念。

除了概念范式,国家学派对国家能力的类型也进行了重点研究。传统的国家主义论者将国家能力按照应用领域进行了分类。国家可能在医疗卫生领域具有强大的国家能力,但在金融监管领域却有非常糟糕的表现。"关于一国之权力的最重要的事实也许就是不同政策领域中的权力不平衡。"[5] 这一分类虽然取得了很好的研究效果,但过于琐碎,缺乏整体性和理论抽象性。米格代尔将国家能力分为渗入社会的能力、调节社会关系的能力、汲取资源的能力,以及以特定方式配置或运用资源的能力。[6] 国内较早对国家能力进行研究的研究者为王绍光和胡鞍钢。他们将国家能力分为汲取财政能力、宏观调控能力、合法化能力以及强制能力。[7] 后来,王绍

---

[2] 参见[美]西达·斯考克波:《找回国家——当前研究的战略分析》,载[美]彼得·埃文斯、迪特里希·鲁施迈耶、西达·斯考克波编著:《找回国家》,方力维等译,生活·读书·新知三联书店2009年版,第10页。

[3] 参见[美]乔尔·S.米格代尔:《强社会与弱国家:第三世界的国家社会关系及国家能力》,张长东等译,江苏人民出版社2009年版,第5-30页。

[4] 参见王浦劬、汤彬:《论国家治理能力生产机制的三重维度》,载《学术月刊》2019年第4期。

[5] [美]西达·斯考克波:《找回国家——当前研究的战略分析》,载[美]彼得·埃文斯、迪特里希·鲁施迈耶、西达·斯考克波编著:《找回国家》,方力维等译,生活·读书·新知三联书店2009年版,第23页。

[6] 参见[美]乔尔·S.米格代尔:《强社会与弱国家:第三世界的国家社会关系及国家能力》,张长东等译,江苏人民出版社2009年版,第5页。

[7] 参见王绍光、胡鞍钢:《中国国家能力报告》,辽宁人民出版社1993年版,第3页。

光进一步细化了基础性权力的分类，将基础性国家能力分为强制能力、汲取能力、濡化能力、认证能力、规管能力、统领能力、再分配能力、吸纳和整合能力等八种类型。[8] 在国家治理体系和治理能力现代化的语境中，我国学者更多基于相关主体对国家能力进行分类。国家治理能力具体包括执政党执政的能力，人大及其常委会立法以及实行监督的能力，政府执法的能力，司法机关司法的能力，广大人民群众、人民团体和社会组织自治的能力和各级领导干部的领导能力。[9] 每一种类型学的研究对于理解国家能力都具有启发意义。基于应用领域对国家能力进行的分类，可以从具体领域透视国家能力，发现国家能力的短板并采取有针对性的措施。基于性质对国家能力进行的分类，可以更为直观地展示国家能力的具体内容，从而可以从多角度剖析国家能力。[10] 基于主体对国家能力进行的分类，拓宽了国家能力的研究视野，可以揭示出不同主体的能力以及它们与国家能力之间的内在联系。

对国家能力的内涵和外延进行讨论，有助于更好地理解立法能力。立法能力是国家能力的重要组成部分。狭义上的国家能力仅仅是指政府能力。例如，米格代尔认为，最好的评价国家能力的办法是衡量国家在具体领域取得的实际效果，并将其和国家在法案、政策中所宣称的目标进行比较。[11] 广义上的国家能力是指“国家的”能力，是国家作为一个整体所具备的能力。在这一意义上，立法能力是国家能力的有机组成部分。立法能力对于增强其他类型的国家能力具有重要作用。例如，立法能力直接影响国家的正当化能力。正当性决定了国家政权的稳定性。国家如果没有正当性基础，就难以获得公众内心的认可，国家的统治成本会十分高昂，国家的统治便不能持久。因此，任何一种支配和统治都会试图建立并培育人们对其

〔8〕 参见王绍光：《国家治理与基础性国家能力》，载《华中科技大学学报（社会科学版）》2014年第3期。

〔9〕 参见张文显：《法治与国家治理现代化》，载《中国法学》2014年第4期。

〔10〕 如对国家认证能力的研究，参见欧树军：《国家基础能力的基础：认证与国家基本制度建设》，中国社会科学出版社2013年版。

〔11〕 参见［美］乔尔·S. 米格代尔：《强社会与弱国家：第三世界的国家社会关系及国家能力》，张长东等译，江苏人民出版社2009年版，第5页。

正当性的信仰。[12] 合法化是正当化的一种重要方式,因为正当性需要从认同、法律和价值三个层面获得。合法化主要是由立法机关实现的。一个强有力的立法机关为国家提供正当性支持必不可少。立法机关的立法能力越强,就越能够增强国家的正当化能力。总之,立法能力是国家能力不可分割的一部分,立法能力对于加强国家能力具有重要意义。要想具备强大的国家能力,首先应当具备强大的立法能力。

二、立法能力的理论阐释

在国家能力理论的视野中,立法能力是指立法机关在立法过程中通过与其他主体互动而自主地实现自己意志和目标的力量。立法能力的强弱表现为法律文本所表达的内容与立法机关希望实现的目标之间距离的远近。国家能力这一理论工具在分析立法权的运作时可以具体化为两个模型:国家与社会的关系模型、国家机构间的关系模型。[13] 首先是国家与社会的关系模型。国家与社会分属政治系统的核心与边缘,立法机关在国家与社会之间扮演了"闸门"的角色,[14]社会权力的流动只有通过立法机关才能获得合法性,立法过程由此成为国家与社会互动的重要场域。立法机关能否有效嵌入社会并在与社会互动的过程中实现自己的目的和意图,是判断立法机关立法能力强弱的重要标志。其次是国家机构间的关系模型。要认识国家,就必须认识到国家不是一元化的主体,而是由不同机构和人员组成的复合结构。[15] 不同的机构之间时常存在分歧,甚至可能会产生矛盾和冲突。国家能否有效统领众多的机构和人员以实现自己的目标,是检验国家能力是否强大的重要内容。立法机关也同样如此。立法机关由不同的机构和人

---

〔12〕 参见[德]马克斯·韦伯:《经济与社会》(第1卷),阎克文译,上海人民出版社2010年版,第319页。

〔13〕 有研究者在研究国家能力时,将国家能力的分析框架分为国家与社会的关系模型、国家及其机构的结构模型。这一观点富有启发意义,本书采用了这一分析框架,并运用这一框架来分析立法能力。参见陈柏峰:《城镇规划区违建执法困境及其解释——国家能力的视角》,载《法学研究》2015年第1期;郑智航:《国家建构视角下的中国司法——以国家能力为核心》,载《法律科学(西北政法大学学报)》2018年第1期。

〔14〕 参见[德]哈贝马斯:《在事实与规范之间:关于法律和民主法治国的商谈理论》(修订译本),童世骏译,生活·读书·新知三联书店2011年版,第439页。

〔15〕 参见王浦劬、汤彬:《论国家治理能力生产机制的三重维度》,载《学术月刊》2019年第4期。

员组成，立法过程中有政府部门、社会组织等众多参与者。机构之间、人员之间、政府部门之间时常会产生分歧甚至冲突。因此，立法机关需要在立法过程中有效统领多方主体，顺利实现自己的目标。这两个模型分别反映政治系统中心与边缘的关系、政治系统中心不同子系统间的关系，能够较为科学地作为立法能力的分析框架。

在国家与社会关系的语境中，依据立法机关与社会互动的逻辑，立法能力可以进一步细分为渗透能力、收集能力和整合能力。渗透能力是指立法机关深入社会腹地和国家基层，建立沟通渠道并将之制度化，动员、组织社会主体和公众参与立法过程的本领。渗透能力标志着立法机关进入社会的程度，立法机关进入社会的程度越深，渗透能力便越强。收集能力是指立法机关在立法过程中将公众对立法的意见和建议汇集起来的本领。收集能力标志着立法机关在立法过程中收集公众意见的程度，立法机关在立法过程中收集公众意见的数量越多、越全面，收集能力便越强。整合能力是指立法机关对收集到的公众的不同意见、建议和偏好进行论证，决定取舍，谋求共识的本领。整合能力标志着立法机关协调利益分歧、凝聚意见共识的程度，立法机关弥合利益分歧和不同意见的程度越深，整合能力便越强。在立法机关三种类型的能力中，渗透能力、收集能力长期受到关注和重视，整合能力则相对游离于人们的视野之外，没有获得足够的重视。

在国家机构间关系的语境中，“国家”这一概念可以分为观念上的国家和实践中的国家。[16] 观念视角下的国家是一个具有自主意志，富有统治力的单一实体，它标识国家的高度统一性；而实践视角下的国家却是一系列松散联系的碎片，国家各个组成部分在执行政策或者处理事务时，可能会进行合作，也可能会产生矛盾甚至冲突。整合国家机构之间的分歧，协调各个国家机构一致行动，是国家具有强大统领能力的应有之义。统领能力是国家管理自己的能力，即国家管理各级国家机构与国家工作人员履行各项国家职能并保持高效清廉的能力。[17] 具体到立法能力上，立法者、立法工作者、

---

〔16〕 参见［美］乔尔·S.米格代尔：《社会中的国家：国家与社会如何相互改变与相互构成》，李杨、郭一聪译，江苏人民出版社2013年版，第16－23页。

〔17〕 参见王绍光：《国家治理与基础性国家能力》，载《华中科技大学学报（社会科学版）》2014年第3期。

专门委员会、立法工作机构、行政机关等主体均是立法过程的重要参与者。不同的机构、不同的人员有自身独特的利益和偏好，彼此之间存在分歧，产生矛盾的情况在所难免。例如，立法机关与行政机关之间时常存在分歧。在立法过程中，行政机关和立法机关分别带有各自的行为动机和目的，均想在立法过程中实现各自的目标。行政机关总希望自己的提案能够无拖延地获得立法机关通过，而立法机关则为了实现自己的目标需要回击行政机关的不合理诉求。立法机关与行政机关相互博弈，分别谋求对立法过程的实际控制，力争在立法过程中取得强势地位。立法机关内部机构之间也时常存在分歧。人大常委会完成第一次审议后，有关的专门委员会需要对法律案进行审议，并将审议意见交宪法和法律委员会。宪法和法律委员会、法工委随后需要认真整理、研究常委会组成人员对法律草案初审的意见、专门委员会的意见，对法律草案进行统一审议。在统一审议的过程中，宪法和法律委员会、法工委与其他专门委员会往往会产生分歧，正是因为存在分歧，立法机关才不断完善合作机制。“……由法律委员会统一审议是必要的。但是法律委员会的工作方法要有所改进，要建立协商制度、反馈制度。法律草案进入法律委员会审议程序以后，对内容、文字作出的修改，应该与原来参与审议的专门委员会商量。”[18]

立法机关如何将不同的机构、人员有效统合进自己的意图规划并使其予以协助配合，是对立法机关自身立法能力的重要考验。立法机关能够主导立法过程，顺利实现自己的意图，意味着立法机关具有较强的立法能力；相反，如果立法机关无法主导立法过程，无法有效统领立法过程中的参与主体，则意味着立法机关立法能力羸弱。在整个立法过程中，行政机关、立法工作机构和人员具有至关重要的地位，立法机关的统领能力主要表现为统领行政机关、立法工作机构和人员的能力。

（一）立法机关统领行政机关的能力

我国的立法实践普遍实行“谁提立项，谁起草”的做法，提出立项的主体要负责法律草案的起草工作。而如前所述，立法规划和立法计划的大多数

---

〔18〕 李鹏：《立法与监督——李鹏人大日记》，新华出版社、中国民主法制出版社 2006 年版，第 299 页。

项目来自政府及其职能部门。因此,政府及其职能部门在很大程度上垄断了法律的起草工作。国家立法在一定程度上呈现行政化、部门化的倾向。[19] 韦伯指出,机构、组织自身的利益是永恒存在的,“一旦组织得以建立,机构的既得利益便会趋于永存,或者把机构改变得远离了初衷”。[20] 政府职能部门在起草法律的过程中,总是会自觉或者不自觉地谋求部门利益,如通过立法的形式为本单位争取机构、编制和经费,或者为本单位设置相应的收费权、处罚权,或者推诿、减轻本单位应当承担的法律责任等。如果利益涉及多个部门,更是增加了立法协调处理的难度。一些部门不是从公共利益的最大化出发,而是片面强调和维护本部门的利益,“含金条款宁死不让,权力条款当仁不让;义务条款文明礼让,责任条款拱手相让”。[21] 本就行政化、部门化的立法工作出现利益化的趋势。在“国家立法行政化、行政立法部门化、部门立法利益化”的逻辑链条中,立法机关逐渐被边缘化,没有在整个立法过程中居于主导地位,立法机关统领立法过程的能力较弱。立法过程呈现“弱立法机关、强行政机关”的运行态势。恰如罗斯金所说:“虽然立法机关‘通过’法律,但极少能‘创制’法律。”[22] 立法机关的立法过程和立法结果受到行政机关的影响过大。

如果立法机关具有较强的立法能力,立法机关可以在立项、起草等环节进行有效干预,纠正政府及其职能部门的不合理行为,进而控制立法过程。近年来,我国的立法机关逐渐探索出“提前介入”的工作方式。“提前介入”是指立法机关不再被动等待,而是在草案提交到立法机关之前就主动参与起草工作,就正在起草的草案发表意见,提出建议的一种工作方式。通过提前介入,立法机关能够及时跟进立法进度,一定程度上增强了主导立法过程的能力。但整体而言,这一工作方式并未从根本上改变现状。由于人员少、专业知识缺乏、立法任务繁重等方面的原因,立法机关无法承担太多的起草工作,在立法起草问题上对政府及其职能部门的依赖依然比较严重。立法

---

〔19〕 参见封丽霞:《中央与地方立法关系法治化研究》,北京大学出版社 2008 年版,第 403 - 417 页。

〔20〕 参见[德]马克斯·韦伯:《经济与社会》(第 1 卷),阎克文译,上海人民出版社 2010 年版,“导读”第 44 - 45 页。

〔21〕 参见孙育玮等:《完善地方立法立项与起草机制研究》,法律出版社 2007 年版,第 82 页。

〔22〕 [美]迈克尔·罗斯金:《政治科学》,林震等译,中国人民大学出版社 2009 年版,第 300 页。

机关还可以在立法审议环节实现对政府及其职能部门不正当利益的控制。“能够发现并剔除部门利益，就是在主导立法；能够对草案中的这些内容行使否决权，就是在主导立法。”[23]但实践中，立法机关的审议活动往往很难实现这一目标。

（二）立法机关统领立法工作机构和人员的能力

加强立法机关统领立法过程的能力，实际上是要保证立法机关的自主意志能够在立法过程中得到顺利实现。在立法过程中，对立法机关实现自主意志影响最大的当属行政机关。因此，在立法过程中控制、回击行政机关的不适当意图和主张是加强立法能力的重要方式。“如果受到官僚制控制的人们试图摆脱现存官僚机器的影响，通常就只有建立一个他们自己的、且同样是官僚化的组织，才有可能做得到。”[24]立法机关只有加强自己的专业化的技术官僚组织，才能与同样性质的行政机关相抗衡，才能在立法过程中统领行政机关，发挥主导作用。

加强统领能力建设，关键在于加强立法工作机构和立法工作队伍建设。立法机关加强立法工作机构和工作人员的力量，的确可以加强自身的统领能力，但问题随之而来，随着立法工作机构和工作人员队伍越来越强大，立法机关在立法过程中统领、控制立法工作机构和立法工作人员的问题也越来越紧迫。立法机关在依靠立法工作机构和工作人员纠正立法过程行政化倾向的同时，立法机关也在某种程度上开始了另一种行政化。立法工作机构和工作人员在我国主要是指具有立法权的人大常委会法工委及其工作人员。这些立法工作者具备专业知识、富有理性、工作有效率，在立法过程中发挥着重要作用。但在功能定位上，立法工作机构、立法工作人员本质上是为职能机构提供服务的。但在立法过程中，随着立法工作机构和立法工作人员发挥的作用越来越大，立法工作人员的意见与立法者的意见相左，进而对立法者产生“逆向控制”的事例已经比较常见。例如，某省制定省级预算审查监督条例的过程中，一些部门建议政府动用超收收入超过原预算收入

---

〔23〕 沈国明：《破除人大主导立法的迷思》，载《海南人大》2017 年第 7 期。

〔24〕 [德]马克斯·韦伯：《经济与社会》（第 1 卷），阎克文译，上海人民出版社 2010 年版，第 330－331 页。

总额10%的,需经人大"批准",而不仅是向人大"报告",负责具体工作的立法工作者也倾向于此,但负责该项工作的省人大常委会委员兼法制委员会领导则认为要从实际出发,主张规定"报告"制,但立法工作者始终不退让,一个僵局就此形成,历时近6个月。[25]

立法机关在加强立法工作机构和工作人员的同时,应当加强对立法工作机构和工作人员的统领。二者应当同时谋划、同时推进。具体的路径可以从两个方面展开。一方面,应当加强人大常委会的建设,维持人大常委会的强势地位。通过强有力的人大常委会来统领立法工作机构和工作人员。另一方面,将立法工作机构和工作人员的作用范围予以限制。在发挥立法工作机构和工作人员在管理方面的技术优势的同时,把管理限制到技术性、服务性的层面,去除其政治性、压迫性的弊病。[26]

三、审查能力的理论阐释

在国家能力理论的视野中,审查能力是审查机关在审查过程中通过与其他主体互动而自主地实现自身意志和目标的力量。在审查的过程中,审查机关自身的意志和目标是发现规范性文件的违宪、违法、不适当之处,并对其进行纠正。当然,纠正规范性文件的违宪、违法、不适当之处,也是宪法、法律的客观要求。审查机关自身的意志和目标,与宪法、法律的客观要求是一致的。如果审查机关能够及时发现、纠正规范性文件的违宪、违法、不适当之处,保障宪法、法律的规定在下位法中圆满实现,则意味着审查机关具有较强的审查能力;如果审查机关不能够及时发现、纠正规范性文件的违宪、违法、不适当之处,无法保障宪法、法律的规定在下位法中圆满实现,则意味着审查机关具有较弱的审查能力。

在我国,国家法律需要地方立法机关的细化、补充才能真正被付诸实施。地方立法机关对国家法律进行细化、补充,使之与地方的实际情况相结合,保证国家法律在本行政区域内贯彻落实。目前,地方立法机关贯彻落实国家法律的过程中,存在以下三个方面的问题。

---

〔25〕参见卢群星:《隐性立法者:中国立法工作者的作用及其正当性难题》,载《浙江大学学报(人文社会科学版)》2013年第2期。

〔26〕参见项佐涛:《马克思对官僚政治的批判研究》,载《科学社会主义》2012年第3期。

一是地方立法机关对国家法律的“再表达”不够及时。法律是国家意志的表达，但这一“表达”是由中央立法机关和地方立法机关共同完成的。在任何时期，地方立法都与中央立法一道构成了特定时代法制状况的全景。法律、行政法规往往会授权地方立法机关制定配套的具体规定，从而将国家法律和地方的实际情况结合起来，使得条文内容更具体、更具有可操作性。但实践中，地方立法机关常常由于各种原因，迟迟不能出台中央立法要求制定的配套的具体规定。1978 年至 2010 年，省级人大常委会和政府对于法律授权制定的配套立法，平均完成率只有 65.31%。[27] 此外，在国家法律修改后，地方立法机关对地方性法规的修改或废止工作也不够及时。上位法与下位法在制定、修改、废止的时间方面始终具有一定的间隔，形成了地方立法尾大不掉的局面。[28] 例如，2014 年全国人大常委会对《安全生产法》作了修改，在随后 3 年多的时间里，35 部配套的地方性法规中仅有 17 部根据新法作了修改，3 年内配套法规修改率仅为 49%。《道路交通安全法》《大气污染防治法》《环境影响评价法》修改后，部分地方性法规并未根据上位法的变化及时修改完善，而是继续适用原有规定。直到全国人大常委会法工委在备案审查工作中指出这些未及时跟进的情况后，有关规定才被修改，或者被列入修改计划。在上位法已经修改、废止的情形下，地方立法如果不及时修改、废止，而是继续适用，容易导致公民等主体对其提出审查建议。

二是地方立法机关对国家法律“乱表达”。虽然我国《宪法》以及《立法法》等法律一再强调地方立法不得和宪法、法律、行政法规相抵触，但地方立法与上位法相抵触的情形屡见不鲜。国务院制定的行政法规《自然保护区条例》规定“禁止在自然保护区内进行砍伐、放牧、狩猎、捕捞、采药、开垦、烧荒、开矿、采石、挖沙等活动”，而 2016 年《甘肃祁连山条例》却仅规定“禁止在保护区内进行狩猎、垦荒、烧荒等活动”。地方立法与上位法相抵触，使得法律表达的国家意志无法在地方贯彻和实现。

三是国家法律在层级传递的过程中“失真”。基于维护地方利益的考虑，地方立法机关制定的地方性法规可能会歪曲国家法律的本意。例如，我

---

[27] 参见王压非：《我国配套立法问题研究》，法律出版社 2014 年版，第 82 页。

[28] 参见杨登峰：《下位法尾大不掉问题的解决机制——“新上位法优于旧下位法”规则之论》，载《政治与法律》2014 年第 9 期。

国《商标法》规定了驰名商标制度，目的是更有效、更全面地保护为相关公众所熟知的商标。驰名商标是防止不正当竞争的一项制度，而不是一种荣誉称号和进行广告宣传的资本。在执行《商标法》的过程中，我国 31 个省、自治区、直辖市和 15 个计划单列市中，除个别地方外，都分别以各种形式规定了著名商标制度。地方政府按照一定的标准认定著名商标，著名商标持有人因此可以获得政府一定的奖励和扶持。国家法律规定的驰名商标制度在地方被异化为著名商标制度。著名商标的认定，实质上是政府利用自己的公信力、信誉为个别企业背书，使得行政权力介入微观的经济事务，扭曲了政府与市场的关系，政府对个别企业的奖励、扶持和保护，也使得同类企业之间无法进行公平竞争，违背了市场公平竞争的基本原则。[29] 在备案审查的过程中，全国人大常委会法工委要求有关地方人大常委会对规定著名商标制度的地方性法规予以清理，适时废止。个别地方仍采取变通规避的方式，以地方商标协会名义继续开展地方著名商标评比认定。[30] 这种“上有政策，下有对策”式的做法，歪曲了国家法律的本意。

地方在贯彻落实国家法律的过程中，完全有可能出台与国家法律相抵触的法规，也完全有可能出台不适当的法规。如果审查机关不具备强大的审查能力，就不能发现法规自身所存在的违法、违宪或者不适当之处，也不能保证法规制定机关能够及时对问题法规进行整改。正是由于我国地方立法机关在贯彻落实国家法律过程中存在上述问题，才使得备案审查制度的存在尤为必要，才使得加强我国审查机关审查能力建设具有现实意义。

四、立法能力、审查能力的理论分野与实践统一

在理论层面，立法能力与审查能力是两个完全不同的概念。立法能力属于立法的范畴，是立法机关需要着力提升和加强建设的事物，而审查能力属于立法监督的范畴，是审查机关需要着力提升和加强建设的事物。在立法机关和审查机关分离的国家或者地区，情形更是如此。但在我国，情况却

---

〔29〕 参见张茅：《提高认识澄清误区，积极实施商标品牌战略》，载《人民日报》2017 年 6 月 27 日，第 10 版。

〔30〕 参见沈春耀：《全国人民代表大会常务委员会法制工作委员会关于 2018 年备案审查工作情况的报告》，第十三届全国人民代表大会常务委员会第七次会议，2018 年 12 月 24 日。

大不一样。在我国,加强立法能力、审查能力建设,在很大程度上具有同一性。

首先,我国将法规审查权配置给了立法机关,将法规审查权保留在人大及其常委会内部,使得立法机关集立法职权与审查职权于一身。按照《立法法》的规定,全国人大常委会、全国人大专门委员会、全国人大常委会法工委均可以行使审查的权力,而这些组织,本身便是行使立法职权的重要机构。全国人大常委会是行使立法权的法定主体;全国人大宪法和法律委员会进行统一审议,其他专门委员会进行专门审议;全国人大常委会法工委自始至终都深度参与了立法工作。无论是就环境因素、组织因素而言,还是就人员因素而言,加强全国人大常委会、全国人大专门委员会、全国人大常委会法工委的立法能力,自然而然会加强审查能力。

其次,在地方人大常委会内部,立法工作机构、人员与审查工作机构、人员不是相互隔离、相互独立的,而是相互贯通、有机统一的。以福建省为例,福建省人大常委会法工委备案审查处有3个编制,配备了3名工作人员,但他们每年均需要承担立法工作任务,近年来每年承担的立法任务都在3件以上;设区的市一级人大常委会法工委备案审查处基本上是1人,且同样承担各种立法工作。[31] 在县(区、市)一级,部分人大常委会没有专门的备案审查工作机构和人员编制。如福建省晋江市,晋江市人大常委会没有专门的备案审查工作机构和人员编制,其备案审查职能放在常委会的各工作委员会,由内司委牵头负责,各工委承担具体的审查职能。对于报备的规范性文件,先由内司委接收、登记、初审,再按内容类别分送相关工委进行审查,审查结果和意见、建议反馈内司委,由内司委跟进后续工作。所以,从工作机构和工作人员的角度来看,提升立法能力的诸多措施同时也会附带性地提升审查能力,审查能力建设在很大程度上内含于立法能力建设。

综上所述,立法机关的立法能力和审查能力在很大程度上是密切相关的。提升立法机关的立法能力,在很大程度上也会提升审查能力。讨论审查能力,较为理想的路径是将审查能力放置到立法能力的语境中,在讨论立

---

〔31〕 参见林晗:《新形势下对备案审查工作的思考》,载福建省人大常委会法制工作委员会编:《福建地方立法理论与实践(2018—2021)》,海峡出版发行集团、福建人民出版社2021年版,第121页。

法能力基础上讨论审查能力。抛开立法能力，单纯地讨论审查能力，等于切断了二者之间的必然联系和共性关系，将审查能力和立法能力强行割裂开来，这并非理想选择。也正是基于这一缘由，本章花费大量篇幅来阐释和研究立法能力。需要特别解释的是，这并非"偏题"。审查能力的建设与立法能力的建设存在"共性"，但审查能力建设也有自身的"个性"。本章第二节、第三节将分别从共性层面和个性层面来探讨提升审查能力的对策。

第二节　共性层面：提升立法能力的举措同样可以提升审查能力

基于本章第一节的分析，本节将从"共性"层面探讨提升立法能力和审查能力的举措。系统了解立法机关立法能力的现状是提升立法能力的前提和基础，只有了解问题的现状和症结才能使改善对策有的放矢。因此，提升立法能力，首先需要了解立法能力的建设现状。这需要一套科学、可操作的评估标准和评估体系，以清晰呈现立法机关立法能力的现状。

立法能力不同于立法表现。"立法机关的立法能力或潜力是一回事，行使它或实现它是另一回事。"[32]立法能力更关注实现特定目标的先决条件，而不太关注最终是否实现了这些目标，它指向可能性，是立法机关的潜在能力，发生在立法的"输入"阶段。而立法表现则更多在结果取向的意义上被使用，因此可以根据产出和结果来加以衡量，它指向立法机关的实际表现，发生在立法的"输出"阶段。对二者进行评估所采用的指标也存在明显不同。评估立法能力需要考察立法机关的专业化水平，即可能影响立法的机构、人员、资源等因素，而评估立法表现则需要考察立法机关产出法律所用的时间、产出法律的数量以及法律文本的质量等。两组不同的指标体系之间不应混同。

立法能力评估也不同于立法后评估。立法后评估是指法律制定出来在实践中实施一段时间后对其效果所进行的评估。[33] 按照被评估对象的多

[32] David Arter, *Introduction: Comparing the Legislative Performance of Legislatures*, 12 (3 – 4) The Journal of Legislative Studies 245 (2006).

[33] 参见汪全胜等：《立法后评估研究》，人民出版社 2012 年版，第 20 页。

少，立法后评估可以分为宏观评估、中观评估和微观评估三种类型。宏观评估是对某一特定立法机关一定时期内制定的规范性法律文件的整体所进行的整体性、综合性评估；中观评估是对某一部门法体系实施效果所进行的评估；微观评估则是对单一法律法规实施效果所进行的评估。立法能力评估与立法后评估在评估对象、评估内容等方面存在重大差别，是两种不同的评估类型。在评估对象方面，立法能力评估的对象是立法机关，而立法后评估的对象则是法律、法规等规范性法律文件。在评估内容方面，立法能力评估主要评估立法机关进行立法的自身条件和资源，而立法后评估则主要评估立法的合法性、合理性、可操作性等。相较于立法后评估对具体法律或法规进行个案诊断，立法能力评估在更根本、更一般的层面上发挥作用。

为了探究提升立法能力、审查能力的举措，本节第一部分采用比较研究的方法对美国测量各州立法机关立法能力的实践进行了考察。在借鉴相关做法的基础上，第二部分构建了一套适合我国实际情况的立法能力评估指标体系。第三部分通过收集和分析这一指标体系所要求的相关数据，对2016年度我国26个省、自治区人大常委会的立法能力进行了评估，并就此分析了地方立法机关立法能力存在的问题。第四部分提出了提升我国立法能力的可能路径，而这些对策和举措，同样适用于提升审查能力。

一、比较法视野中的立法能力评估

第二次世界大战后，随着福利国家的发展，美国联邦政府和州政府快速膨胀，旨在推动各州立法机关现代化、提高立法产出的改革应运而生。美国学界对立法能力的研究便是在这一背景下兴起的。美国学界基本将立法能力与立法专业主义（Legislative Professionalism）视为同义词。[34] 通常认为，立法专业主义指的是“提高立法机关在政策制定过程中发挥作用的能力，使其在专业性、严肃性和成就方面能够与该过程中的其他参与者相媲美”。[35] 美国学界对立法专业主义与立法职业主义（Legislative Careerism）作了区

〔34〕 See Boehmke Frederick J. & Shipan Charles R., *Oversight Capabilities in the States: Are Professionalized Legislatures Better at Getting What They Want?*, 15(3) State Politics & Policy Quarterly 366(2015).

〔35〕 See Mooney Christopher Z., *Citizens, Structures, and Sister States: Influences on State Legislative Professionalism*, 20(1) Legislative Studies Quarterly 47(1995).

分。立法专业主义指向机构,目的是使立法机关的机构变得更有效;而立法职业主义指向立法者个人,目的是维持或者促进立法者个人的职位。[36] 美国学界对立法专业主义与立法制度化也作了区分。立法专业主义与立法制度化具有密切联系,很难设想一个没有制度化的立法机关是专业的,也很难设想一个不专业的立法机关是制度化的。但二者也存在重要区别,立法专业主义关注的是立法机关目前履行职能的能力,而制度化却是立法机关伴随着规则和程序的制定,发展成为具有永久性、独特性组织的过程。

为了更好地评估各州立法机关的专业化水平,诸多研究者提出了不同的指标体系。最早的评估指标体系是由约翰·格鲁姆(John Grumm)和州立法机关市民会议在1971年分别提出的。州立法机关市民会议对约150名立法机关内部人士进行了访谈,收集了相关数据。这些数据可以归为与立法能力相关的五个变量:功能性、问责性、信息性、独立性和代表性。州立法机关市民会议在每一个变量下对州立法机关进行了排名,然后将这些排名以未加权的方式组合,产生了州立法机关专业性的总体排名。[37] 但由于是通过个人访谈获得的数据,受访者对每个变量的判断带有主观性,且研究者没有对访谈方法进行充分的说明和交代,这一指标体系未被广泛接受。[38] 格鲁姆提出的指标体系包括立法者的薪酬、会期长短、立法运作费用支出、立法工作人员服务和草案的数量五个指标。[39] 格鲁姆提出的指标体系很快便遭到了其他研究者的批评,因为这一指标体系将不同维度的指标杂糅到了一起。[40] 该指标体系的前四项指标属于可能影响立法专业主义的指标,而第五项指标却属于衡量实际立法结果的指标。不同维度的指标混同

---

〔36〕 See Moncrief Gary F. , *Professionalization and Careerism in Canadian Provincial Assemblies: Comparison to US State Legislatures*, 19(1) Legislative Studies Quarterly 33(1994).

〔37〕 See Citizens Conference on State Legislature, *The Sometime Governments: A Critical Study of the 50 American Legislatures*, Bantam Books, 1971.

〔38〕 See Mooney Christopher Z. , *Measuring US State Legislative Professionalism: An Evaluation of Five Indices*, 26(2) State & Local Government Review 70(1994).

〔39〕 See Grumm John G. , *The Effects of Legislative Structure on Legislative Performance*, in Richard I. Hofferbert and Ira Sharkansky eds. , State and Urban Politics, Little Brown, 1971, p. 298 - 322.

〔40〕 See Mooney Christopher Z. , *Measuring US State Legislative Professionalism: An Evaluation of Five Indices*, 26(2) State & Local Government Review 70(1994).

影响了指标体系的科学性和有效性。格鲁姆提出的指标体系亦未被学界广泛接受。

此后,多种指标体系相继被设计了出来。其中,被美国学界广为接受的指标体系为"斯奎尔指数"(Squire Index)。这一指标体系由佩威尔·斯奎尔(Peverill Squire)于20世纪90年代提出。这一指标体系由三个指标构成:立法者的薪资待遇、服务于每位立法者的工作人员数量、会期中用于立法的时间。[41] 选取这三个方面的内容作为评估指标有其合理性。首先,丰厚的工资和福利待遇能够对立法者形成有效激励,进而提高立法能力。第一,高额的薪资待遇可以激励议会议员连选连任,延长服务期限,这更有利于造就有经验的立法者和立法机关。第二,高额的回报使得立法者愿意放弃他们的常规职业,专注于他们的立法职责,把更多的时间花在立法工作上。第三,高额的薪资待遇也会使得立法者这一职业具有吸引力,吸引更多高素质人才加入。其次,立法工作人员的数量也与立法能力息息相关。立法工作人员可以协助立法者研究立法任务,并为立法者的判断提供专业知识,进而增加立法者影响政策制定过程的能力。立法工作人员贡献的专业知识也可以增强立法机关对行政机关的控制和影响。最后,时间因素对立法能力的影响也不可忽视。立法者在会期中花费更多的时间在立法问题上,可以增加学习和掌握立法技能的机会,也可以使立法者进行更充足的辩论,从而提高立法质量。合格立法者所需要的知识,"有一部分只能通过在需要利用这种知识的岗位上的实际经验来获得,至少是充分地获得"。[42] 斯奎尔指数选用这三个方面的内容作为指标可谓有充足理由。

斯奎尔指数的运行方式也颇具特色。首先,需要按照三个指标变量,分别收集特定时间段内各州立法机关的数据。其次,选定一个比较的基准。在斯奎尔指数中,美国国会被认为是美国最为专业的立法机关,国会被当作与各州立法机关相比较的基准。最后,将每一个指标下各州立法机关的数据与国会的数据相比较,最终获得3个百分数,然后将3个百分数等比重相

---

〔41〕 See Squire Peverill, *Legislative Professionalization and Membership Ddiversity in State Legislatures*, 17(1) Legislative Studies Quarterly 69(1992).

〔42〕 参见[美]汉密尔顿、杰伊、麦迪逊:《联邦党人文集》,程逢如等译,商务印书馆1980年版,第316页。

加，取其平均数，这一平均数即为各州立法能力的最后分数。这一分数总是介于0和1之间。越接近于1，表明二者越具有相似性，相应地，州的立法能力也越强；越接近于0，表明二者越不具有相似性，相应地，州的立法能力也越弱。斯奎尔基于这一指数，采用1988年的数据对美国各州立法机关的立法能力进行了评估，纽约州以0.659的分数居于50个州的榜首，紧随其后的是密歇根州（0.653），加利福尼亚州（0.625）和马萨诸塞州（0.614）。犹他州（0.082），北达科他州（0.075），怀俄明州（0.056），新罕布什尔州（0.042）的表现则不尽如人意，分属排名的后四位。[43]

斯奎尔指数具有明显的相对性，是一种相对的指标体系，其运行逻辑是，假定美国国会是典型的专业立法机关，通过测量各州在多大程度上与国会相匹配来评估各州的立法能力。各州立法机关与国会匹配的程度越高，立法能力便越强；各州立法机关与国会匹配的程度越低，立法能力便越弱。所以，它只能反映各州立法能力的相对水平，而不能反映各州立法能力的绝对水平。相反，格鲁姆、州立法机关市民会议等主体提出的指标体系均是绝对的指标体系，它们可以反映各州立法能力的实际水平。将国会作为比较的基准是这一指数不同于其他指数的创新所在。[44] 斯奎尔指数具有操作简单、可适用性强的优势。斯奎尔指标体系只有三个变量，这三个变量的数据均比较容易获取，这使得这一指标体系非常容易被复制和应用。指标体系过于简单是否会削弱指标体系的有效性？对此，不同研究者持有不同意见。有研究者认为，斯奎尔指数只考虑立法机关的人力资源、物力资源和时间资源，忽略了立法机关的组织特征，可能会降低这一指标体系的有效性。[45] 但也有研究者认为斯奎尔指数是有效的。该研究者通过实证检验后指出，薪资待遇、支出规模和会期长短三者足以形成测量立法专业主义的可靠指标体系，斯奎尔指数虽然没有考虑到影响立法专业主义的所有变量，

---

〔43〕 See Squire Peverill, *Legislative Professionalization and Membership Ddiversity in State Legislatures*, 17(1) Legislative Studies Quarterly 69(1992).

〔44〕 See Squire Peverill, *Measuring State Legislative Professionalism: The Squire Index Revisited*, 7(2) State Politics & Policy Quarterly 211(2007).

〔45〕 See Mooney Christopher Z., *Measuring US State Legislative Professionalism: An Evaluation of Five Indices*, 26(2) State & Local Government Review 70(1994).

但的确精准地捕捉到了专业立法机关和非专业立法机关的核心区别。[46]

立法专业主义的评估研究在美国兴起时,在德国、加拿大等国家同步兴起。[47] 当下,一些后发国家也开始关注立法专业主义的评估问题。[48] 总体而言,学界关于立法专业主义的研究开始向纵深发展,并呈现多研究领域、多研究视角相互交叉的态势。例如,关于立法能力对行政命令影响的研究;[49] 关于立法能力对资本市场中债券风险影响的研究;等等。[50] 反观我国,立法能力、立法专业主义等问题并没有引起学界的足够关注,对相关问题的研究具有明显的滞后性。

二、测量我国立法能力的指标体系

立法机关所能支配的资源是影响立法机关自身立法能力的关键因素。斯奎尔指数最大限度地凸显了这些因素对立法能力的影响,是这一指标体系的合理之处。斯奎尔指数虽然在美国等国家有广泛的应用,但并不能直接适用于我国。首先,我国的立法者绝大多数为兼职,他们基本都拥有各自的本职工作,不从立法机关中领取薪金。依据《代表法》第 34 条的规定,代表履行代表职责,参加人大及其常委会组织的代表活动的,享受所在单位的工资和其他待遇。人大常委会是人大的常设机构,但也有约半数的委员是兼职的。只有人大常委会中的专职委员才有薪资待遇的问题。斯奎尔指数中的"立法者的薪资待遇"变量无法适用于我国。其次,我国没有专门服务于立法者的立法助理,只有集中服务于立法工作的机构和人员。法工委是

---

〔46〕 See Bowen, Daniel C. , Zachary Greene, *Should We Measure Professionalism with an Index? A Note on Theory and Practice in State Legislative Professionalism Research*, 14 (3) State Politics&Policy Quarterly 277(2014).

〔47〕 See Saalfeld Thomas, *Professionalisation of Parliamentary Roles in Germany: Anaggregate - Level Analysis*, 1949 - 94, 3(1) The Journal of Legislative Studies 32(1997); Moncrief Gary F. , *Professionalization and Careerism in Canadian Provincial Assemblies: Comparison to US State Legislatures*, 19(1) Legislative Studies Quarterly 33(1994).

〔48〕 See Yoon Jong Bin, Hoi Ok Jeong, *Developing a Measure of Legislative Professionalism for Local Assemblies in South Korea*, 37(1) Philippine Political Science Journal 26(2016).

〔49〕 See Bolton Alexander & Sharece Thrower, *Legislative Capacity and Executive Unilateralism*, 60 (3) American Journal of Political Science 649(2016).

〔50〕 See Fortunato David & IanR. Turner, *Legislative Capacity and Credit Risk*, 62 (3) American Journal of Political Science 623(2018).

人大常委会的工作机构，承担提供研究、咨询服务，为会议和日常工作服务等重要职能。[51] 这意味着符合我国实际情况的立法能力评估指标体系不应当仅仅包含人员因素，而且也应当包含机构因素。最后，我国缺乏一个理想的专业立法机关作为比较基准。全国人大常委会虽然具有强大的立法能力，但地方人大常委会与全国人大常委会的立法能力差距过大，无法相提并论，比较的实际意义有限。以立法工作人员的数量为例，全国人大常委会法工委在20世纪80年代末90年代初便配备了一百七八十人，[52] 而省级人大常委会法工委至今也不过二三十人，人员数量差距明显。

评估我国地方立法机关的立法能力需要建构新的指标体系。事实上，在斯奎尔指数不能直接运用的场合，研究者均会对这一指标体系进行改造。例如，在数据收集存在困难的情形下，研究者会用相近功能的变量替换斯奎尔指标体系中的变量。詹姆斯·金在探讨美国各州立法机关在1963—1964年、1973—1974年、1983—1984年、1993—1994年四个时间段内的立法能力时，便用"每位立法者的经费支出"取代了"服务于每位立法者的工作人员的数量"。[53] 再如，在缺乏理想的比较基准的情形下，研究者可能会运用因素分析方法来评估相应主体的立法能力。詹森·格里森在探讨美国城市议会等地方主体的专业化水平时，便在斯奎尔指数的基础上增加了额外指标，并采用了因素分析的方法。[54]

新的指标体系应当吸收斯奎尔指数的合理内容，并符合我国的实际情况。新的评估指标体系不仅应当包括立法机关所能获取的资源因素，还应当包括机构因素。具言之，这一评估指标体系应当由以下因素构成：

第一，机构因素。制度的运行需要借助于组织这一载体来实现。立法机关内部组织的完善是立法机关行使立法权的前提和基础。在我国地方立法实践中，列入常委会会议的法规案先由各专门委员会进行审议，随后再由

[51] 参见蔡定剑：《中国人民代表大会制度》(第4版)，法律出版社2003年版，第476页。

[52] 参见尹世洪、朱开杨主编：《人民代表大会制度发展史》，江西人民出版社2002年版，第260－261页。

[53] See King James D., *Changes in Professionalism in US State Legislatures*, 25(2) Legislative Studies Quarterly 327(2000).

[54] See Grissom Jason A. & James R. Harrington, *Local Legislative Professionalism*, 41(1) American Politics Research 76(2013).

法制委员会进行统一审议。专门委员会、工作委员会在立法工作中均发挥着重要作用。此外，2015 年《立法法》普遍赋予设区的市立法权，省级人大常委会在批准设区的市地方性法规、备案审查等方面的压力陡增，这一客观形势也要求法工委分化出更复杂的组织结构，否则便难以胜任繁重的立法工作。为了详细考察机构因素发挥的作用，这一指标可以进一步细化为 3 项二级指标：专门委员会的数量、工作委员会的数量和法工委内设机构的数量。专门委员会的数量、工作委员会的数量可以反映立法机关的组织健全程度，法工委内设机构的数量可以反映立法机关面对新形势的应对能力。

第二，人员因素。提升立法机关自身的立法能力，关键在于加强立法工作队伍建设。立法工作者凭借专业技能，借助于法工委的机构平台，在立法规划、法案起草、协助立法审议和立法适用解释等方面发挥着重要作用。高效、专业的立法工作队伍对于立法机关立法能力的影响不言而喻。同时，立法起草、立法审议均是专业性较强的实践活动，立法工作人员的专业知识背景会在很大程度上影响立法工作的顺利开展。工作人员如果没有法律专业的知识将很难胜任这些工作。为了同时反映立法工作人员的数量和专业素养对立法能力的影响，人员指标可以进一步细化为 4 项二级指标：法制委员会的人数、立法工作者的人数、法制委员会具有法律工作经历的人数、立法工作者具有法律工作经历的人数。法制委员会的人数、立法工作者的人数可以反映人员数量对立法能力的影响，法制委员会具有法律工作经历的人数、立法工作者具有法律工作经历的人数则可以反映人员专业素养对立法能力的影响。

第三，会期因素。在正常情况下，会期越长，越有利于立法者在审议过程中充分发表意见，实现立法者之间的互动和交涉，立法审议的质量便越高。因此，会期应当是反映各省、自治区人大常委会立法能力的重要维度。按照《地方组织法》第 51 条的规定，地方人大常务委员会会议每两个月至少举行一次。实践中，各个省、自治区人大常委会召开会议的频次和会议持续的时间各不相同，其可以作为立法能力评估指标体系的重要二级指标。

第四，立法经费因素。现代公共财政已经不存在强制性无偿劳役等公共服务形式，无论哪一级政府，也无论一级政府履行什么职能，都要有公共财政作为物质保障，所有的财政支出都与政府职能一一对应。[55] 因此，立法经费的支出数额，能够直接反映立法机关开展立法活动的力度。立法机关用于立法的经费支出越多，表明立法机关开展立法起草、调研、论证、审议、评估、宣传等活动的力度越大，立法机关的立法能力便越强。

综上所述，适合我国实际情况的立法能力评估指标体系共包括 4 个一级指标，9 个二级指标。在明确了指标体系的结构后，紧接着需要确定各个指标的权重。采用多重指标综合评价某一事物或现象时，各项指标的重要程度可能并不完全相同。赋予相对重要的指标更高的权重，可以更精确地反映评估结果。但斯奎尔指数以一种最“自然”的方式处理这一问题，坚持赋予各个指标同等的权重。实际上，机构、人员、会期和立法经费，哪个因素对于立法能力更重要，着实难以判断。即便是求助于专家决策咨询，其结果也是仁者见仁，智者见智，带有较强的主观色彩和随机性。新的立法能力评估指标体系对各个指标权重的处理方式，遵循斯奎尔指数的进路，赋予各个指标同等的权重。

在运行方式上，本书提出的指标体系也参照了斯奎尔指数，但也存在较大不同。由于不存在一个理想的比较基准，地方人大常委会在各个指标下的数据没有理想的比较对象。为了解决这一问题，新的指标体系提取各个指标下的最佳数据，组合出一个当下具有最强地方立法能力的“理想参照物”，并以此作为各个指标下相应数据的比较对象。因此，新的指标体系本质上也是一个相对的指标体系。它可以对各个省、自治区人大常委会的立法能力进行横向比较，清晰、直观地表明各个省、自治区人大常委会在立法能力排名中的位置，也可以用于了解不同地方人大常委会立法能力建设工作的得失，进而促进地方人大常委会之间的竞争。

这套衡量地方立法能力的指标体系的优点较为明显。首先，各项指标得分的客观性较强。各个指标下的主要数据直接从人大常委会公报、人大常委会财政支出的年度决算表、官方网站、新闻报道中提取，无须通过人大常委会工作人员的自我评估或者专家学者的判断来获得。其次，这套评估

---

[55] 参见冯兴元：《地方政府竞争：理论范式、分析框架与实证研究》，译林出版社 2010 年版，第 175 页。

指标的运行成本较低，具有较高的可行性。通过发放调查问卷、访谈、参与式观察等方式进行的评估，人力成本、物力成本、时间成本高昂，也难以开展长时间的连续跟踪评估。而该套指标只需要阅读地方人大常委会公报、分析相关财务报表、检索常委会的官方网站、阅读新闻报道和进行简单调研即可以完成数据收集工作，成本较低，适合开展大样本和长时间的评估工作。最后，这套评估指标的适应性较强。由于存在一个固定的参照物，这一指标体系的应用结果能够反映不同历史时期、不同阶段立法机关立法能力的变化趋势。当然，这套指标也不可避免地具有一定的局限性。这一局限性突出表现在它无法表明各个省、自治区人大常委会的实际立法能力和水平，而只能表明各个省、自治区人大常委会立法能力的相对水平。

三、立法能力评估指标体系的应用

（一）数据的收集与描述

本书选取了2016年度的数据作为分析对象。之所以选取该年份的数据，主要有以下两个原因。首先，该年份的数据较为全面，获取方便。指标体系所要求的各项数据皆可以收集得到，数据的完整性较好；数据可以从官方公布的相关信息中提取到，准确性、可靠性较好。其次，2015年修正的《立法法》普遍赋予了设区的市、自治州立法权，随后，各省、自治区纷纷启动了确认设区的市可以开始制定地方性法规的程序。各省、自治区在2015年共确认了208个设区的市、自治州，约占设区的市、自治州总数的76%。[56] 可见，2015年内省、自治区人大常委会已经完成了大部分确认工作。省、自治区人大常委会因应这一形势变化，在不同程度上调整了自身的机构设置。因此，2016年的数据也可以反映地方立法体制这一重大变动对省、自治区人大常委会立法能力的影响。

基于此，本书收集了26个省、自治区人大常委会在2016年度的数据。[57] 在数据来源方面，“专门委员会的数量”“工作委员会的数量”这两个

---

〔56〕 参见郑磊：《设区的市开始立法的确定与筹备——以〈立法法〉第72条第4款为中心的分析》，载《学习与探索》2016年第7期。

〔57〕 新疆的关键数据缺失较为严重，本书没有将其包括在内。

二级指标的数据由笔者从各省、自治区人大常委会的官方网站上提取。专门委员会的数量并不包括2016年后才陆续成立的社会建设委员会。“法工委内设机构的数量”“法制委员会的人数”“立法工作者的人数”“法制委员会具有法律工作经历的人数”“立法工作者具有法律工作经历的人数”5个二级指标的数据则来自全国人大常委会法工委公布的资料。[58]

会期是指2016年度各省、自治区人大常委会历次会议持续时间的总和。此处的会期只包括地方人大常委会的会期而不包括地方人大的会期。理由在于：省、自治区人大一般每年只召开一次会议，会议议程多是听取和审议人大常委会、政府、人民法院、人民检察院的工作报告，审查和批准上一年度国民经济和社会发展计划执行情况、预算执行情况等，极少涉及立法问题。实践中，几乎所有的地方立法工作均由人大常委会包揽。会期的数据如果能够具体到地方人大常委会专门审议法规草案的时间，可能会更精确地反映地方立法能力，但这一想法不太可能实现。地方人大常委会的会议日程信息披露情况不够规范，收集这一数据存在较大困难。有的省、自治区人大常委会的会议日程在官方网站或者常委会公报中有详细记载，但有的省、自治区人大常委会的会议日程却只能从新闻报道中提取。所以，本书使用了总的会期时间来衡量地方立法能力，这既包括省、自治区人大常委会行使立法权的时间，也包括其行使任免权、决定权和监督权的时间，但排除了休会的时间。

立法经费是指省、自治区人大及其常委会依法行使立法权，开展立法工作进行的法规起草、调研、论证、审议、评估、宣传等方面的费用。省、自治区人大常委会每年都会公布上一年度的部门决算，“人大立法”科目是反映立法经费支出的具体科目。此处的数据便是从各省、自治区人大常委会公布的2016年度部门决算中提取的。[59] 整体数据的描述性分析如表7－1所示。

---

〔58〕 参见《第二十二次全国地方立法研讨会会议交流材料之四：各地人大及其常委会立法机构和立法队伍建设的情况》，载中国人大网，http://www.npc.gov.cn/zgrdw/npc/lfzt/rlyw/2016－09/20/content_1997858.htm。

〔59〕 辽宁、山东、贵州、青海、内蒙古的立法经费数据缺失，本书采用均值插补的方法予以补全。

表 7-1　2016 年 26 个省、自治区立法能力整体数据的描述性分析

二级指标	数据分析				
	样本总数	极小值	极大值	均值	标准差
专门委员会的数量(个)	26	2.00	9.00	6.1923	2.26308
工作委员会的数量(个)	26	2.00	9.00	5.2692	2.47480
法工委内设机构的数量(个)	26	0.00	6.00	4.5769	1.33186
法制委员会的人数	26	6.00	15.00	9.3462	2.29682
立法工作者的人数	26	9.00	28.00	19.3846	4.90776
法制委员会具有法律工作经历的人数	26	1.00	11.00	6.2308	2.65793
立法工作者具有法律工作经历人数	26	4.00	26.00	12.5769	6.11342
会期(天)	26	12.50	26.50	18.8077	3.53858
立法经费支出(万元)	26	70.00	810.00	353.8365	172.95726
有效的 N(列表状态)	26				

在 26 个省、自治区人大常委会中,专门委员会的数量最少的是海南省和福建省,仅有 2 个专门委员会,数量最多的是吉林省、四川省和贵州省,这三个省份均有 9 个专门委员会。工作委员会的数量最少的是吉林省、黑龙江省、贵州省和青海省,每个省份均只有 2 个工作委员会,数量最多的为安徽省,工作委员会的数量多达 9 个。法工委内设机构的数量从 0 个到 6 个不等,西藏没有设立法工委,法工委内设机构的数量自然无从谈起,山西、黑龙江、浙江、福建、山东、广东等省份的法工委均设有 6 个处室。法制委员会的人数最少的是云南省,仅有 6 人,数量最多的是湖北省,有 15 人。立法工作者的人数最少的是辽宁省,仅有 9 人,最多是湖北省,有 28 人。法制委员会具有法律工作经历的人数从 1 人到 11 人不等,甘肃省仅有 1 人具有法律工作经历,江西省、湖北省和青海省各有 11 人具有法律工作经历。立法工作者具有法律工作经历人数数量最少的是四川省、贵州省和宁夏回族自治区,仅有 4 人具有法律工作经历,数量最多的云南省,有 26 人具有法律工作经历。会期方面各省、自治区差别也比较大。2016 年海南省人大常委会的会

期共12.5天，而江苏省人大常委会的会期有26.5天。立法经费支出方面的差别也是如此，海南省的立法经费支出仅有70万元，江苏省的立法经费支出多达810万元。

(二)数据的分析与解释

按照前述的立法能力评估指标体系的运行方式对上述数据进行分析和计算，可以得出各省、自治区立法能力的相对水平，如表7-2所示。

表7-2 2016年度26个省、自治区的立法能力状况

排名	省份	分数	排名	省份	分数	排名	省份	分数	排名	省份	分数
1	河北	0.7481	8	黑龙江	0.6739	15	吉林	0.6147	22	辽宁	0.5326
2	湖北	0.7213	9	江西	0.6696	16	青海	0.6006	23	贵州	0.5289
3	广东	0.6872	10	安徽	0.6660	17	山西	0.5900	24	海南	0.5123
4	福建	0.6827	11	广西	0.6605	18	内蒙古	0.5842	25	宁夏	0.5060
5	浙江	0.6783	12	河南	0.6587	19	陕西	0.5701	26	西藏	0.4024
6	江苏	0.6779	13	山东	0.6540	20	甘肃	0.5592			
7	云南	0.6751	14	湖南	0.6405	21	四川	0.5339			

表7-2的数据可以从宏观和微观两个方面加以分析和解释。在宏观方面，各省、自治区之间的立法能力存在明显的地方差异。河北(0.7481)、湖北(0.7213)、广东(0.6872)、福建(0.6827)、浙江(0.6783)、江苏(0.6779)分列立法能力排名的前六位。四川(0.5339)、辽宁(0.5326)、贵州(0.5289)、海南(0.5123)、宁夏(0.5060)、西藏(0.4024)分列立法能力排名的后六位。排名第一的河北省的得分，几乎是西藏得分的2倍。立法能力的地方差异是否与各省、自治区的经济发展水平相关？为了验证这一问题，可以对立法能力排名和当年度各省、自治区的GDP(国内生产总值)排名进行相关性分析。结果显示，立法能力排名与GDP排名之间的Pearson(皮尔逊)相关系数为0.544，[60]这表示二者之间存在中等程度的正相关关系。二

---

〔60〕 各省、自治区GDP数据来自国家统计局网2019年11月12日，http://data.stats.gov.cn/easyquery.htm?cn=E0103。

者之间不相关的双侧显著性值为0.004<0.01,这表示在99%的显著性水平上否定了二者不相关的假设。立法能力与经济发展水平存在相关关系的原因可能是:经济发展水平越高,地方的立法需求便越强烈,立法工作越会受到重视,立法机关的地位便越高,这自觉或者不自觉地推动了地方人大常委会立法能力的建设。这一解释在设区的市谋求立法权的动因中也可以得到印证。在当时,各市向国务院申请将自己批准为较大的市的意愿十分强烈。温州市、泉州市、烟台市、佛山市等经济相对发达的市不断向中央提出建议或议案,要求将自己列为"较大的市"。温州市曾先后十几次向中央提出议案,要求将温州市批准为"较大的市"从而获得地方立法权,浙江省政府为此曾于1988年、1992年、1996年和2000年四次向国务院进行了专题报告。各市申请立法权的主要动因便是,随着经济发展水平的提高和社会事务管理难度的增大,地方在行政管理过程中普遍产生了较为强烈的立法需求。[61]设区的市获得立法权后,在经济相对不发达的地区,设区的市政府及其职能部门对立法工作的态度较为冷淡。[62] 政府及其职能部门对提出立法项目建议缺乏积极性,个别政府部门甚至把立法工作当成负担,努力逃避成为法规草案的起草主体。这一现象的深层次原因在于,这些设区的市并没有特别强烈的立法需求,政府及其职能部门因此不愿意在立法工作上花费时间和精力。

在微观方面,各省、自治区在每个指标下的表现呈现明显不均衡的特征(具体内容如表7-3所示)。以排名靠前的省份为例。河北、湖北、广东、福建、浙江、江苏的立法能力分列前六位,但助力上述省份立法能力名列前茅的因素却各不相同。

---

〔61〕 参见郑磊、贾圣真:《从"较大的市"到"设区的市":地方立法主体的扩容与宪法发展》,载《华东政法大学学报》2016年第4期。

〔62〕 参见李鹏章:《新获得地方立法权的市提高立法质量探析——以河源市立法工作实践为视角》,载《地方立法研究》2018年第1期。

表7－3　排名前六位的省份各个指标的得分

省份	指标									
	专门委员会的数量	工作委员会的数量	法工委内设机构数量	法制委员会人数	法制委员会具有法律工作经历人数	立法工作者人数	立法工作者具有法律工作经历的人数	会期	立法经费支出	得分
河北	0.7778	0.8889	0.8333	0.8000	0.9091	0.8214	0.3077	0.6792	0.7153	0.7481
湖北	0.7778	0.4444	0.6667	1.0000	1.0000	1.0000	0.2308	0.6415	0.7301	0.7213
广东	0.7778	0.4444	1.0000	0.7333	0.5455	0.7500	0.7308	0.6604	0.5424	0.6872
福建	0.2222	0.7778	1.0000	0.6667	0.5455	0.9643	0.9615	0.6226	0.3840	0.6827
浙江	0.7778	0.8889	1.0000	0.5333	0.5455	0.8214	0.2308	0.9245	0.3828	0.6783
江苏	0.3333	0.8889	0.8333	0.6000	0.2727	0.7500	0.4231	1.0000	1.0000	0.6779

依据各省份优势指标数量的不同，可以将上述省份分为单一型、复合型和全面型三种类型。单一型是指省级人大常委会凭借单一的一级指标在立法能力评估中获得较好表现。湖北省即属于此种类型。湖北省人大常委会在法制委员会的人数、法制委员会具有法律工作经历的人数、立法工作者的人数方面的数据在六个省份中均名列第一，但其他指标的数据则表现平平，这说明湖北省人大常委会对人员因素的依赖性较大。

复合型是指省级人大常委会凭借两种或者三种不同的一级指标在立法能力评估中获得较好表现。河北、福建、浙江和江苏均属于此种类型。但各省份优势指标的组合方式却不相同。河北省在工作委员会的数量、法工委内设机构数量、法制委员会人数、法制委员会具有法律工作经历人数、立法工作者人数等方面表现不俗，这说明河北省人大常委会的机构建设和人员配备比较完善。江苏省在会期、立法经费支出方面的数据排名第一，在工作委员会的数量、法工委内设机构数量方面的排名也比较靠前，但法制委员会具有法律工作经历人数得分较低。这表明江苏省人大常委会与湖北省人大常委会存在根本不同，江苏省是凭借会期、立法经费支出和机构数量指标获得较好评价的。浙江省人大常委会在机构和会期方面的优势比较明显，但在人员、立法经费支出方面比较薄弱。福建省的特色最为鲜明。福建省人大常委会在法工委内设机构的数量、立法工作者的人数、立法工作者具有法律工作经历的人数方面表现亮眼，而这三组数据鲜明地指向了法工委及其立法工作人员。这表明福建省人大常委会是凭借其强大的法工委获得突出立法能力的。

全面型是指省级人大常委会凭借所有的一级指标在立法能力评估中获得较好表现。较为典型的是广东省。广东省人大常委会除了法工委内设机构数量方面的得分超过0.8外,其他指标的数据得分均没有超过0.8,但广东省人大常委会的最终排名依然十分靠前,这说明广东省人大常委会各方面的数据比较均衡,且表现较好,综合实力较强。

四、提升立法能力的对策建议及其对审查能力的效用

国家治理体系和治理能力现代化客观上要求实现立法能力现代化。在当下中国,实现科学立法与民主立法,提高立法质量与效率,满足人民群众对立法的期盼,无不要求加强立法能力建设。进一步提升立法能力,可以考虑从以下三个方面着手。

第一,进一步加强人大常委会自身的组织建设。如表7-1所示,26个省、自治区人大设立的专门委员会的数量平均有6.2个,人大常委会设立的工作委员会的数量平均有5.3个,法工委内设机构的数量平均有4.6个。这似乎预示着省级人大常委会自身的组织建设已经颇为成熟。但应当清醒地认识到,省级人大常委会自身的组织建设存在不均衡现象。"专门委员会的数量"指标下的数据集的标准差为2.26,"工作委员会的数量"指标下的数据集的标准差为2.47。标准差能反映一个数据集的离散程度。一个较大的标准差,代表大部分数值和其平均值之间差异较大;一个较小的标准差,代表这些数值较接近平均值。前述数据表明,组内个体间的离散程度较高。如福建省人大常委会在"专门委员会的数量"方面的得分仅有0.2222。在机构方面存在短板的省级人大常委会,应当进一步加强专门委员会、法工委的建设。此外,地方人大常委会也需要增强自身内部机构之间的协调配合能力。人大常委会是由众多机构、部门组成的复合体。内部机构、部门合作的顺畅程度是立法能力的重要内容。人大常委会应当着力解决立法过程中内部机构、部门配合不够、协调不力的问题。消除立法权运行不畅的堵塞地,在很大程度上可以提升地方立法能力。

第二,进一步加强工作队伍建设。从表7-3可以看出,即使是排名第一的河北省人大常委会,其在"立法工作者具有法律工作经历的人数"方面

的得分也仅有0.3077。湖北省人大常委会、浙江省人大常委会在这方面的得分也非常低。江苏省在"法制委具有法律工作经历人数"方面的得分仅有0.2727。这要求省级人大常委会应当重视立法人才的引进和培养，增加立法人才储备。在地方人大常委会立法能力相对不足而提升存在较大困难的情势下，从系统外部汲取人力资源和智识资源以便快速提高立法能力显得十分必要。一方面，通过人才选拔，可以较为快速地改善立法工作队伍专业化、规范化的问题。2016年6月，中共中央办公厅下发的《从律师和法学专家中公开选拔立法工作者、法官、检察官办法》提出，具有立法权的人大常委会的法工委、政府的司法局可以从符合条件的律师、法学专家中公开选拔立法工作者。另一方面，组建咨询专家库，借助于"外脑"，也是提升立法能力的重要举措。

第三，进一步增强立法机关可支配的时间资源和财力资源。法定的会期制度是人大及其常委会组成人员充分发表意见、提高审议质量的保证。[63] 在我国，人大及其常委会会期过短的问题饱受诟病。在短暂的会期中，人大常委会专门用于审议法律法规草案的时间则更少。在地方，地方人大常委会开会期间，一般只为一部法规草案安排半天的审议时间。审议时间过短不利于常委会委员充分发表意见，审议的效果大打折扣。在会期方面存在短板的省级人大常委会，应当适当延长常委会的会期，并适当向立法工作倾斜，这可以大幅度提升地方立法机关的立法能力。地方人大常委会财力资源的使用效率也会对立法能力产生较大影响。财力资源是立法机关加强组织建设、队伍建设，从社会汲取智识资源的重要保障。人大常委会委托第三方参与立法的起草、调研、论证、评估工作，均需要立法经费的保障。

毫无疑问，这些提升立法能力的举措，如果落实到位，对于提升审查能力同样有效。加强人大常委会自身的组织建设，增强立法机关可支配的时间资源和财力资源等措施，对于提升人大常委会审查能力的效用自不待言。加强工作队伍建设，也能在很大程度上提升审查能力。实践中，审查力量不足的现象较为突出。一方面，报备的规范性文件数量多，从事备案审查工作的人员数量少，"案多人少"的矛盾突出。尤其是在地方人大层面，"一人

---

〔63〕 参见刘松山：《对修改全国人大及其常委会组织法及议事规则的若干建议》，载《中国法律评论》2019年第6期。

委”“两人委”的现象普遍存在。另一方面,备案审查工作专业性强,从事备案审查工作人员的业务知识、专业素养等与履行备案审查职能的需要还有一定的差距。为了解决这一问题,审查主体普遍具有从社会中汲取智识资源的需要。有的地方尝试将立法咨询专家库改造成立法、审查咨询专家库;有的地方拟尝试采用购买服务的方式将审查工作整体“外包”给法律服务机构。这些措施,与增强立法能力的措施如出一辙。总之,在共性层面,增强立法能力的举措,要么直接增强了审查能力,要么为增强审查能力提供了借鉴。

第三节　个性层面:提升审查能力的针对性举措

尽管提升立法能力的举措与提升审查能力的举措在很大程度上是重合的,但提升审查能力,的确也存在一些个性化的举措。这些个性化的举措如果能够得到落实,只能提升人大及其常委会的审查能力,而无法提升立法能力。这些举措主要有以下三项内容。

一、提高对备案审查工作重要性的认识

提升审查能力,要从根本上提高对备案审查制度重要性的认识。宪法是国家的根本大法,具有最高的法律效力。任何规范性法律文件均不得与宪法相抵触。备案审查是保障宪法实施的重要制度,是监督、纠正与宪法相抵触的规范性法律文件的重要方式。当下,国家高度重视宪法的实施和监督。2012 年 12 月,习近平总书记在首都各界纪念现行宪法公布施行三十周年大会上的讲话中提出:“全国人大及其常委会和国家有关监督机关要担负起宪法和法律监督职责,加强对宪法和法律实施情况的监督检查,健全监督机制和程序,坚决纠正违宪违法行为。”[64]党的十八届三中全会、四中全会对健全备案审查制度,加强备案审查能力均提出了明确要求。2019 年 7 月,习近平总书记对地方人大及其常委会工作作出指示,要求地方人大及其常委会要“结合地方实际,创造性地做好立法、监督等工作,更好助力经济社会

〔64〕《习近平谈治国理政》(第 1 卷),外文出版社 2018 年版,第 140 页。

发展和改革攻坚任务”。[65]

实践中，部分主体对备案审查制度的重要性认识不到位。有的主体认为规范性文件的合法性由市政府各部门以及法制部门层层把关，审与不审都不重要，审查了也没有太多意义，不仅不进行实质性的备案审查工作，连形式上的备案审查都不愿意去做；有的地方还是按照老思路、老观点、老办法做事情，导致备案审查工作流于形式；有的对备案审查工作存在畏难情绪，认为备案审查工作“涉及面宽、工作量大、政策性强”，备案审查工作容易产生较大责任和某种后果；有的是怕“得罪人”，认为备案审查是“挑刺、找毛病”，会严重影响与被监督对象的关系，在审查过程中，“不求过得硬，只求过得去”。[66] 这些不正确的认识和做法，影响备案审查制度的实施，阻碍了备案审查工作的正常开展，在很大程度上削弱了审查机关的审查能力。

提升审查主体的审查能力，首先要求人们转变认识和观念，从宪法实施的高度来认识立法监督的重要性。审查主体要深刻认识到备案审查工作所面临的新形势和新任务，深刻认识到备案审查制度是保障宪法法律实施的重要制度，在保障宪法法律实施过程中占有举足轻重的地位。各方主体转变不正确的认识和观念，是提升审查机关审查能力的前提和基础。

二、提升备案审查的信息化水平

信息化技术的运用，可以大大提高审查机关的审查效率，节省时间和精力，进而大幅度提升审查机关的审查能力。近年来，各级人大常委会高度重视备案审查的信息化建设，采取了诸多措施提升备案审查的信息化水平。一是推动备案审查信息平台全覆盖。自2016年以来，全国人大常委会开始筹划建设备案审查信息平台，并且分阶段建设电子备案平台和审查工作平台，2019年这一平台已经上线运行，实现了备案审查工作的信息化。同时，全国人大常委会还大力推动地方人大开展信息平台建设，并在建成省级平台的基础上，进一步推动省级平台与全国人大实现互联互通，推动平台建设工作向下延伸，努力实现备案审查信息平台全覆盖。2018年8月，广东省率

〔65〕 参见《习近平谈治国理政》（第3卷），外文出版社2020年版，第290页。

〔66〕 参见徐文积：《新形势下加强和改进规范性文件备案审查工作的思考》，载上饶市人大常委会官网2023年4月16日，http://www.jxsrrd.gov.cn/2017/0908/2719.shtml。

先与全国人大备案审查信息平台之间实现互联互通。目前,地方省级人大常委会的平台已经基本覆盖所有的设区的市、自治州和自治县。二是推出审查建议在线提交。审查建议的在线提交,大大方便了公民、组织提出审查建议。3 年来,全国人大常委会法工委"共收到公民、组织网上提出的审查建议 11800 余件,约占五年来审查建议总数的 66.4%"。[67] 三是开通国家法律法规数据库。国家法律法规数据库为备案审查奠定了坚实的基础。同时,推动地方人大常委会建设规范性文件数据库。2021 年 6 月,全国人大常委会选择重庆、浙江、广东、宁夏作为省级法规规章规范性文件数据库建设的示范地区,要求按照规范、统一的技术标准,率先建设涵括本省(区、市)各类规范性文件的数据库,实现对所有规范性文件的备案审查全覆盖,并作为子库与国家法律法规数据库对接,为全国其他地方的数据库建设提供可复制、可推广的范本。四是探索人工智能辅助审查。人工智能在法规审查中有广阔的应用前景,但目前,备案审查的智能化水平不高,进步空间巨大。整体而言,与政府办公系统和审判、检察系统相比,备案审查信息平台仍存在较大的完善空间。当下,信息技术日新月异,数字化、网络化深入发展,用好信息技术,提高备案审查工作的能力和水平,是适应新形势新任务、顺应时代潮流和发展的必然选择。

进一步提升备案审查的信息化水平,首先,应当进一步夯实基础设施建设。虽然目前已经实现了备案审查信息平台的全覆盖,但平台之间的互联互通问题仍有待优化。国家虽然建成了法律法规数据库,但在省一级,一省之内的规范性文件数据库建设尚在进行之中,与全面依法治国的客观要求和全民守法的主观需要之间尚存在较大的差距。其次,应当将备案审查的智能化作为重要的探索方向。信息化是智能化的基础,智能化所需要的数据,是需要信息化的过程来进行积累的。在信息化发展到一定程度后,应当积极探索实现备案审查工作的智能化。智能化的方式是提高备案审查能力的重要路径。

---

〔67〕 参见沈春耀:《全国人民代表大会常务委员会法制工作委员会关于十三届全国人大以来暨 2022 年备案审查工作情况的报告》,第十三届全国人民代表大会常务委员会第三十八次会议,2022 年 12 月 28 日。

三、强化审查机关与其他机关的分工与合作

规范性文件所存在的合法性、合宪性或者适当性问题，在具体案件中更容易暴露出来。法院在备案审查中发挥作用有较大空间。针对规章以下的规范性文件，法院可以分担部分审查压力。依据《行政诉讼法》第63条的规定，法院在审理行政案件时，可以"参照规章"。"参照"的含义是"对符合法律、行政法规规定的规章，法院要参照审理，对不符合或不完全符合法律、行政法规原则精神的规章，法院可以有灵活处理的余地"。[68] 对于行政规范性文件，我国法院可以进行附带性审查，这在我国《行政诉讼法》中具有明确规定。[69] 法院在审理案件的过程中对规范性文件进行附带审查，可以发现、纠正规范性文件自身存在的问题，在一定程度上可以减轻审查主体的审查压力。

但是，法院在法规审查中发挥的实质作用有限。自河南"种子案"后，我国法院在处理法律层级冲突时，存在两种方式。第一种方式是法院在审理案件的过程中发现下位法违反上位法的，暂时停止审理相关案件，将法律适用问题进行层级请示，待得到明确的法律答复后，再根据法律答复审理相关案件。最高人民法院公布的第5号指导案例便体现了这一点。[70] 在这一案

---

〔68〕 参见王汉斌：《关于〈中华人民共和国行政诉讼法(草案)〉的说明》，第七届全国人民代表大会第二次会议，1989年3月28日。

〔69〕 《行政诉讼法》第53条第1款规定，公民、法人或者其他组织认为行政行为所依据的国务院部门和地方人民政府及其部门制定的规范性文件不合法，在对行政行为提起诉讼时，可以一并请求对该规范性文件进行审查。

〔70〕 这一案例的案情是：2007年11月，鲁潍(福建)盐业进出口有限公司苏州分公司(以下简称鲁潍公司)从江西等地购进360吨工业盐。江苏省苏州市盐务管理局(以下简称苏州盐务局)认为鲁潍公司进行工业盐购销和运输时，应当按照《江苏省〈盐业管理条例〉实施办法》的规定办理工业盐准运证，鲁潍公司未办理工业盐准运证即从省外购进工业盐涉嫌违法。于是，苏州盐务局给予了鲁潍公司相应的行政处罚。鲁潍公司不服，向江苏省苏州市金阊区人民法院(以下简称金阊区法院)提起诉讼。金阊区法院在审理的过程中，就《江苏省〈盐业管理条例〉实施办法》设定工业盐准运许可的相关规定是否与上位法存在冲突等问题，进行了层级请示。最高人民法院在征求全国人大常委会法工委以及当时的国务院法制办的意见后，作出了《关于经营工业用盐是否需要办理工业盐准运证等请示的答复》(〔2010〕行他字第82号)，认为法律及《盐业管理条例》没有设定工业盐准运证这一行政许可，地方性法规或者地方政府规章不能设定工业盐准运证制度。金阊区法院据此作出判决，认为苏州盐务局的行政处罚行为属于"适用法律错误"，依法应予撤销。参见最高人民法院《关于发布第二批指导性案例的通知》(法〔2012〕172号)。

件中,法院发现相应的政府规章同法律相抵触时,并没有直接作出判决,而是逐级上报请示,得到确切答复后再作出判决。这是我国比较认可和推崇的法院处理法律层级冲突的方式。第二种方式是法官在审理案件的过程中发现下位法与上位法相冲突的,便宜行事,灵活处理。对这一问题的实证研究表明,法院在审理案件的过程中对法律冲突问题存在广泛认知,并事实上对法规进行了合法性审查。法官对法规进行合法性审查时,大多是自行判决、谨慎表述。自行判决表现为法官多在法院系统内部自行解决问题,而不征求政府和人大的意见;谨慎表述则表现为法官在裁判文书中,声称是在行使对法规的选择适用权,而非司法审查权或法规解释权,甚至不指明法规冲突的存在,径行适用相关法规。[71] 这一处理方式在实践中广泛存在,只是由于没有充足的调查和数据统计,难以说明这一情形存在的广泛程度。

从上述两种方式可以看出,我国法院在法规审查中的作用十分有限。法院对地方性法规等规范性法律文件是否符合上位法没有决定权,只能通过层级请示或者选择适用的方式来对相关问题进行处理。法院在法规审查中的作用有限,使得法院减轻立法机关的审查压力、协助提升立法机关审查能力的功效大打折扣。

长期以来,学界对法院在合宪性审查、合法性审查中的作用寄予了厚望,在诸多理论抱负和制度设想中都将法院置于中心地位。晚近的一些观点仍是主张对我国的审查权进行"复合""二元""双轨"的权力配置。有研究者主张,宪法审查的制度设计采用"复合审查制"的思路更为可取,即在全国人大之下设立宪法委员会、在最高人民法院之下设立违宪审查庭,分别行使非诉讼的、事先的审查和违宪侵权诉讼、附带性审查权。[72] 有研究者认为,我国应当建立具有中国特色的双轨制宪法审查机制,全国人大及其常委会承担抽象审查职能,司法机关承担违宪的具体审查职能。[73] 也有研究者认为,随着地方立法权的"下放"和司法权的"上收",应当允许法院审查地

〔71〕 参见彭亚楠:《"自行判决"、"谨慎表述"——对某中级法院法官处理法规冲突案件的实证调查》,载《法学》2007 年第 3 期。

〔72〕 参见包万超:《设立宪法委员会和最高法院违宪审查庭并行的复合审查制——完善我国违宪审查制度的另一种思路》,载《法学》1998 年第 4 期。

〔73〕 参见徐冬根:《论建立我国双轨制违宪审查机制——从"孙志刚事件"谈起》,载《上海交通大学学报(哲学社会科学版)》2003 年第 4 期。

方性法规。法院对地方性法规的审查不同于全国人大常委会的审查，只是在个案中适用法律或者行政法规，不予适用抵触上位法的地方性法规。[74]还有研究者认为，我国有必要建立全国人大常委会与最高人民法院的联动机制和二元双轨的合宪性审查模式。全国人大及其常委会进行抽象审查，法院在个案审判过程中，若发现相关法律有违宪之嫌，完全可以暂停审理并提请全国人大常委会启动合宪性审查。[75]

发挥法院在合宪性审查和合法性审查中的作用，应当秉持一种更务实的态度，相关建议应当立基于我国法院实践的现状，并充分利用好现有的制度存量。

首先，我国已经将合宪性审查、合法性审查的权力配置给了立法机关，司法机关不具有进行审查的法定权力。即使是最高人民法院，也仅仅具有提出审查要求的权力。审查权力配置结构已经相对定型化，再对这一权力配置结构进行改变，可能性不大。学界未来研究可不在创新备案审查包括合宪性审查的组织架构上过于关注，因为该组织架构目前看来不会有调整改变。[76]

其次，应当对法院在审查中的处理方式进行规范。法院在审理案件的过程中，不理会发现的合法性问题，径行选择裁判依据的做法，存在诸多弊端。第一，这一处理方式不利于判决书充分说理。判决书说理是自然公正的应有之义。判决书只有充分说理，才能让案件当事人知晓法律事实的认定和法律规范的适用之间的联系，才能让当事人真正信服进而自觉接受，才能起到定分止争、服判息讼的效果。在径行选择裁判依据的情形下，法院为了掩盖规范性法律文件所存在的合法性问题，无法在判决书中充分进行说理，削弱了判决书的可接受性。第二，对地方性法规的司法适用造成了损害。在下位法与上位法存在抵触的情形下，法院径行适用上位法却不对下位法的合法性问题进行确认和置评，这种情形在一定程度上固化了法官在判决书中不引用地方性法规的潜意识。久而久之，法官在司法裁判中会自

---

〔74〕 参见马得华：《“反多数难题”在中国：法院有权审查地方性法规吗》，载《政治与法律》2016年第10期。

〔75〕 参见李忠夏：《合宪性审查制度的中国道路与功能展开》，载《法学研究》2019年第6期。

〔76〕 参见梁鹰：《备案审查制度若干问题探讨》，载《地方立法研究》2019年第6期。

觉不自觉地不引用或者少引用地方性法规，地方性法规作为裁判依据的可能性持续下降。有研究者对1895份判决书进行了实证研究，这些判决书引用地方性法规合计756次，被引法规也仅占全部法规的39.89%，如果去掉同一份法规被多次引用的情况，引用次数占全部判决的比例仅为0.19%。[77] 这在一定程度上损害了地方性法规的司法适用，使得地方性法规虚置，削弱了地方性法规存在的意义，最终会损害地方性法规的权威。事实上，这也违反了《行政诉讼法》规定的法定义务。《行政诉讼法》第63条规定，人民法院审理行政案件，以法律和行政法规、地方性法规为依据。地方性法规适用于本行政区域内发生的行政案件。

我国法院在合宪性审查和合法性审查中的定位，不是审查者和裁判者，而是问题的发现者、提出者。为了防止法院在司法过程中的"便宜行事"，对发现的法律冲突现象视而不见，应当赋予当事人向法院提出审查请求的权利。当事人认为所适用的下位法与上位法不一致或者相抵触的，可以向审理法院提出，法院在收到当事人提出的请求后，应当中止审理，逐级上报，直至最高人民法院。赋予当事人向法院提出审查请求的权利，可能会使过多案件涌入备案审查程序，可以赋予最高人民法院对审查请求进行筛查的权力。最高人民法院认为存在法律冲突现象，有必要进行处理的，应当向全国人大常委会提出审查要求。最高人民法院认为不存在法律冲突现象，没有必要进行处理的，可以径行作出决定。如此一来，既发挥了法院在合法性审查的作用，又避免了过多案件涌入合法性审查程序。

---

〔77〕 参见李红军、徐瑶：《地方立法的司法态度——基于18个较大的市地方性法规判决书引用现状的实证分析》，载《山东大学学报（哲学社会科学版）》2018年第2期。

结论　迈向精细化的审查

党的十八大以来,我国的备案审查工作呈现新气象:备案审查制度日益完善并且开始了体系化运作;备案审查工作持续开展并且力度不断增强。备案审查工作向着纵深发展,备案审查制度的各个方面日益精细化。全国人大常委会在开展审查活动的过程中产生了相当数量的案例,这些案例对于检验审查理论的实践运用,展现我国法治监督制度的运行效度,维持备案审查工作的融贯性和一致性具有重要意义。本书试图通过案例对备案审查的审查方式、审查程序、审查标准、审查方法、审查结果的类型和效力、审查能力等问题进行类型化、精细化研究,以期对备案审查制度的完善、审查能力的提升有所助益。

备案审查制度是一项具有鲜明中国特色的制度。研究和理解这一制度,绝不能从固有的西方理论学说出发进行理论演绎,而是应当立足于我国的实践,阐释制度安排和实践状况背后所蕴含的理念和原理。我国备案审查制度具有复合理论基础,中央与地方关系理论、人民代表大会制度理论和国家机构的组织原则等多种理论综合影响了我国备案审查制度的形成。中央与地方关系决定了对地方立法进行审查和监督的必然性;人民代表大会制度决定了对地方立法进行审查的权力只能保留在人大系统内部;国家机构的组织原则决定了对地方立法的审查方式只能通过沟通、协商的方式进行。备案审查制度的复合理论基础深刻影响了备案审查的模式选择、制度建构、运行方式和结果形式。

改革开放以来,我国的备案审查制度的发展演变历程可以划分为三个相互联系的阶段:实践探索阶段、确立完善阶段和深化发展阶段。在不同的发展阶段中,我国的备案审查制度呈现不同的特征。当下,备案审查制度的体系建设与全面实施成为最显著的特征。在40多年的发展过程中,我国的备案审查工作取得了非凡成就:在直接效果方面,备案审查制度形成体系并开始全面运行;在最终效果方面,备案审查纠正了违宪违法问题,保证了宪法和法律的实施,维护了国家的法制统一;在衍生效果方面,备案审查保障了地方立法权的规范运行,为赋予地方更多自主权创造了空间和条件。但这一制度也存在诸多不足,需要进一步优化和完善。

加强法规审查制度建设,需要进一步完善法规审查的方式与程序。建立健全事先审查和咨询制度,我国已经具备一定的制度基础,即《立法法》规定的法律询问答复制度。法律询问答复不是规范主义意义上的事前审查制度,但它却在很大程度上发挥着事前审查的功能。这一功能主义意义上的“事前审查”方式对于避免越权立法、抵触立法和违背立法程序现象具有重要意义。但这种功能主义的规定方式也存在很大的不足。这一制度在备案审查的视野中应当重新定位和完善。将事前审查功能从法律询问答复制度中剥离出来,并稍加改造,便可以成为我国合法性事前审查制度。这一制度的重新定位和完善,也可以为合宪性审查领域的事先审查和咨询制度探索道路。事后审查的程序基本上已经形成了逻辑自洽的闭环,但在启动要件、审查主体、程序衔接和程序运行方面仍存在不同程度的不足,需要进一步完善。

加强法规审查制度建设,需要进一步明确法规审查的标准与方法。合法性审查、合宪性审查、适当性审查是三种独立的审查类型,三者之间的关系应当分情形、分语境具体讨论。合法性审查的标准和方法主要体现为“抵触”的判定标准和方法。不同的地方立法类型对应不同的抵触类型,进而有不同的判定标准和方法,应当分门别类地予以讨论。执行性立法既可能只构成直接抵触,不构成间接抵触;也可能同时构成直接抵触和间接抵触。但无论何种情形,严格形式主义的立场必须一以贯之。直接抵触的判定需要以法律规则的构成要素为基石,明晰立法抵触的判定标准。就义务性规则和职权性规则而言,国家法律应当视为统一性标准;就权利性规则和职责性规则而言,国家法律可以视为最低限度的标准。地方补充性立法处于一种中间状态,它的合法性判断标准不同于地方执行性立法。明确地方补充性立法的权力边界,应当构建一种形式标准和实质标准相统一的合法性判断标准。适当性审查的本质是说理,只有基于理由论证的适当性审查才会有权威。“说理”需要按照一定的逻辑展开,基于特定的方法进行才能达致结果,这实际上是比例原则的应用过程和方法。审查对象逐一通过目的正当性审查、手段适当性审查、必要性审查和均衡性审查,才能认定为适当。适当性审查虽然重要,但要慎重进行,审查权限和程序要有明确的法律依据,审查行为要秉持自制的立场,以便在确保地方的执行性和维护地方的自主性之间谋求一种平衡。

加强法规审查制度建设,需要进一步探索审查结果的类型与效力。审查结果的类型可以有效标识审查对象存在的问题,也是灵活处理审查结果的溯及力的有效方式。通过梳理全国人大常委会审查地方性法规的案例可以发现,我国审查实践中审查结果的类型化存在如下问题:审查结果的类型尚未定型化;各种审查结果类型的区别及其谱系定位不明确;审查结果类型与审查结果法律效力的关系不明确。备案审查工作面临的新形势客观上要求明确审查决定的法律效力。实务界以"双轨制"的方式发展完善审查决定的法律效力,应当予以关注并加以理论化。科学地构建我国的审查决定效力制度,需要妥善处理审查方式与审查决定法律效力的关系、审查主体的资格与审查决定法律效力的关系、维护法的安定性与保护个人权利的关系。全国人大专门委员会、全国人大常委会法工委通过协商实现的审查,仅具有柔性的约束力;全国人大常委会通过强制实现的审查,才具有刚性的约束力。审查决定的法律效力应当以不具有溯及力为原则,具有溯及力为例外。

加强法规审查制度建设,需要进一步提升审查机关的审查能力。立法能力、审查能力需要放到国家能力的大背景中把握。在国家能力理论的视野中,立法能力是指立法机关在立法过程中通过与其他主体互动而自主地实现自己意志和目标的力量。立法能力的强弱表现为法律文本所表达的内容与立法机关希望实现的目标之间距离的远近。立法能力理论包括国家与社会的关系模型、国家机构间的关系模型两个理论框架。在国家能力理论的视野中,审查能力是审查机关在审查过程中通过与其他主体互动而自主地实现自身意志和目标的力量。在理论层面,立法能力与审查能力存在分野,但在我国的制度和实践中,加强立法能力、审查能力建设,在很大程度上具有同一性。在共性层面上,加强立法能力就是加强审查能力,加强审查能力建设不过是加强立法能力建设的"范围限缩"。在这一层面,提升审查能力的对策包括:进一步加强人大常委会自身的组织建设;进一步加强立法工作队伍建设;进一步增强立法机关可支配的时间资源和财力资源。在个性层面上,提升审查能力的针对性对策包括:提高对备案审查工作重要性的认识;提高备案审查的信息化水平;充分发挥法院在法规审查中的作用;等等。

参考文献

一、著作

(一)中文著作

1.《邓小平文选》(第3卷),人民出版社1993年版。

2.《习近平谈治国理政》(第1卷),外文出版社2018年版。

3.《习近平谈治国理政》(第2卷),外文出版社2017年版。

4.《习近平谈治国理政》(第3卷),外文出版社2020年版。

5. 本书编写组:《规范性文件备案审查制度理论与实务》,全国人大常委会法制工作委员会法规备案审查室审定,中国民主法制出版社2011年版。

6. 蔡定剑:《中国人民代表大会制度》(第4版),法律出版社2003年版。

7. 蔡茂寅:《地方自治之理论与地方制度法》,台北,新学林出版股份有限公司2006年版。

8. 蔡秀卿:《地方自治法》,台北,三民书局股份有限公司2009年版。

9. 陈清秀:《法理学》,台北,元照出版有限公司2017年版。

10. 陈运生:《地方人大常委会的规范审查制度研究》,中国政法大学出版社2013年版。

11. 董皞:《论法律冲突》,商务印书馆2013年版。

12. 范进学:《美国司法审查制度》,中国政法大学出版社2011年版。

13. 封丽霞:《中央与地方立法关系法治化研究》,北京大学出版社2008年版。

14. 冯兴元:《地方政府竞争:理论范式、分析框架与实证研究》,译林出版社2010年版。

15. 葛洪义等:《我国地方法制建设理论与实践研究》,经济科学出版社2012年版。

16. 龚祥瑞:《比较宪法与行政法》,法律出版社1985年版。

17. 顾建亚:《行政法律规范冲突的适用规则研究》,浙江大学出版社2010年版。

18. 韩大元编著:《1954年宪法与中国宪政》(第2版),武汉大学出版社2008年版。

19. 黄龙云主编:《广东地方立法实践与探索》,广东人民出版社2015年版。

20. 李德顺:《价值论——一种主体性的研究》(第3版),中国人民大学出版社2013年版。
21. 李林:《走向宪政的立法》,法律出版社2003年版。
22. 梁上上:《利益衡量论》(第2版),法律出版社2016年版。
23. 林广华:《违宪审查制度比较研究》,社会科学文献出版社2004年版。
24. 林尚立:《国内政府间关系》,浙江人民出版社1998年版。
25. 林文清:《地方自治与自治立法权》,新北,扬智文化事业股份有限公司2004年版。
26. 刘莘主编:《国内法律冲突及立法对策》,中国政法大学出版社2003年版。
27. 刘政、程湘清:《民主的实践——全国人民代表大会及其常委会的组织和运作》,人民出版社1999年版。
28. 马怀德主编:《我国法律冲突的实证研究》,中国法制出版社2010年版。
29. 欧树军:《国家基础能力的基础:认证与国家基本制度建设》,中国社会科学出版社2013年版。
30. 彭真:《论新时期的社会主义民主与法制建设》,中央文献出版社1989年版。
31. 钱穆:《中国历代政治得失》,九州出版社2012年版。
32. 乔晓阳主编:《〈中华人民共和国立法法〉导读与释义》,中国民主法制出版社2015年版。
33. 乔晓阳主编:《中华人民共和国立法法讲话》(修订版),中国民主法制出版社2008年版。
34. 裘索:《日本违宪审查制度》,商务印书馆2008年版。
35. 全国人大常委会法工委立法规划室编:《中华人民共和国立法统计》,中国民主法制出版社2019年版。
36. 全国人大常委会法制工作委员会编:《法律询问答复(2000—2005)》,中国民主法制出版社2006年版。
37. 全国人大常委会法制工作委员会法规备案审查室:《〈法规、司法解释备案审查工作办法〉导读》,中国民主法制出版社2020年版。
38. 全国人大常委会法制工作委员会法规备案审查室:《规范性文件备案审查理论与实务》,中国民主法制出版社2020年版。
39. 全国人大常委会法制工作委员会法规备案审查室编著:《规范性文件备案审查案例选编》,中国民主法制出版社2020年版。
40. 阮荣祥主编:《地方立法的理论与实践》,社会科学文献出版社2008年版。
41. 宋方青、姜孝贤、程庆栋:《我国地方立法权配置的理论与实践研究》,法律出版社

2018 年版。
42. 孙育玮等:《完善地方立法立项与起草机制研究》,法律出版社 2007 年版。
43. 汤唯等:《地方立法的民主化与科学化构想》,北京大学出版社 2002 年版。
44. 童之伟:《国家结构形式论》(第 2 版),北京大学出版社 2015 年版。
45. 汪全胜等:《立法后评估研究》,人民出版社 2012 年版。
46. 王建学:《法国式合宪性审查的历史变迁》,法律出版社 2018 年版。
47. 王名扬:《美国行政法》(上册)(第 2 版),中国法制出版社 2005 年版。
48. 王压非:《我国配套立法问题研究》,法律出版社 2014 年版。
49. 王振民:《中国违宪审查制度》,中国政法大学出版社 2004 年版。
50. 吴大英、任允正、李林:《比较立法制度》,群众出版社 1992 年版。
51. 吴天昊:《法国违宪审查制度》,中国政法大学出版社 2011 年版。
52. 武增主编:《中华人民共和国立法法解读》,中国法制出版社 2015 年版。
53. 许玉镇:《比例原则的法理研究——私人权益控制政府权力的法律维度》,中国社会科学出版社 2009 年版。
54. 尹世洪、朱开杨主编:《人民代表大会制度发展史》,江西人民出版社 2002 年版。
55. 张春生主编:《〈中华人民共和国立法法〉释义》,法律出版社 2000 年版。
56. 张根大、方德明、祁九如:《立法学总论》,法律出版社 1991 年版。
57. 郑磊:《宪法审查的启动要件》,法律出版社 2009 年版。
58. 郑永年:《中国的"行为联邦制":中央—地方关系的变革与动力》,邱道隆译,东方出版社 2013 年版。
59. 中共中央文献研究室编:《毛泽东文集》(第 7 卷),人民出版社 1999 年版。
60. 周波:《政府间财力与事权匹配问题研究》,东北财经大学出版社 2009 年版。
61. 周旺生:《立法论》,北京大学出版社 1994 年版。
62. 周旺生:《立法学》(第 2 版),法律出版社 2009 年版。

(二)译著

1. [奥]凯尔森:《纯粹法理论》,张书友译,中国法制出版社 2008 年版。
2. [奥]凯尔森:《法与国家的一般理论》,沈宗灵译,商务印书馆 2013 年版。
3. [澳]琳达·维斯、[英]约翰·M. 霍布森:《国家与经济发展——一个比较及历史性的分析》,黄兆辉、廖志强译,吉林出版集团有限责任公司 2009 年版。
4. [德]卡尔·拉伦茨:《法学方法论》,陈爱娥译,商务印书馆 2003 年版。
5. [德]阿图尔·考夫曼:《法律哲学》,刘幸义等译,法律出版社 2011 年版。
6. [德]克劳斯·施莱希、斯特凡·科里奥特:《德国联邦宪法法院:地位、程序与裁判》,刘飞译,法律出版社 2007 年版。
7. [德]古斯塔夫·拉德布鲁赫:《法哲学》,王朴译,法律出版社 2013 年版。
8. [德]马克斯·韦伯:《经济与社会》(第 1 卷),阎克文译,上海人民出版社 2010 年版。
9. [德]伯恩·魏德士:《法理学》,丁小春、吴越译,法律出版社 2013 年版。
10. [法]孟德斯鸠:《论法的精神》(上卷),许明龙译,商务印书馆 2012 年版。
11. [法]让-马克·夸克:《合法性与政治》,佟心平、王远飞译,中央编译出版社 2008 年版。
12. [美]E. 博登海默:《法理学:法律哲学与法律方法》(修订版),邓正来译,中国政法大学出版社 2004 年版。
13. [美]R. M. 昂格尔:《现代社会中的法律》,吴玉章、周汉华译,译林出版社 2008 年版。
14. [美]爱德华·S. 考文:《司法审查的起源》,徐爽编,北京大学出版社 2015 年版。
15. [美]彼得·埃文斯、[美]迪特里希·鲁施迈耶、[美]西达·斯考克波编著:《找回国家》,方力维、莫宜端、黄琪轩等译,三联书店 2009 年版。
16. [美]伯纳德·施瓦茨:《美国最高法院史》,毕洪海等译,中国政法大学出版社 2005 年版。
17. [美]汉密尔顿、杰伊、麦迪逊:《联邦党人文集》,程逢如等译,商务印书馆 1980 年版。
18. [美]克利福德·吉尔兹:《地方性知识——阐释人类学论文集》(第 2 版),王海龙、张家瑄译,中央编译出版社 2004 年版。
19. [美]路易斯·亨金、阿尔伯特·J. 罗森塔尔编:《宪政与权利》,郑戈等译,三联书店 1996 年版。
20. [美]罗伯特·杰克曼:《不需暴力的权力——民族国家的政治能力》,欧阳景根译,天津人民出版社 2005 年版。
21. [美]罗伯特·诺奇克:《无政府、国家和乌托邦》,姚大志译,中国社会科学出版社 2008 年版。
22. [美]迈克尔·罗斯金:《政治科学》,林震等译,中国人民大学出版社 2009 年版。
23. [美]乔尔·S. 米格代尔:《社会中的国家:国家与社会如何相互改变与相互构成》,李杨、郭一聪译,江苏人民出版社 2013 年版。
24. [美]乔尔·S. 米格代尔:《强社会与弱国家:第三世界的国家社会关系及国家能力》,张长东等译,江苏人民出版社 2009 年版。

25. [美]塞缪尔·P. 亨廷顿:《变化社会中的政治秩序》,[美]王冠华、[中]刘为等译,沈宗美校,上海人民出版社 2008 年版。

26. [日]阿部照哉等编著:《宪法》(上),周宗宪译,中国政法大学出版社 2006 年版。

27. [英]M. J. C. 维尔:《宪政与分权》,苏力译,生活·读书·新知三联书店 1997 年版。

28. [英]安德鲁·海伍德:《政治学核心概念》,吴勇译,中国人民大学出版社 2014 年版。

29. [英]哈特:《法律的概念》(第 2 版),许家馨、李冠宜译,法律出版社 2011 年版。

(三)英文著作

1. A. V. Dicey, *An Introduction to the Study of the Law of the Constitution*, 10th edition, Macmillan, 1959.

2. Alan D. P. Brady, *Proportionality and Deference Under the UK Human Rights Act: An Institutionally Sensitive Approach*, Cambridge University Press, 2012.

3. Alan Page, *Constitutional Law of Scotland*, W. Green, 2015.

4. Citizens Conference on State Legislature, *The Sometime Governments: A Critical Study of the 50 American Legislatures*, Bantam Books, 1971.

5. Jeremy Webber, *The Constitution of Canada: A Contextual Analysis*, Bloomsbury Publishing, 2015.

6. Paul Daly, *A Theory of Deference in Administrative Law: Basis, Application and Scope*, Cambridge University Press, 2012.

7. Robert Thomas, *Legitimate Expectations and Proportionality in Administrative Law*, Hart Publishing, 2000.

8. Russell Deacon, *Devolution in the United Kingdom*, 2nd edition, Edinburgh University Press, 2012.

9. Thomas Glyn Watkin & Daniel Greenberg, *Legislating for Wales*, University of Wales Press, 2018.

二、论文

(一)中文论文

1. 白斌:《论法教义学:源流、特征及其功能》,载《环球法律评论》2010 年第 3 期。

2. 包万超:《设立宪法委员会和最高法院违宪审查庭并行的复合审查制——完善我国违宪审查制度的另一种思路》,载《法学》1998 年第 4 期。

3. 蔡定剑:《法律冲突及其解决的途径》,载《中国法学》1999 年第 3 期。
4. 陈柏峰:《城镇规划区违建执法困境及其解释——国家能力的视角》,载《法学研究》2015 年第 1 期。
5. 陈道英:《全国人大常委会法规备案审查制度研究》,载《政治与法律》2012 年第 7 期。
6. 陈金钊:《魅力法治所衍生的苦恋——对形式法治和实质法治思维方向的反思》,载《河南大学学报(社会科学版)》2012 年第 5 期。
7. 陈明辉:《论我国国家机构的权力分工:概念、方式及结构》,载《法商研究》2020 年第 2 期。
8. 陈鹏:《合宪性审查中的立法事实认定》,载《法学家》2016 年第 6 期。
9. 陈鹏:《日本地方立法的范围与界限及其对我国的启示》,载《法学评论》2017 年第 6 期。
10. 陈清秀:《违宪法规之解释效力问题》,载《法令月刊》第 12 期(2010 年)。
11. 陈思融:《论行政处罚对象的法定化》,载《浙江社会科学》2020 年第 11 期。
12. 陈文博、蒋沅嫄:《北京市行政—立法关系研究——基于北京市人大立法过程的视角》,载《北京航空航天大学学报(社会科学版)》2017 年第 3 期。
13. 陈运生:《违宪法律的效力》,载《法学研究》2007 年第 5 期。
14. 程洁:《中国的准违宪审查制度初探》,载《政法论坛》2018 年第 3 期。
15. 褚宸舸:《论答复法律询问的效力——兼论全国人大常委会法工委的机构属性》,载《政治与法律》2014 年第 4 期。
16. 达璐:《合宪性审查决定的效力与实效》,载《四川师范大学学报(社会科学版)》2021 年第 5 期。
17. 丁煌、定明捷:《"上有政策、下有对策"——案例分析与博弈启示》,载《武汉大学学报(哲学社会科学版)》2004 年第 6 期。
18. 丁轶:《承包型法治:理解"地方法治"的新视角》,载《法学家》2018 年第 1 期。
19. 丁祖年、路国连:《对进一步优化立法权限配置的思考》,载《法治研究》2015 年第 2 期。
20. 段磊:《论党内法规与规范性文件备案的审查基准》,载《学习与实践》2017 年第 12 期。
21. 范进学:《论中国合宪性审查制度的特色与风格》,载《政法论丛》2018 年第 3 期。
22. 范忠信:《中国违宪审查与立法冲突解决机制》,载《法律科学(西北政法学院学报)》2001 年第 6 期。

23. 封丽霞:《制度与能力:备案审查制度的困境与出路》,载《政治与法律》2018 年第 12 期。
24. 葛洪义:《“法治中国”的逻辑理路》,载《法制与社会发展》2013 年第 5 期。
25. 韩大元:《从法律委员会到宪法和法律委员会:体制与功能的转型》,载《华东政法大学学报》2018 年第 4 期。
26. 何海波:《没有宪法的违宪审查——英国故事》,载《中国社会科学》2005 年第 2 期。
27. 胡建淼、金承东:《论法规违宪审查建议权》,载《法学家》2005 年第 2 期。
28. 胡建淼:《法律规范之间抵触标准研究》,载《中国法学》2016 年第 3 期。
29. 胡锦光:《论法规备案审查与合宪性审查的关系》,载《华东政法大学学报》2018 年第 4 期。
30. 胡锦光:《论合宪性审查的“过滤”机制》,载《中国法律评论》2018 年第 1 期。
31. 胡锦光:《论启动合宪性审查程序主体资格的理念》,载《国家行政学院学报》2017 年第 6 期。
32. 胡锦光:《论设立“宪法和法律委员会”的意义》,载《政法论丛》2018 年第 3 期。
33. 胡锦光:《论我国合宪性审查机制中不同主体的职能定位》,载《法学家》2020 年第 5 期。
34. 黄金荣:《“规范性文件”的法律界定及其效力》,载《法学》2014 年第 7 期。
35. 黄金荣:《法院对上下位法冲突处理规则的适用及其限度》,载《环球法律评论》2016 年第 2 期。
36. 黄明涛:《最高人民法院与具体审查——合宪性审查要求权的制度建构》,载《中国法律评论》2020 年第 1 期。
37. 黄文艺:《为形式法治理论辩护——兼评〈法治:理念与制度〉》,载《政法论坛》2008 年第 1 期。
38. 姜明安:《精雕细刻,打造良法——修改〈行政处罚法〉的十条建议》,载《中国法律评论》2020 年第 5 期。
39. 蒋红珍:《论适当性原则——引入立法事实的类型化审查强度理论》,载《中国法学》2010 年第 3 期。
40. 焦洪昌、江溯:《论我国公民合宪性审查建议权的双重属性——以〈宪法〉第 41 条为分析基础》,载《政法论丛》2018 年第 3 期。
41. 焦洪昌、张鹏:《试论我国违宪违法审查建议处理程序及其完善》,载《河南工业大学学报(社会科学版)》2013 年第 4 期。
42. 金自宁:《地方立法行政许可设定权之法律解释:基于鲁潍案的分析》,载《中国法学》2017 年第 1 期。

43. 孔繁华:《行政规范性文件法律监督机制探究》,载《法学杂志》2011 年第 7 期。

44. 雷磊:《法律规则的逻辑结构》,载《法学研究》2013 年第 1 期。

45. 雷磊:《融贯性与法律体系的建构——兼论当代中国法律体系的融贯化》,载《法学家》2012 年第 2 期。

46. 李红军、徐瑶:《地方立法的司法态度——基于 18 个较大的市地方性法规判决书引用现状的实证分析》,载《山东大学学报(哲学社会科学版)》2018 年第 2 期。

47. 李洪雷:《论我国行政处罚制度的完善——兼评〈中华人民共和国行政处罚法(修订草案)〉》,载《法商研究》2020 年第 6 期。

48. 李雷:《人大备案审查结论存疑的优化机制探究》,载《法学》2021 年第 12 期。

49. 李林:《全面深化改革应当加强立法能力建设》,载《探索与争鸣》2017 年第 8 期。

50. 李龙、李豪:《论地方人大常委会对地方"两院"规范性文件备案审查的正当性》,载《时代法学》2011 年第 6 期。

51. 李鹏章:《新获得地方立法权的市提高立法质量探析——以河源市立法工作实践为视角》,载《地方立法研究》2018 年第 1 期。

52. 李蕊佚:《议会主权下的英国弱型违宪审查》,载《法学家》2013 年第 2 期。

53. 李松锋:《"沟通"与"协商"是符合国情的备案审查方式》,载《法学》2019 年第 3 期。

54. 李文海:《地方政府规章设定行政许可的"上位法"限制——以最高人民法院发布的指导案例 5 号裁判要点 1 为分析对象》,载《政治与法律》2013 年第 2 期。

55. 李云霖:《论人大监督规范性文件之审查基准》,载《政治与法律》2014 年第 12 期。

56. 李忠夏:《合宪性审查制度的中国道路与功能展开》,载《法学研究》2019 年第 6 期。

57. 梁洪霞:《关于备案审查结果溯及力的几个基础问题——兼与王锴、孙波教授商榷》,载《法学论坛》2022 年第 2 期。

58. 梁洪霞:《论法律询问答复的效力》,载《重庆理工大学学报(社会科学)》2010 年第 4 期。

59. 梁洪霞:《论合宪性审查溯及力的规范模式与裁量方法》,载《当代法学》2022 年第 5 期。

60. 梁鹰:《2019 年备案审查工作情况报告述评》,载《中国法律评论》2020 年第 1 期。

61. 梁鹰:《备案审查制度若干问题探讨》,载《地方立法研究》2019 年第 6 期。

62. 梁鹰:《全国人大常委会 2018 年备案审查工作报告述评》,载《中国法律评论》2019 年第 1 期。

63. 林淡秋:《守护宪法的新模式:法国的合宪性先决机制》,载《华东政法大学学报》2018 年第 6 期。

64. 林来梵:《合宪性审查的宪法政策论思考》,载《法律科学(西北政法大学学报)》2018 年第 2 期。

65. 林明锵:《国家与地方自治团体之关系》,载《法令月刊》第 7 期(2016 年)。

66. 林彦:《法规审查制度运行的双重悖论》,载《中外法学》2018 年第 4 期。

67. 林彦:《法律询问答复制度的去留》,载《华东政法大学学报》2015 年第 1 期。

68. 凌维慈:《宪法诉讼中的立法事实审查——以美国法为例》,载《浙江社会科学》2006 年第 6 期。

69. 刘连泰:《中国合宪性审查的宪法文本实现》,载《中国社会科学》2019 年第 5 期。

70. 刘权:《目的正当性与比例原则的重构》,载《中国法学》2014 年第 4 期。

71. 刘权:《适当性原则的适用困境与出路》,载《政治与法律》2016 年第 7 期。

72. 刘莘、钱于立:《法规范文件备案考》,载《国家行政学院学报》2017 年第 6 期。

73. 刘松山:《当代中国处理立法与改革关系的策略》,载《法学》2014 年第 1 期。

74. 刘松山:《违宪审查热的冷思考》,载《法学》2004 年第 1 期。

75. 刘小兵:《中央与地方关系的法律思考》,载《中国法学》1995 年第 2 期。

76. 刘一纯:《改进地方政府规范性文件备案审查制度的思考》,载《江汉论坛》2009 年第 5 期。

77. 刘怡达:《隐性立法解释:"法律释义"的功能及其正当性难题》,载《政治与法律》2017 年第 8 期。

78. 刘志刚:《论我国合宪性审查机构与合宪性审查对象的衔接》,载《苏州大学学报(哲学社会科学版)》2019 年第 3 期。

79. 刘治斌:《司法过程中的法律发现及其方法论析》,载《法律科学(西北政法学院学报)》2006 年第 1 期。

80. 柳建龙:《德国联邦宪法法院的抽象规范审查程序》,载《环球法律评论》2017 年第 5 期。

81. 柳经纬:《标准与法律的融合》,载《政法论坛》2016 年第 6 期。

82. 卢建华:《我国规范性文件备案审查地方立法的若干缺陷及其完善》,载《行政论坛》2008 年第 4 期。

83. 卢群星:《隐性立法者:中国立法工作者的作用及其正当性难题》,载《浙江大学学报(人文社会科学版)》2013 年第 2 期。

84. 马得华:《"反多数难题"在中国:法院有权审查地方性法规吗》,载《政治与法律》

2016 年第 10 期。
85. 马凤春:《“法律询问答复”制度的改造与完善》,载《南京社会科学》2019 年第 6 期。
86. 马立新:《党内法规与国家法规规章备案审查衔接联动机制探讨》,载《学习与探索》2014 年第 12 期。
87. 门中敬:《我国合宪性审查的法理困境及其排除》,载《政法论坛》2021 年第 4 期。
88. 宓雪军:《半个立法权辨析》,载《现代法学》1991 年第 6 期。
89. 苗连营、沈开举:《论我国立法监督制度中的附带性审查——兼析〈立法法〉关于立法监督之规定》,载《郑州大学学报(哲学社会科学版)》2002 年第 1 期。
90. 苗连营:《关于设立宪法监督专责机构的设想》,载《法商研究(中南政法学院学报)》1998 年第 4 期。
91. 苗连营:《合宪性审查的制度雏形及其展开》,载《法学评论》2018 年第 6 期。
92. 苗连营:《中国的违宪审查:是否可能,如何可能?》,载《郑州大学学报(哲学社会科学版)》2004 年第 4 期。
93. 莫纪宏:《规范性文件备案审查制度的“合法性”研究》,载《北京联合大学学报(人文社会科学版)》2012 年第 3 期。
94. 莫纪宏:《论法律的合宪性审查机制》,载《法学评论》2018 年第 6 期。
95. 莫纪宏:《提升地方人大立法权利能力与行为能力的制度路径初探》,载《江苏行政学院学报》2016 年第 5 期。
96. 莫纪宏:《依宪立法原则与合宪性审查》,载《中国社会科学》2020 年第 11 期。
97. 牛文展:《〈监督法〉对我国备案审查制度的完善》,载《理论月刊》2007 年第 7 期。
98. 彭亚楠:《“自行判决”、“谨慎表述”——对某中级法院法官处理法规冲突案件的实证调查》,载《法学》2007 年第 3 期。
99. 钱宁峰:《规范性文件备案审查制度:历史、现实和趋势》,载《学海》2007 年第 6 期。
100. 强世功:《中国宪法中的不成文宪法——理解中国宪法的新视角》,载《开放时代》2009 年第 12 期。
101. 乔中龙:《论我国的立法监督》,载《江海学刊》1994 年第 5 期。
102. 秦前红、黄明涛:《行政法规的违宪审查研究》,载《中南民族大学学报(人文社会科学版)》2010 年第 1 期。
103. 秦前红、李雷:《人大如何在多元备案审查体系中保持主导性》,载《政法论丛》2018 年第 3 期。
104. 秦前红、苏绍龙:《党内法规与国家法律衔接和协调的基准与路径——兼论备案审查衔接联动机制》,载《法律科学(西北政法大学学报)》2016 年第 5 期。
105. 沈宏彬:《反对形式法治》,载《法制与社会发展》2017 年第 2 期。
106. 宋方青、周刚志:《论立法公平之程序构建》,载《厦门大学学报(哲学社会科学版)》2007 年第 1 期。
107. 宋方青:《地方立法中公众参与的困境与出路》,载《法学》2009 年第 12 期。
108. 宋方青:《立法能力的内涵、构成与提升:以人大立法为视角》,载《中外法学》2021 年第 1 期。
109. 宋方青:《我国一般地方立法的新体制——试论我国〈立法法〉的有关规定》,载《厦门大学学报(哲学社会科学版)》2001 年第 3 期。
110. 孙波:《地方立法"不抵触"原则探析——兼论日本"法律先占"理论》,载《政治与法律》2013 年第 6 期。
111. 孙波:《论规范性文件备案审查结果的溯及力》,载《政治与法律》2021 年第 1 期。
112. 孙煜华、童之伟:《让中国合宪性审查制形成特色并行之有效》,载《法律科学(西北政法大学学报)》2018 年第 2 期。
113. 唐明良、卢群星:《论地方性法规的行政许可设定权——对〈行政许可法〉第十五条第一款的解读及其他》,载《重庆大学学报(社会科学版)》2005 年第 4 期。
114. 唐忠民:《论我国的违宪审查体制与完善》,载《现代法学》2002 年第 6 期。
115. 田伟:《规范合宪性审查决定的类型与效力》,载《中国法律评论》2020 年第 1 期。
116. 童之伟:《宪法司法适用研究中的几个问题》,载《法学》2001 年第 11 期。
117. 王春业:《合宪性审查制度构建论纲》,载《福建行政学院学报》2018 年第 1 期。
118. 王建学:《法规审查要求权的规范阐释及其历史契机》,载《法学家》2019 年第 3 期。
119. 王锴:《合宪性、合法性、适当性审查的区别与联系》,载《中国法学》2019 年第 1 期。
120. 王锴:《论备案审查结果的溯及力——以合宪性审查为例》,载《当代法学》2020 年第 6 期。
121. 王锴:《论规范性文件的备案审查》,载《浙江社会科学》2010 年第 11 期。
122. 王锴:《我国备案审查制度的若干缺陷及其完善——兼与法国的事先审查制相比较》,载《政法论丛》2006 年第 2 期。
123. 王腊生:《规范性文件备案审查制度及其完善建议——从国家权力机关监督的角度》,载《南京工业大学学报(社会科学版)》2008 年第 1 期。
124. 王磊:《试论我国的宪法解释机构》,载《中外法学》1993 年第 6 期。

125. 王理万:《立法官僚化:理解中国立法过程的新视角》,载《中国法律评论》2016 年第 2 期。
126. 王浦劬、汤彬:《论国家治理能力生产机制的三重维度》,载《学术月刊》2019 年第 4 期。
127. 王绍光:《国家治理与基础性国家能力》,载《华中科技大学学报(社会科学版)》2014 年第 3 期。
128. 王太高:《论地方性法规行政处罚设定权的构造及适用》,载《江海学刊》2020 年第 2 期。
129. 王蔚:《客观法秩序与主观利益之协调——我国合宪性审查机制之完善》,载《中国法律评论》2018 年第 1 期。
130. 王旭:《合宪性审查中"相抵触"标准之建构》,载《中国法学》2021 年第 6 期。
131. 温辉:《政府规范性文件备案审查制度研究》,载《法学杂志》2015 年第 1 期。
132. 吴光辉:《立法制度的新进展与新问题——由〈中华人民共和国立法法〉谈起》,载《现代法学》2000 年第 3 期。
133. 吴天昊:《从事先审查到事后审查:法国违宪审查的改革与实践》,载《比较法研究》2013 年第 2 期。
134. 吴元元:《信息能力与压力型立法》,载《中国社会科学》2010 年第 1 期。
135. 夏莉娜:《新时期的立法从这里起步——全国人大常委会法制工作委员会三十年剪影》,载《中国人大》2009 年第 1 期。
136. 邢斌文:《地方立法合宪性审查:内涵、空间与功能》,载《内蒙古社会科学(汉文版)》2019 年第 1 期。
137. 邢斌文:《什么是"违宪":基于全国人大及其常委会工作实践的考察》,载《中外法学》2020 年第 2 期。
138. 徐冬根:《论建立我国双轨制违宪审查机制——从"孙志刚事件"谈起》,载《上海交通大学学报(哲学社会科学版)》2003 年第 4 期。
139. 徐凤英:《设区的市地方立法能力建设探究》,载《政法论丛》2017 年第 4 期。
140. 徐向华、林彦:《我国〈立法法〉的成功和不足》,载《法学》2000 年第 6 期。
141. 徐志群:《论完善地方性法规、规章的立法监督机制》,载《中国法学》1999 年第 3 期。
142. 许安标:《监督法的特点与创新》,载《国家行政学院学报》2007 年第 1 期。
143. 闫然:《立法法修改五周年设区的市地方立法实施情况回顾与展望》,载《中国法律评论》2020 年第 6 期。

144. 杨登峰:《下位法尾大不掉问题的解决机制——“新上位法优于旧下位法”规则之论》,载《政治与法律》2014 年第 9 期。

145. 杨立华:《建设强政府与强社会组成的强国家——国家治理现代化的必然目标》,载《国家行政学院学报》2018 年第 6 期。

146. 杨书军:《规范性文件备案审查制度的起源与发展》,载《法学杂志》2012 年第 10 期。

147. 杨子慧:《宪法法院法规违宪审查之裁判类型与效力》,载《中正大学法学集刊》第 5 辑(2014 年)。

148. 姚明伟:《结合地方立法实际对不抵触问题的思考》,载《人大研究》2007 年第 2 期。

149. 姚魏:《地方“两院”规范性文件备案审查的困局及纾解——以法律效力为中心的制度建构》,载《政治与法律》2018 年第 11 期。

150. 叶名怡:《〈婚姻法解释(二)〉第 24 条废除论——基于相关统计数据的实证分析》,载《法学》2017 年第 6 期。

151. 易有禄:《设区市立法权行使的实证分析——以立法权限的遵循为中心》,载《政治与法律》2017 年第 6 期。

152. 应松年、张晓莹:《〈行政处罚法〉二十四年:回望与前瞻》,载《国家检察官学院学报》2020 年第 5 期。

153. 应松年:《一部推进依法治国的重要法律——关于〈立法法〉中的几个重要问题》,载《中国法学》2000 年第 4 期。

154. 于文豪:《宪法和法律委员会合宪性审查职责的展开》,载《中国法学》2018 年第 6 期。

155. 余凌云:《地方立法能力的适度释放——兼论“行政三法”的相关修改》,载《清华法学》2019 年第 2 期。

156. 俞海涛:《立法审查建议“双轨制”的确立与完善》,载《政治与法律》2022 年第 3 期。

157. 俞祺:《论与上位法相抵触》,载《法学家》2021 年第 5 期。

158. 俞祺:《重复、细化还是创制:中国地方立法与上位法关系考察》,载《政治与法律》2017 年第 9 期。

159. 袁勇:《法的违反情形与抵触情形之界分》,载《法制与社会发展》2017 年第 3 期。

160. 袁勇:《行政规范性文件的鉴别标准——以备案审查为中心》,载《政治与法律》2010 年第 8 期。

161. 湛中乐、张水海:《法规规章备案问题研究》,载《法治论丛(上海政法学院学报)》2009 年第 3 期。
162. 张栋祥:《合宪性审查与法律规范审查体系的裂隙与衔接》,载《江西社会科学》2019 年第 4 期。
163. 张娟:《论行政规范性文件立法备案制度的问题与完善》,载《新疆大学学报(哲学·人文社会科学版)》2010 年第 3 期。
164. 张文显:《法治与国家治理现代化》,载《中国法学》2014 年第 4 期。
165. 张翔:《财产权的社会义务》,载《中国社会科学》2012 年第 9 期。
166. 张翔:《我国国家权力配置原则的功能主义解释》,载《中外法学》2018 年第 2 期。
167. 张筱倜:《〈立法法〉修改后我国法规备案审查制度的再检视》,载《理论月刊》2016 年第 1 期。
168. 张欣:《我国立法电子参与有效性的提升——基于公众参与法律草案征求意见(2005—2016 年)的实证研究》,载《法商研究》2018 年第 2 期。
169. 郑磊:《省级人大常委会对设区的市地方性法规备案审查权:制度需求与规范空间》,载《政治与法律》2019 年第 2 期。
170. 郑智航:《国家建构视角下的中国司法——以国家能力为核心》,载《法律科学(西北政法大学学报)》2018 年第 1 期。
171. 中共全国人大常委会机关党组:《在新的历史起点上坚持和完善人民代表大会制度——党的十八大以来人民代表大会制度建设的新理念新实践》,载《求是》2017 年第 17 期。
172. 周敏:《地方立法能力提升的内省与前瞻——以陕西省设区的市立法现状为样本》,载《地方立法研究》2017 年第 3 期。
173. 周伟、邵晏生:《论我国立法监督制度的完善》,载《西南民族学院学报(哲学社会科学版)》1998 年第 1 期。
174. 周伟:《宪法解释案例实证问题研究》,载《中国法学》2002 年第 2 期。
175. 周新楣:《法规规章备案制度的价值及局限》,载《社会科学研究》2002 年第 2 期。
176. 周宇骏:《合目的性的审查分层:我国地方性法规审查基准的实践及其逻辑》,载《政治与法律》2021 年第 3 期。
177. 朱学磊:《议会主权体制下的司法审查权及其限度——以英联邦国家为分析对象》,载《比较法研究》2019 年第 5 期。

(二)英文论文

1. Aidan O'Neill, *Constitutional Judicial Review in Scotland: Some Recent Developments*,

14 Judicial Review 267(2009).

2. Alan Trench, *The Courts and Devolution in the UK*, 14(2) The British Journal of Politics and International Relations 303(2012).

3. Arden, *What is the Safeguard for Welsh Devolution?*, 2 Public law 189(2014).

4. Arter David, *Introduction: Comparing the Legislative Performance of Legislatures*, 12(3-4) The Journal of Legislative Studies 245(2006).

5. Boehmke Frederick J. & Shipan Charles R., *Oversight Capabilities in the States: Are Professionalized Legislatures Better at Getting What They Want?*, 15(3) State Politics & Policy Quarterly 366(2015).

6. Bolton Alexander & Sharece Thrower, *Legislative Capacity and Executive Unilateralism*, 60(3) American Journal of Political Science 649(2016).

7. Bowen, Daniel C. & Zachary Greene, *Should We Measure Professionalism with an Index? A Note on Theory and Practice in State Legislative Professionalism Research*, 14(3) State Politics&Policy Quarterly 277(2014).

8. Brice Dickson, *Devolution*, in Jeffrey Jowell, Dawn Oliver, and Colm O'Cinneide eds., The Changing Constitution, 8th edition, Oxford University Press, 2015.

9. Christopher McCorkindale、Aileen McHargøPaul F. Scott, *The Courts, Devolution, and Constitutional Review*, 36(2) University of Queensland Law Journal 289(2017).

10. Christopher McCorkindale & Janet L. Hiebert, *Vetting Bills in the Scottish Parliament for Legislative Competence*, 21 Edinburgh Law Review 319(2017).

11. Fortunato David & IanR. Turner, *Legislative Capacity and Credit Risk*, 62(3) American Journal of Political Science 623(2018).

12. Frankie McCarthy & Chris McCorkindale, *Named Persons in the Supreme Court: The Christian Institute and Others v. The Lord Advocate*, 21 Edinburgh Law Review 240(2017).

13. Graham Gee, *Devolution and the Courts*, in Richard Rawlings, Robert Hazell eds., Devolution, Law Making and the Constitution, Imprint Academic, 2005.

14. Grissom Jason A. & James R. Harrington, *Local Legislative Professionalism*, 41(1) American Politics Research 76(2013).

15. Grumm John G., *The Effects of Legislative Structure on Legislative Performance*, in Richard I. Hofferbert and Ira Sharkansky eds., State and Urban Politics, Little Brown, 1971.

16. Jo Eric Khushal Murkens, *Judicious Review: The Constitutional Practice of the UK Supreme Court*, 77(2) The Cambridge Law Journal 349(2018).

17. Kelsen Hans, *Judicial Review of Legislation: A Comparative Study of the Austrian and the American Constitution*, 4(2) The Journal of Politics 183(1942).

18. Kenneth Culp Davis, *An Approach to Problems of Evidence in the Administrative Process*, 55 Harvard Law Review 364(1942).

19. King James D., *Changes in Professionalism in US State Legislatures*, 25(2) Legislative Studies Quarterly 327(2000).

20. Mark Tushnet, *Weak - Form Judicial Review and "Core" Civil Liberties*, 41 Harvard Civil Rights - Civil Liberties Law Review 1(2006).

21. Michael Taggart, *Proportionality, Deference, Wednesbury*, 2008 New Zealand Law Review 423(2008).

22. Moncrief Gary F., *Professionalization and Careerism in Canadian Provincial Assemblies: Comparison to US State Legislatures*, 19(1) Legislative Studies Quarterly 33 (1994).

23. Mooney Christopher Z., *Citizens, Structures, and Sister States: Influences on State Legislative Professionalism*, 20(1) Legislative Studies Quarterly 47(1995).

24. Mooney Christopher Z., *Measuring US State Legislative Professionalism: An Evaluation of Five Indices*, 26(2) State & Local Government Review 70(1994).

25. Philip Sales, *Rationality, Proportionality and the Development of the Law*, 129 Law Quarterly Review 223(2013).

26. Robert Hazell, *Out of Court: Why Have the Courts Played no Role in Resolving Devolution Disputes in the United Kingdom*, 37(4) Publius: The Journal of Federalism 578 (2007).

27. Saalfeld Thomas, *Professionalisation of Parliamentary Roles in Germany: Anaggregate - Level Analysis*, 1949 - 94, 3(1) The Journal of Legislative Studies 32(1997).

28. Squire Peverill, *Legislative Professionalization and Membership Ddiversity in State Legislatures*, 17(1) Legislative Studies Quarterly 69(1992).

29. Squire Peverill, *Measuring State Legislative Professionalism: The Squire Index Revisited*, 7(2) State Politics & Policy Quarterly 211(2007).

30. Winston Roddick, *Devolution - the United Kingdom and the New Wales*, 23 Suffolk Transnational Law Review 477(1999).

31. Yoon Jong Bin & Hoi Ok Jeong, *Developing a Measure of Legislative Professionalism for Local Assemblies in South Korea*, 37 (1) Philippine Political Science Journal 26 (2016).

三、报刊

1. 文晔、张意轩:《全国人大法规审查备案室新张　违宪审查还在远处》,载《新闻周刊》2004 年第 23 期。
2. 李丽:《违宪审查:树立宪法的最高权威——纪念 82 年宪法实施 30 周年(下)》,载《中国青年报》2012 年 10 月 18 日,第 1 版。
3. 张贺:《文化发展呼唤法治跟上节奏》,载《人民日报》2014 年 11 月 13 日,第 19 版。
4. 王逸吟、刘梦:《五道防线管住地方立法权——全国人大常委会法工委负责人答问立法法修改》,载《光明日报》2015 年 3 月 10 日,第 3 版。
5. 赵刚:《立法权"下放",地方接得住吗?》,载《人民法院报》2015 年 3 月 12 日,第 1 版。
6. 侯学宾:《地方立法权扩大的隐忧》,载《检察日报》2015 年 4 月 15 日,第 7 版。
7. 张茅:《提高认识澄清误区,积极实施商标品牌战略》,载《人民日报》2017 年 6 月 27 日,第 10 版。
8. 乔晓阳:《如何把握行政处罚法有关规定与地方立法权限的关系》,载《法制日报》2017 年 9 月 12 日,第 9 版。
9. 朱宁宁:《聚焦规范性文件备案审查关键问题》,载《法制日报》2018 年 10 月 16 日,第 10 版。

后记

本书是我主持的国家社科基金青年项目“全国人大常委会审查地方性法规的案例研究”(项目批准号:20CFX011)的最终成果。

萌生研究这一问题的想法得追溯到2015年。2015年,我参与了导师宋方青教授主持的国家社科基金项目,对我国地方立法权配置的理论与实践问题进行研究。在研究项目的过程中,我逐渐感觉到,地方立法权的配置本质上属于对地方立法权的事前控制;除此之外,地方立法权的事后控制,即备案审查问题,也需要加强理论研究和进行制度优化。2017年,项目完成后,我开始关注对地方立法权的事后控制问题。恰巧同年12月,备案审查工作报告首次提请全国人大常委会审议,备案审查制度的实施迈入了新阶段。自己的研究兴趣就这么和国家的政策形势结合了起来。当时,自己比较关注审查标准的问题,一个初步的想法是不同的地方立法类型应当有不同的审查标准,争取通过几篇文章把自己的这一想法体系化地呈现出来。于是,我先后研究了地方执行性立法的合法性审查标准、适当性审查标准。但这一想法未及完全实现,我便于2018年3月前往英国卡迪夫大学法律与政治学院进行交流。在交流期间,我结合自己的访学经历,重点考察了英国法院对地方立法的合法性审查制度。同时,结合全国人大常委会公布的案例开始研究审查结果的溯及力问题,研究的结果即本书第六章第二节的初稿版本,于2018年9月获中国法学会第十三届“中国法学家论坛征文奖”。2019年回国后,我留校任教,学校组织申报国家社科基金项目,我觉得自己关于备案审查的研究已经逐渐形成主线,具有一定的内在逻辑,便以“全国人大常委会审查地方性法规的案例研究”为题进行申报,顺利获得立项。立项后,我继续实现自己之前未曾完成的设想,研究了地方补充性立法的合法性审查标准问题。为了使本书具有体系性和完备性,我后续又对审查能力以及其他诸多内容进行了研究。

项目自2020年9月立项到2022年10月申请结项，看似时间短暂，但却汇集了多年来我对备案审查问题的思考。书中部分章节以论文的形式提前发表：第三章第二节以《权力下放语境中的合法性审查：英国的实践》为题将发表于《公法研究》第22卷；第五章第二节以《执行性立法"抵触"的判定标准及其应用方法》为题发表于《华东政法大学学报》2017年第5期；第五章第三节以《地方补充性立法与行政处罚设定权的配置》为题发表于《政治与法律》2021年第5期；第五章第四节以《论适当性审查：以地方性法规为对象》为题发表于《政治与法律》2018年第3期；第六章第二节以《论全国人大常委会审查决定的法律效力》为题发表于《北京社会科学》2021年第2期。第四章第一节与第七章第二节也已独立成文，但尚未发表。当然，基于章节体例安排和内容总体布局的需要，在形成本书的过程中，我对上述文章的部分内容进行了删减和修改。

本项目能够完成，最终成果能够顺利出版，要感谢诸多师友的帮助。

感谢我的导师宋方青教授。从硕士阶段开始，我就在宋老师的指导下研究立法学。她引领我入门，传授我知识，教给我方法，是我学术研究道路上的领路人。自己取得的一点成绩，均离不开宋老师的悉心指导。宋老师对学生的培养，始终奉行"爱的教育"，对学生的指导从来都是以鼓励为主。在学术上，宋老师总是能够发现我写作中的不足并给予指导，这常常让我有醍醐灌顶之感。在工作中，宋老师对工作抱有极大的热情，总是以一种特别饱满的状态投入工作，对事情的处理极其认真，这深深触动到我，既令我感佩，又使我备受鞭策。

感谢郭春镇教授、周赟教授、刘连泰教授，他们多年来在授课、开题、答辩、会议、日常交流等场合对我进行了诸多指导，使我获益良多。感谢郑金雄教授，作为大师兄，他一直以来对我照顾有加，时刻想着如何帮助我，让我时常感到来自家人一般的温暖。感谢姜孝贤副教授、王云清副教授、王翔助理教授，他们为本书的资料收集、调研、写作提供了诸多帮助。感谢我的诸位师弟、师妹：周宇骏、李佳飞、苗壮、周林、邱子键、李书静、李炳辰、张可、张向宇、龚李玲、向浩源、肖恒、熊煜堃、李铮、丁思绮、郭宝、冯建娜、赵译超。他们有的已经毕业，在国内高校或在实务部门任职；有的正在攻读博士学位。书中诸多章节和他们进行过讨论，他们提出了有益的建议和意见，促进了本书的完善。感谢我指导的硕士研究生江萍萍和周浩杰,他们帮我校对了初稿,修改了文字上的讹误。感谢英国卡迪夫大学法律与政治学院的Huw Pritchard讲师,在英国访问期间,他为本书的写作提供了诸多资料,第三章第二节的内容也与他进行了逐段讨论。

感谢法律出版社的陈慧编辑。她工作严谨、细致,极富耐心,本书能够顺利出版,离不开她的辛苦工作和全力支持。

感谢厦门大学法学院。学院不仅提供了舒适的工作环境和良好的工作氛围,更是全额资助了本书的出版费用,消除了我的后顾之忧。

本书展现了我几年来对备案审查问题的思考,但没有展现我在写作本书过程中的惶恐。本书虽然努力呈现体系化的内容,但这些内容可能存在诸多不完善之处,敬请各位读者批评指正。

程庆栋

2023年3月10日

于厦门大学法学院